平成衝口発

古代天皇実年の解明

三倍在位年数を証明する

砂川恵伸【著】

新泉社

干支	
甲寅	甲申
乙卯	乙酉
丙辰	丙戌
丁巳	丁亥
戊午	戊子
己未	己丑
庚申	庚寅
辛酉	辛卯
壬戌	壬辰
癸亥	癸巳
甲子	甲午
乙丑	乙未
丙寅	丙申
丁卯	丁酉
戊辰	戊戌
己巳	己亥
庚午	庚子
辛未	辛丑
壬申	壬寅
癸酉	癸卯
甲戌	甲辰
乙亥	乙巳
丙子	丙午
丁丑	丁未
戊寅	戊申
己卯	己酉
庚辰	庚戌
辛巳	辛亥
壬午	壬子
癸未	癸丑

干支	
甲寅	甲申
乙卯	乙酉
丙辰	丙戌
丁巳	丁亥
戊午	戊子
己未	己丑
庚申	庚寅
辛酉	辛卯
壬戌	壬辰
癸亥	癸巳
甲子	甲午
乙丑	乙未
丙寅	丙申
丁卯	丁酉
戊辰	戊戌
己巳	己亥
庚午	庚子
辛未	辛丑
壬申	壬寅
癸酉	癸卯
甲戌	甲辰
乙亥	乙巳
丙子	丙午
丁丑	丁未
戊寅	戊申
己卯	己酉
庚辰	庚戌
辛巳	辛亥
壬午	壬子
癸未	癸丑

干支	
甲寅	甲申
乙卯	乙酉
丙辰	丙戌
丁巳	丁亥
戊午	戊子
己未	己丑
庚申	庚寅
辛酉	辛卯
壬戌	壬辰
癸亥	癸巳
甲子	甲午
乙丑	乙未
丙寅	丙申
丁卯	丁酉
戊辰	戊戌
己巳	己亥
庚午	庚子
辛未	辛丑
壬申	壬寅
癸酉	癸卯
甲戌	甲辰
乙亥	乙巳
丙子	丙午
丁丑	丁未
戊寅	戊申
己卯	己酉
庚辰	庚戌
辛巳	辛亥
壬午	壬子
癸未	癸丑

本書を父・恵正、母・セイ子、そして妻の雅子へ捧げる。

はじめに

本書は、古事記・日本書紀の記述から、日本古代の実年の復元を試みたものである。用明・崇峻・推古の三天皇の没年は、古事記と日本書紀とで一致している。そのため、これらの三天皇の没年、特に推古の没年は「間違いないであろう」とされている。そこで確実と思われる推古天皇の没年を起点として、古事記・日本書紀の記述を比較整理しながら各天皇の没年及び元年或いは即位年を逆に辿っていった。すると日本書紀の記述には、当時確立されつつあった儒教思想に基づいた種々の改変がみられること、踰年《ゆねん》元年はその一つであることが判明した。三倍在位年数が存在することも判明した。また「従来、考えられていた意味とは違うのではないか」と思われる言葉が二〜三存在することもわかった。その一つが歳次干支《さいじかんし》である。

日本古典の中にみられる歳次干支という言葉は「歳は……に次る《やど》（宿る）」の意味であり、転じて「干支《かんし》の年」という意味の熟語でもある、と理解されている。しかし、私は日本書紀の中の歳次干支には、次の三通りの意味があることを見いだした。

①「歳は……に次る《やど》」から転じた「……の歳」という意味の熟語の場合（従来の解釈）。

②「歳は……を次《つ》ぐ」と読まねばならない場合↓「……の前年」の意味となる。
③「歳は……に次《つ》ぐ」と読まねばならない場合↓「……の翌年」の意味となる。

そして神武天皇の橿原での即位は紀元前三六年（乙酉年）ということもわかった。或いは神武の即位年を日本書紀の記す辛酉年のこととするならば紀元前六〇年の辛酉か、或いは紀元一年の辛酉のどちらかである。得られた結論群は、我ながら突飛なように感じられる。他人がみれば尚更「こじつけ、口から出任せ」のように見えるであろう。まるで江戸時代中期の考証学者・藤原貞幹《さだもと》（藤貞幹《とうていかん》ともいう）が一七八一年に著した『衝口発』のようである。「衝口発」とは、「口を衝いて出る」という意味であり、良い意味にとれば「ひらめき、発想」、逆に悪い意味で解釈すれば「口から出任せ」である。勿論、藤原貞幹自身は「ひらめき」のつもりで命名したであろう。藤原貞幹の『衝口発』には、『或記』や『日本決釈』という文献が引用されているとのことである。しかしこれらの引用文献なるものは実は藤原貞幹による偽造の文献のようなのである。このため『衝口発』の評価は頗る悪く、真面目にとりあげられることはなかった。

本書の述べることは藤原貞幹の『衝口発』のように奇想天外にみえる。その上、藤原貞幹は『衝口発』の中で、「日本書紀の記述する神武天皇元年は六百年繰り下げなければ、外国との年紀が合わない」ということを指摘しているようである。日本書紀の記述では、神武元年は推古没年の一二八八年前である。推古没年は紀元六二八年と考えられている。すると神武元年は紀元前六六〇年となる。この神武元年の紀元前六六〇年を六百年繰り下げると紀元前六〇年となる。従って藤原貞幹は、「神武元年は紀元前六〇年頃のことだ」と言っていることになる。「日本書紀の紀年は増幅されており、繰り下げなければならない」と述べたのは藤原貞幹が初めてのようである。

本書は、藤原貞幹の『衝口発』に類似点が多い。それで書名に「平成衝口発」を冠した。しかし本書の結論群は単なる思いつきではなく、古事記と日本書紀の記述を比較分析することにより得られた結論である。日本書紀の記述を統計的に分析することにより得られた結論なのである。演繹し、得られた結論を帰納する。それをもとに再び演繹する。そしてまた新たな結論に達する。その繰り返しである。使用した資料は普通一般に簡単に手に入る資料のみである。従って誰にでも検証可能である。

なお本書においては古事記の読み下し文は、倉野憲司校注『古事記』(ワイド版―岩波文庫、一九九一年)を使用した。また、日本書紀は、日本古典文学大系『日本書紀』(岩波書店、上巻一九六七年、下巻一九六五年)、風土記は日本古典文学大系『風土記』(岩波書店、一九五八年)を使用した。振り仮名は適宜省略した。

古代天皇実年の解明　目次

第五章　継体天皇と暗殺された武烈天皇……219

装幀　勝木雄二

I　日本古代の実年を復元するために

第一章　日本書紀における「歳次」の意味

1　日本書紀における没年と元年の関係

日本書紀の記述する神武から持統までの各天皇の元年と在位年数を纏めると、一九ページの表1のようになる。日本書紀は、各天皇の元年の干支は記述してあるが、没年の干支は一切記述していない。というよりも日本書紀の年の干支の記述は、殆どの場合、元年のみなのである。元年以外で年の干支が記述されることは非常に稀である。

そこで各天皇の没年の干支を、その元年の干支と在位年数から求めると、表1の左の干支になる。なお、言うまでもないが、古事記・日本書紀の世界では、年齢や寿命・在位年数はすべて、かぞえの年齢・かぞえの年数である。

表1で分かることは、「前天皇の没年と次天皇の元年は決して重ならない」ということである。唯一、三十六代孝徳天皇の元年の乙巳が、三十五代皇極天皇の最終年の乙巳と重なっている。しかし、この乙巳の年は三十五代皇極天皇の最終年ではあるが没年ではない。皇極四年の六月八日、宮中において三韓からの朝貢の儀式が執り行われた。その儀式の最中に、当時、専横を極めた蘇我入鹿が中大

兄皇子等により武力粛正された。蘇我入鹿は宮中において斬り殺され、その知らせを受けた蘇我入鹿の父・蝦夷は館に火をかけ自殺する。皇極四年は干支で言えば乙巳であるので、一般にはこれを乙巳《いっし》の変とも呼ぶ。そしてこの事件の直後、皇極天皇は天皇位を降りる。日本史上、初めての譲位である。そして皇極天皇の同母弟・軽皇子が三十六代の天皇（孝徳天皇）として即位し、皇極四年を改めて大化元年とした。世に言う大化の改新である。この大化元年が孝徳天皇元年なのである。従って大化元年（孝徳天皇の元年）は、その先代の天皇の最終年と重なるのではあるが、先代の天皇の没年ではない。このために、「日本書紀においては、先代の天皇の没年は、決して次天皇の元年とはされない」ということが守られているのである。

そしてまた、各天皇の元年は、殆どの場合、前天皇の没年の翌年、則ち踰年《ゆねん》である。元年が前天皇の没年の翌年（踰年）でないのは以下の六例でしかない。

①神武→綏靖：神武の没年は丙子。綏靖元年は庚辰。丙子・丁丑・戊寅・己卯・庚辰
②懿徳→孝昭：懿徳の没年は甲子。孝昭元年は丙寅。甲子・乙丑・丙寅
③成務→仲哀：成務の没年は庚午。仲哀元年は壬申。庚午・辛未・壬申
④応神→仁徳：応神の没年は庚午。仁徳元年は癸酉。庚午・辛未・壬申・癸酉
⑤反正→允恭：反正の没年は庚戌。允恭元年は壬子。庚戌・辛亥・壬子
⑥継体→安閑：継体の没年は辛亥。安閑元年は甲寅。辛亥・壬子・癸丑・甲寅

これだけである。残りの三四例はすべて踰年元年である。これらの記述から考えられることは、真実はどうであれ、日本書紀の世界では、

表1　各天皇の元年と没年及び在位年数　右：元年、左：没年

代	天皇	元年	没年	在位年数
1	神武	辛酉	丙子	七六
2	綏靖	庚辰	壬子	三三
3	安寧	癸丑	庚寅	三八
4	懿徳	辛卯	甲子	三四
5	孝昭	丙寅	戊子	八三
6	孝安	己丑	庚午	一〇二
7	孝霊	辛未	丙戌	七六
8	孝元	丁亥	癸未	五七
9	開化	甲申	癸未	六〇
10	崇神	甲申	辛卯	六八
11	垂仁	壬辰	庚午	九九

代	天皇	元年	没年	在位年数
12	景行	辛未	庚午	六〇
13	成務	辛未	庚午	六〇
14	仲哀	壬申	庚辰	九
	神功	辛巳	己丑	六九
15	応神	庚寅	庚午	四一
16	仁徳	癸酉	己亥	八七
17	履中	庚子	乙巳	六
18	反正	丙午	庚戌	五
19	允恭	壬子	癸巳	四二
20	安康	甲午	丙申	三
21	雄略	丁酉	己未	二三

代	天皇	元年	没年	在位年数
22	清寧	庚申	甲子	五
23	顕宗	乙丑	丁卯	三
24	仁賢	戊辰	戊寅	一一
25	武烈	己卯	丙戌	八
26	継体	丁亥	辛亥	二五
27	安閑	甲寅	乙卯	二
28	宣化	丙辰	己未	四
29	欽明	庚申	辛卯	三二
30	敏達	壬辰	乙巳	一四
31	用明	丙午	丁未	二
32	崇峻	戊申	壬子	五

代	天皇	元年	没年	在位年数
33	推古	癸丑	戊子	三六
34	舒明	己丑	辛丑	一三
35	皇極	壬寅	乙巳	四
36	孝徳	乙巳	甲寅	一〇
37	斉明	乙卯	辛酉	七
38	天智	壬戌	辛未	一〇
39	天武	壬申	丙戌	一五
40	持統	丁亥		一一

一、前天皇の没年は、決して次天皇の元年とはしない（これには例外がない）。
二、踰年元年が原則である。
ということが言えるのではないかと思う。これが日本古代の実年を確定するための基本となる二つの重要な事象であり、第一のキーである。以上の二点を銘記しておいて次に進むことにしよう。

2　継体天皇の没年の謎と歳次干支

日本書紀の記述する天皇の没年を調べてみると、神武から持統までの四一名の天皇（神功を含む）の中で、それが明確でない天皇が一人いる。継体天皇である。ただし日本書紀には持統天皇の没年も記述されていない。しかし日本書紀の記述は持統の譲位で終わるので、日本書紀に持統の没年が記述されないのは当然のこととなる。そして没年の明確でない唯一の天皇の継体について、継体二十五年条本文には次のように記述している。

二十五年の春二月に、天皇、病甚《おほみやまひおも》し。丁未（七日）に、天皇、磐余玉穂宮に崩りましぬ。

しかし書記編纂者自身がその記述を疑ってでもいるかのように、その記述に引き続いて次の「注」を入れている。

或る本に云はく、（継体）天皇、二十八年歳次甲寅に崩りましぬといふ。而るを此処に（本文に）二十五年歳次辛亥に崩りましぬと云へるは、百済本記を取りて文を為れるなり。其の文に云へらく、太歳辛亥の三月に、軍進みて安羅に至りて、乞乇城《こつとく》を営《つく》る。是の月に、高麗、其の王安《あん》を弑す。又聞く、日本の天皇及び太子・皇子、倶に崩薨りましぬといへり。此に由りて言へば、辛亥の歳は、二十五年に当る。後に勘校《かむが》へむ者、知らむ。

この「注」を、省略されている部分を補って訳すと、

国内の或る本には、「継体天皇は二十八年、歳次甲寅に崩ず」とされている。しかし、本文で二十五年としたのは、百済本記に「伝聞によれば、辛亥の年に日本天皇及び太子そして皇子倶に崩ずという」と記されている。そこで継体天皇の崩御の年については百済本記の方を採用することにした。継体元年は丁亥なので辛亥の年は継体二十五年にあたる。そこで継体天皇の没年を「二十五年歳次辛亥」とした。

ということになる。継体天皇の没年は、日本書紀編纂者が採用した百済本記のいう辛亥年かもしれないし、或いは国内の「或本」のいう「歳次甲寅」なのかもしれないのである。そして、この「天皇、二十八年歳次甲寅」及び「二十五年歳次辛亥」については、これまで「天皇の二十八年、甲寅の年」「二十五年、辛亥の年」と解釈されてきた。例えば元北海道教育大学教授・栗原薫氏の読み。

「或本に（継体）天皇は、天皇の二十八年甲寅《きのえとら》（の年）崩御された」とあるが、しかし今本文で

は二十五年辛亥の年に崩御にしているのは、『百済本記《くだらほんぎ》』を採用してそう記したのである。その『百済本記』の文に、……

(栗原薫著『日本上代の実年代』木耳社、一九九一年、八ページ)

栗原薫氏は、この「或本云」の部分を右の様に訳している。従って栗原薫氏は「天皇二十八年歳次甲寅」を「天皇の二十八年、甲寅の年」と解していることがわかる。そして「二十五年歳次辛亥」も「二十五年、辛亥の年」と読んでいる。次に九州王朝説の古田武彦氏の読み。

これに対し、わたしの仮説を提起しよう。

第一、国内史料の「或る本」の「二十八年、甲寅」の方が正しい継体の崩年である。

第二、ここには「三年のずれ」がある。

第三、したがって「二十二年(五二八)戊申」の項におかれている「遂に磐井を斬る」の記事も、同様に「三年のずれ」をもっているとすれば、果然、問題の「二十五年(五三一)辛亥」の年に、この記事がくることとなる。

(古田武彦著『古代は輝いていたⅢ』朝日新聞社、一九八五年、三五ページ)

古田武彦氏は、継体の崩年としては「二十八年、甲寅」の方が正しいとの解釈である。この歳次の解釈も栗原薫氏の「天皇の二十八年、甲寅の年」と同じである。

しかし「天皇二十八年歳次甲寅崩」を、「天皇の二十八年、甲寅の年に崩ず」と解すると、日本書紀の編述方針には適合しないのである。日本書紀・継体紀の本文において、継体天皇の崩御の年とされる辛亥から、次の安閑天皇の元年甲寅までの理由のはっきりしない二年間の空白を埋めることはできるが、埋めすぎてしまうことになる。継体没年となる甲寅が安閑元年の甲寅に重なるからである。

ここで、今、問題になっている日本書紀本文が継体天皇の没年としている辛亥から安閑天皇の元年としている甲寅までの干支を記載すると、

辛亥―壬子―癸丑―甲寅

となる。ちなみに、日本書紀は継体天皇元年を丁亥と記述している。従って丁亥を一年とし、戊子を二年と数えていくと、辛亥は確かに二十五年である。則ち、辛亥は継体二十五年、壬子は継体二十六年、癸丑は継体二十七年、甲寅は継体二十八年にあたる。ところが継体の二十八年となる甲寅は、次の安閑天皇の元年なのである。

前述したように日本書紀では、次天皇の元年は、必ず前天皇の没年の翌年（踰年）か、或いは一年～数年後である。前天皇の没年を次天皇の元年とする記述は存在しない。従って、古田武彦氏の「継体の崩御の年を甲寅とし、また安閑の元年をも甲寅とする解釈」は無理なのである。

一方、崩御の年を「二十五年歳次辛亥」とするのもまた、本来的には日本書紀の編述方針には適合しない。なぜならば、日本書紀では、元年が前天皇の没年の翌年（踰年）ではない場合には、殆どの場合、その理由が記述されている。日本書紀は継体の崩御の年を百済本記の記述を採用して辛亥年としたのであるが、そうすると、継体没年から安閑元年の甲寅までに、何故二年間の空白があるのかの

理由がまったく不明である。神武から持統までの四〇回の皇位継承（仲哀―神功、及び神功―応神をも含む）において、踰年元年ではないケース、言葉を換えれば皇位に空白が生じるケースが六例存在する。この中で、継体―安閑のケースを除けば、それ以外のケースでは、何故、皇位に空白があるのか納得できる。継体―安閑の場合のみ、説明がつかないのである。それぞれについてみてみよう。

最初の例、神武から綏靖への皇位継承の場合。神武没年は丙子であり、第二代の綏靖の元年は庚辰である。従って神武崩御後、綏靖即位までに、まるまる三年の空白期間が存在する。しかし、この空白期間について、日本書紀・綏靖即位前紀は以下のように記述している。

四十八歳に至りて、神日本磐余彦天皇崩《かむあが》りましぬ。時に神渟名川耳尊（後の綏靖天皇）、孝性、純に深くして、悲慕《しの》ぶこと已《や》むこと無し。特に心を喪葬の事に留めたまへり。其の庶兄《いろね》手研耳《たぎしみみの》命《みこと》、行年《とし》已《お》長いて、久しく朝機を歴たり。……（手研耳命）禍心《まがのこころ》を苞《か》ね蔵《かく》して、二の弟を害はむことを図る。時に太歳己卯。

冬十一月に、……神渟名川耳尊、以て手研耳命を射殺さむと欲す。会《たまたま》、手研耳命、片丘の大窨《おほむろ》の中に有して、独り大牀に臥します。時に渟名川耳尊（後の綏靖）、神八井耳命に謂《かた》りて曰はく、「今適《たまたま》其の時なり。言《こと》は密を貴び、事は慎むべし。故に、我が陰謀に、本より預《あひそ》ふ者無し。今日の事は、唯吾《われ》と爾《いまし》と自ら行《おこな》ひたまはくのみ。吾当に先づ窨《むろ》の戸を開けむ。爾其れ射よ」とのたまふ。……時に神渟名川耳尊、其の兄の所持たる弓矢を掣《ひ》き取りて、手研耳命を射たまふ。一発《ひとさき》に胸に中《いた》てつ。再発《ふたさき》に背に中《いた》てて、遂に殺しつ。

（中略）

元年の春正月の壬申の朔己卯に、神渟名川耳尊、即天皇位《あまつひつぎしろしめ》す。……是年、太歳庚辰。

この記述からわかることは、神武崩御後は、神武の長子（神武の日向時代に生まれた子）の手研耳命が実権を掌握していたということである。実質的な天皇であったと思われる。神渟名川耳尊（後の綏靖）とその兄・神八井耳命は、権力者である異母兄の手研耳命を暗殺して皇位を手に入れている。綏靖は権力者の異母兄・手研耳命から権力を奪取するまでに四年を要したということが記述されていることになる。

第四代懿徳天皇から第五代孝昭天皇への皇位継承の場合にも一年間の皇位の空白が存在する。しかし日本書紀はその理由を記述していない。ということは継体―安閑の場合と同じということになる。理由不明の皇位空白期間の存在である。しかし懿徳―孝昭の場合は、継体―安閑の場合とは決定的に異なることがある。日本書紀は前述の第二代綏靖天皇即位前紀に見られる説話を記述したあと、第九代の開化天皇までは、全て系譜記事のみとなる。系譜以外の説話は一切存在しない。これは日本書紀のみならず古事記でも全く同じである。このため、この間を「欠史八代」とも呼び、この間の天皇の実在を疑う論者が多い。しかしここは、綏靖即位以降の記述、安寧紀〜開化紀の記述様式こそが、天皇家の系譜である「帝紀」或いは「帝皇日継」の原初の伝承様式であったと考えるべきものではなかろうか。そして天皇の事績・説話を伝承するための「旧辞」や「先代旧辞」は、まだ作成されていなかった、存在しなかったということなのではなかろうか。「旧辞」や「先代旧辞」は第十代の崇神天皇から作成されるようになったのではなかろうか。説話が存在しないことを理由に、神武から開化までの天皇の実在を疑うべきものではないと思う。しかしここで言いたいのはそのことではない。綏靖即位以降開化までは、すべて、系譜記述のみとなり説話はまったく存在しないのであるから、その中の一例、懿徳・孝昭の場合も、説話がないのは当然の事なのである。何故、皇位に一年間の空白があるのか、という説明をわざと伏せたわけではない。従って、「継体・安閑の場合と同じ」ではない。この懿徳―孝昭間のケースは対象外とすべきものなのである。

三番目の十三代成務天皇から十四代仲哀天皇への皇位継承。この場合も一年の空位の期間がある。そして日本書紀はその理由を述べていない。しかしこの場合は、皇位が成務から甥の仲哀に移っている。そう明記されている。皇位継承は「親から子へ」、か或いは「兄から弟へ」であることが当たり前の世界では、異常な事態と言わねばならない。天皇位が甥の仲哀に移っているということは、何等かのゴタゴタがあったことを充分に推測させるものである。そのために一年間の空白があったと考えることができる。

四番目に十五代応神天皇から十六代仁徳天皇への皇位継承。この場合は、まるまる二年間の皇位の空白が存在する。この件に関しては、日本書紀・仁徳即位前紀に次のような記述が存在する。

時に（応神の）太子菟道稚郎子《うぢのわきいらつこ》、位を大鷦鷯尊《おほさざきのみこと》（後の仁徳）に譲りまして、未だ即帝位《あまつひつぎしろしめ》さず。……爰《ここ》に皇位空しくして既に三載《みとせ》を経ぬ。

応神崩御後、応神の太子・菟道稚郎子とその兄・大鷦鷯尊（後の仁徳）が皇位を譲りあって、皇位空白のまま三年が経過したと記されている。応神崩御後、仁徳元年までにまるまる二年間の空白がある理由は明白なのである。

五番目の十八代反正天皇から十九代允恭天皇への皇位継承。この場合にも、日本書紀はその理由を明記している。允恭は病弱なことを理由に帝位につくことを固辞した。そのために、

位空《みくらゐむな》しくして、既に年月を経ぬ。

と記している。再三に亘る群臣の要請と妃の寒中水垢離による勧めを受けて、允恭は漸く即位したと記されている。疑いようもない理由がある。

以上のように、ある天皇の元年が、前天皇の没年の翌年（踰年）ではない場合には、明確な理由があるのである。そのような場合をのぞき、原則として、元年は前天皇の没年の翌年なのである。これが日本書紀編述の基本姿勢である。前天皇の没年と次天皇の元年が重なることも、また逆に、理由のはっきりしない空白期間があることも共に異常なのである。

私は、継体紀の「天皇二十八年歳次甲寅崩」を眺めているうちに、これを「天皇の二十八年（歳は甲寅を次ぐ年）に崩ず」則ち「天皇の二十八年（その年は甲寅の前年）に崩ず」と解すると、「天皇の二十八年」は甲寅の前年となることに気づいた。歳次を熟語として読むのではなく、「歳」と「次」を分離し、「歳」を主語、「次」を動詞として読むのである。「歳は……を次ぐ」である。こう解釈す

れば、継体から安閑への皇位継承において皇位の空白期間がなくなることになる。その上、継体の没年と次の安閑の元年も重ならない。つまり日本書紀の編述方針にすべて適合することになる。私の心の中に「歳次の意味は『次の歳は』なのではないのか？」という疑念が生じた。もしも、これが正しいとすると、継体元年は日本書紀の記述している丁亥ではなく、その前年の丙戌ということになる。継体元年が一年古くなるのである。しかし、これまでそのように解した書物には一度も接したことはない。そこで自分で調べてみることにした。

まず最初に歳次という言葉を武田祐吉・久松潜一編『角川古語辞典』で調べた。

歳次：《中国の天文学で、二十八宿を分けて十二次とし、歳星（木星）が一年で一次を回り、十二年で一周することから》年のめぐりをいう語。年まわり。

となっている。少し理解しづらいが、少なくとも「次の年」という意味はないということはわかる。次に新村出編『広辞苑』（岩波書店）で歳次を引いてみた。

歳次：《「次」は宿りの意。中国で、二十八宿を十二次に分け、歳星（木星）は一年に一次を周り、十二年でその軌道を一周するというのに基づく》としまわり。とし。

『角川古語辞典』とだいたい同じであるが、『広辞苑』では明確に「としまわり。とし。」としている。

［歳次＝この年］と考えてよさそうである。そして熟語としての歳次には、これ以外の意味はなさそうである。

次に「次」という漢字を藤堂明保編『学研・漢和大字典』で調べた。

「次」①名詞　つぎ（略）
②動詞　つぐ　第一のものの下に位する。また、第一のもののあとに続く。
「君又次之＝君またこれに次ぐ」
「相次去世＝あひ次いで世を去る」
③副詞　つぎに、ついで（略）
④名詞　順序（略）
⑤単位　物事の回数・度数を数えるときのことば。（略）「二次」「数次（数回）」
⑥名詞　ある行為をしたとき。そのさい。
「参内之次（宮中にまいったとき）」
⑦動詞　やどる。とまる　（略）旅の間に一日だけとまる。
⑧名詞　星のとまる星座。また広く物のやどる場所（略）。
⑨「造次」とは、そそくさと物をかたづけたり、あつらえたりすることから、あわただしい短時間のこと。

以上である。この記載順について、藤堂明保氏は「凡例」の項で、次のように述べている。

親字の意味を①②③……の順に解説した。そのさい、その漢字の成り立ちにもとづく原義を第一として、順次、派生義に及ぶように配慮した。

従って「次」を動詞として使用する際は、もともとは「つぐ」の意味であり、その後になって「やどる」という使用法が生じたことになる。歳次干支は、「歳は干支に次《やど》る」という使用法よりも「歳は干支に次《つ》ぐ」或いは「歳は干支を次《つ》ぐ」という使用方が本来の使用法である。「次」を「次《つ》ぐ」と読むことには何も問題はない。問題になるのは「……に次《つ》ぐ」なのか「……を次《つ》ぐ」なのかということである。

次に日本書紀の「年」の記載法を調べた。まず、「天皇の元年」の記載の例をあげれば「元年春正月丁丑朔戊寅」である。これは次の形式である。

「元年」＋「季節」＋「何月」＋「朔の干支」＋「朔」＋「当日の干支」

そして元年のできごとを記述したあと、最後に「是歳也太歳壬辰」と、その年の干支を指定している。これは次の形式である。

「是歳也太歳」＋「年の干支」

日本書紀記載の全ての天皇及び神功皇后の元年は、神武天皇の場合を除き例外なく右の記載である。「この年は」の意味では「是歳也太歳」が使用されている。神武天皇の場合は、元年の条の書き出しが「辛酉年春正月庚辰朔」である。真っ先に年の干支を指定している。そしてその直後に「是歳為天皇元年」と記載している。神武以外の記述とは逆の形となっている。しかしここでも「この年は」は「是歳」である。

その他、日本書紀中に使用される明らかな「この年は」には、例外なく「是歳」「是年」が使用されている。例を挙げれば、崇神天皇十一年の条で、「是歳異俗多帰……」と、「この年は」には「是歳」を使用している。このような記述もかなり多い。

最後に日本書紀の中の歳次の記載例を集めた。すると、実に意外な結果が出てきた。継体天皇の条以外では歳次は四カ所に存在した。

①垂仁天皇即位前紀
②応神天皇即位前紀
③天智天皇七年正月条
④持統天皇八年三月条

この四例である。面白いことに、これら四例の歳次の中で、③の天智天皇の条の歳次を除けば、残りの三例において、既にこれまでに天皇の年齢や暦日に明らかに矛盾する記述が存在することが指摘されてきている。垂仁天皇の寿命及び応神天皇の寿命に関する一歳のくい違いと持統天皇八年四月の「四月三十四日」という日付である。そして、①の垂仁天皇即位前紀に出現する歳次干支を分析してみると、これが将に「干支の前年」の意味であった。

3　垂仁天皇即位前紀の「歳次」

垂仁天皇即位前紀には次のように記述されている。

天皇、御間城天皇（崇神）の二十九年歳次壬子の春正月の己亥の朔を以て、瑞籬宮《みつかきのみや》に生《あ》れましたまへり。

「訳」垂仁天皇は、崇神天皇の二十九年、歳次壬子の年の春正月の己亥の朔日に瑞籬宮においてお生まれになった。

歳次壬子が壬子年の意味であるならば、垂仁は壬子の年に生まれたことになる。その垂仁天皇の寿命について、日本書紀・垂仁天皇の九十九年条には次のように記述されている。

九十九年秋七月の戊午の朔に、天皇、纏向宮《まきむくのみや》に崩《かむあが》りましぬ。時に年百四十歳。

日本書紀は垂仁天皇の元年を壬辰と記述している。従って垂仁天皇九十九年は庚午となる。そうすると上記の文は、「垂仁は庚午の年に一四〇歳で亡くなった」と言っていることになる。言うまでもなく、日本書紀・古事記の世界では年齢や在位年数は、すべて「かぞえ」である。ところが日本書紀は垂仁即位前紀において、垂仁の生まれた年は「歳次壬子である」と言っていた。歳次壬子が、従来解釈されている通りの壬子年であるならば、垂仁は壬子年に生まれ、庚午年に亡くなったことになる。表紙の裏の干支表で確認してみると良い。壬子の年に一歳ならば、庚午の年には一九歳か七九歳か一三九歳なのである。日本書紀・垂仁紀本文で記述されている垂仁の寿命と日本書紀・垂仁即位前紀に記述されている垂仁の寿命には一歳のくい違いが生じることになる。

この齟齬を解決するには二つの考え方がある。それは、

①垂仁紀九十九年条の「垂仁は一四〇歳で亡くなった」という記述は、「垂仁は一三九歳で亡くなった」の誤りであると考えるもの。

②「崇神天皇二十九年、歳次壬子」の意味は、「崇神天皇の二十九年は壬子の年」ではなく、「崇神天皇の二十九年は壬子を次ぐ年、則ち（壬子の前年の）辛亥の年である」とするもの。これならば垂仁は辛亥の年に生まれたことになり、没年の庚午の年には一四〇歳となる。

この二つのうちのどちらかである。しかし、これだけではどちらが正しく、どちらが誤りであると決定するわけにはいかない。

ところが垂仁天皇の父親である崇神天皇の寿命から、「②の方が正しい」ということが判明する。崇神の年齢については、日本書紀は開化紀において次のように記述している。

（開化天皇の）二十八年の春正月の癸巳の朔丁酉に、御間城入彦尊（崇神）を立てて、皇太子としたまふ。年《みとし》十九。

崇神天皇は開化天皇の二十八年に一九歳なのである。日本書紀は開化天皇の元年を甲申と記述している。従って開化二十八年は辛亥の年となる。すると崇神天皇は辛亥の年に一九歳であるから、癸巳の年に生まれたということになる。

一方、日本書紀は崇神天皇の元年を甲申と記述しており、崇神の最終年には次のように記述している。

（崇神）天皇、践祚しての六十八年の冬十二月の戊申の朔壬子に、崩《かむあが》りましぬ。時に年百二十歳。

崇神は在位六八年目に一二〇歳で亡くなったと記述している。崇神元年は甲申であるから、崇神六十八年は辛卯となる。従ってこの文は「崇神は辛卯の年に一二〇歳で亡くなった」と言っていることになる。ところが日本書紀・開化紀に記述されていた崇神の誕生年は癸巳であった。癸巳に一歳ならば辛卯には五九歳か一一九歳でなければならない。崇神の寿命についても、日本書紀・開化紀から得られる寿命と日本書紀・崇神紀に述べられている寿命の間に一歳のくい違いが見られる。しかし、日本書紀の開化紀・崇神紀をいくら読んでもその解決は得られない。

ところが日本書紀・垂仁即位前紀に出現している「崇神天皇二十九年、歳次壬子」の意味が「崇神天皇の二十九年は壬子の前年（辛亥の年）である」ならば、崇神元年は癸未となる。日本書紀の記している崇神元年甲申の前年である。崇神元年が一年早まることになる。これに伴い、崇神の生まれ年も一年早まることになる。何故ならば、崇神の伝承の原型が「崇神天皇はα歳で即位した。即位年は

x年であった」という形だったとすれば、誕生年は即位年との関連で求められることになる。そして何らかの理由で即位年をズラしたとすると、同じ分だけ誕生年もズラされることになる。実際、日本書紀の誕生年の記述は、「何年に生まれた」という直接表記よりも、「前天皇のx年にy歳で即位した。或いはy歳で太子になった」という間接表記の方が圧倒的に多いのである。

（1）誕生年を直接表記する――三例
　垂仁、応神、雄略
（2）「前天皇のx年にy歳で立太子」の間接表記――一三例
　安寧、懿徳、孝昭、孝安、孝霊、孝元、開化、崇神、景行、成務、仲哀、履中、天智
（3）「没年にx歳」の表記――七例
　神武、綏靖、神功、継体、安閑、宣化、推古
（4）年齢に関する記述なし――一八例
　（1）（2）（3）に記述した以外の天皇

このように誕生年の方を直接記述されるケースは稀であり、多くの場合は「前天皇のx年にy歳で立太子」という記述から、誕生年がわかるようになっている。このような表記方法の場合は、即位年・立太子の年と誕生年の関係（年数）は固定されていると考えた方が自然である。即位年・立太子の年が一年遅れるのであるならば誕生年も一年遅れることになり、逆に即位年・立太子の年が一年早まるのであるならば誕生年の方も一年早まるのである。従って崇神の場合、即位年が一年早まるのであるから、誕生年も一年早まると考えなければならない。そしてここで、崇神没年は日本書紀の記す

通りの辛卯の年とすると、崇神の寿命は一二〇歳ということになる。

日本書紀・垂仁即位前紀に見られる歳次壬子は「歳は壬子を次ぐ＝壬子の前年＝辛亥」の意味で使用されているとした時に、日本書紀の記す崇神の寿命と垂仁の寿命に齟齬がなくなる。このことから《歳次干支は、「歳は干支を次ぐ＝干支の前年」の意味で使用されることもあった》ということが証明される。なお、くどいようだが崇神の在位は癸未から辛卯までの六九年ということになる。

4　継体天皇二十五年条の「歳次」

ここで日本書紀・継体二十五年の条に戻ろう。継体二十五年条の末尾に記述されている「注」は日本書紀編纂者が「或本云」と百済本記を解釈したものである。継体二十五年条の「注」をもう一度箇条書きにしてみよう。

一、或る本は「継体天皇は二十八年、歳次甲寅に崩ず」としている。
二、しかし百済本記に「又聞く、辛亥の年に、日本天皇及び太子・皇子倶に崩ず」と記載されている。
三、そこで継体天皇の崩御の年については百済本記の記述を採用することにした。
四、辛亥年は、継体天皇の元年の丁亥からは二十五年目である。
五、そこで継体天皇の崩御を、「(在位)二十五年・歳次辛亥崩」とした。

日本書紀編纂者は歳次を「歳のめぐり＝この年」の意味の熟語、或いは「歳は……に次《やど》る(宿る)」

の意味で使用している。それだから歳次辛亥は「辛亥年」のことであり、継体天皇の二十五年なのである。そしてこの「注」には歳次が二度出現している。しかしそれぞれは性格が異なる。

①最初の歳次：「（継体）天皇の二十八年、歳次甲寅に崩ず」→「或本」の歳次の使用法

②二番目の歳次：「二十五年、歳次辛亥に崩ず」→日本書紀・継体紀編纂者の歳次の使用法

一つの文の中の同じ言葉であるが、両者にはこのような違いがある。従って、歳次の使用法が異なる可能性がある。そして日本書紀の言う「或本」とは、日本書紀編纂の時（七二〇年）には既に存在していた本である。一方、近畿天皇家では七世紀後半頃まで、「帝皇日継及び先代旧辞」は口伝で伝えられている事は古事記序文に明記されている。太安万侶による古事記序文に以下のように記述されている。

ここに天皇（天武）詔りたまひしく……。偽りを削り実を定めて、後葉《のちのよ》に流《つた》へむと欲《おも》ふ。……姓は稗田、名は阿礼、……。すなはち、阿礼に勅語して帝皇日継及び先代旧辞を誦み習はしめたまひき。

以上のことから近畿天皇家では七世紀後半頃まで、「帝皇日継及び先代旧辞」は口伝で伝えられていたことがわかる。天武天皇の元年は壬申の年であり、西暦で言えば六七二年である。そうすると、この「或本」は、西暦六七二年から日本書紀が編纂される七二〇年までの間に作成された可能性が高い。その間はわずか四八年である。かなり日本書紀編纂の時代に近接していることになる。ということは、この「或本」の編述方針も日本書紀の編述方針と同じであると考えることができる。その編述

方針とは「踰年元年」である。先代の天皇の没年は、次の天皇の元年とはしない。この踰年元年は日本書紀の絶対的な方針である。例外はない。「或本」の編述方針も踰年元年であったとする。そして第二十七代安閑天皇の元年は甲寅なのである。そうすると次の文はどう解釈すべきか？

或本に云はく、（継体）天皇の二十八年歳次甲寅に崩りましぬといふ。

歳次甲寅は、垂仁即位前紀における場合と同じように「歳は甲寅を次ぐ＝甲寅の前年＝癸丑」と解釈しなければならないことになる。

継体天皇の没年は、日本書紀の編述方針であり、「或本」の編述方針でもある踰年元年に基づいて考えれば、安閑天皇元年（甲寅年）の前年の癸丑ということになる。そして「或本」は、《癸丑は継体二十八年にあたる》と言っていることになる。すると「或本」の述べる継体元年は、日本書紀の記述している丁亥ではなく、その前年の丙戌ということになる……。

日本書紀の記述する神武から持統までの各天皇の元年と在位年数を列記すると、十七代の履中天皇以降、四十代の持統天皇までは、ごく自然な在位年数の積み重ねとしてとらえることができる（一九ページの表1参照）。允恭天皇の在位年数が四二年と少し長いのであるが、決してあり得ない在位年数ではない。稀にはあり得る在位年数である。持統から允恭直前までの二一名の天皇の中には、在位四〇年以上の天皇は一人もいない。従ってその稀な天皇が允恭であってもおかしくはないのである。ところが仁徳以前になると、とたんに在位六〇年以上の天皇が頻出するようになる。日本書紀の記述する天皇の在位年数は仁徳以前に問題が多いのである。私はこれまで「日本書紀の記す天皇の在位年数や『年の干支』は、十七代の履中元年以降については信じても良いであろう」と漠然と考えていた。しかし、二十六代継体天皇の元年は日本書紀の記す丁亥ではない可能性が出てきた。二十六代継体天皇の元年がグラグラ揺らぎだしたのである。十七代の履中天皇の元年どころか、それよりもずっと新しい継体の元年があやしくなりだした。

本章は「歳次干支」の追究がテーマであるので、この問題についてはここまでに留め、II部第五章「継体天皇と暗殺された武烈天皇」において詳しく述べることにする。

5　応神天皇即位前紀の「歳次」

次に応神天皇即位前紀に出現する歳次を見てみよう。ここに見られる歳次は「この年」でも「前年」でもない。「翌年」と解せねばならないのである。以下の記述である。

(応神)天皇、(神功)皇后の新羅を討ちたまひし年、歳次庚辰の冬十二月を以て、筑紫の蚊田に生《あ》れませり。幼くして聡達《さと》くいます。玄《はるか》に監《みそなは》すこと深く遠し。動容《みすがたみふるまひ》進止《のり》あり。聖表《ひじりのしるし》異《あや》しきことあり。皇太后(神功皇后)の摂政三年に、立ちて皇太子と為りたまふ。時に年三。

この文の説明に入る前に、この文に出ている庚辰からの四年の干支を先に示しておく。

庚辰—辛巳—壬午—癸未

この文は後段の方で、「応神天皇は神功皇后の摂政三年の時に三歳である」と記している。日本書紀は神功皇后の摂政元年を辛巳としているので、神功皇后の摂政三年は癸未となる。則ち応神天皇は癸未の年に三歳なのである。ところが前段の記述の、応神天皇が生まれた年の歳次庚辰を従来解釈されている通り「庚辰の年」と解すると、応神天皇は癸未の年には四歳となってしまう。歳次庚辰を「歳は庚辰に次ぐ＝庚辰の翌年＝辛巳」と解しなければ、応神天皇が三歳の年は癸未にはならない。ということは日本書紀・応神即位前紀の「歳次庚辰」は「歳は庚辰に次ぐ＝庚辰の翌年＝辛巳」という意味で記述されているのである。

また、この「歳次庚辰」が「辛巳の年」の意味でなければならないことは、日本書紀の記す応神の寿命からも証明されるのである。日本書紀・応神紀は、その四十一年条で次の様に記述している。

四十一年の春二月の甲午の朔戊申に、天皇、明宮に崩《かむあが》りましぬ。時に年一百一十歳。

日本書紀は応神の元年を庚寅と記述している。従って応神四十一年は庚午の年となる。則ち右の文は、「応神は庚午の年に一一〇歳で亡くなった」と言っていることになる。しかし、応神即位前紀に記述されている応神の生まれ年の歳次庚辰が庚辰の年の意味ならば、応神は庚辰の年に生まれ、庚午の年に亡くなったことになる。すると応神の没年齢は一一一歳である。没年の庚午の年に応神が一一〇歳であるためには、生まれ年の「歳次庚辰」の意味は庚辰の翌年の「辛巳」でなければならない。

応神天皇の誕生年の歳次庚辰が辛巳の年であるということは、日本書紀に存する仲哀天皇の寿命に関する齟齬についても解決を与えることになる。日本書紀・仲哀即位前紀は仲哀の年齢について次のように記述している。

稚足彦《わかたらしひこ》天皇の四十八年に、立ちて太子と為りたまふ。時に年三十一。

仲哀天皇は成務天皇の四十八年に三一歳であると記述されている。また日本書紀は成務天皇の元年を辛未と記述している。従って成務四十八年は戊午となる。仲哀は戊午の年に三一歳であるならば、誕生年は戊子ということになる。一方日本書紀・仲哀紀本文は仲哀の元年を壬申としており、その寿命について次のように記述している。

九年の春二月の癸卯の朔丁未に、天皇、忽に痛身《なや》みたまふこと有りて、明日《くるつひ》に、崩《かむあが》りましぬ。時に、年五十二。

日本書紀・仲哀紀本文は、《仲哀は在位九年目に五二歳で亡くなった》としている。仲哀元年は壬申であるから、仲哀九年は庚辰となる。従って仲哀は庚辰の年に五二歳で亡くなったということになる。仲哀の寿命については古事記も五二歳と記述している。従って仲哀が亡くなったのは五二歳で間違いないようだ。しかし日本書紀・仲哀即位前紀の記述から導き出された仲哀の誕生年は戊子であった。戊子に一歳ならば、亡くなった庚辰の年には五三歳でなければならない。日本書紀の記述は仲哀の寿命に関しても、仲哀即位前紀と仲哀紀本文で一歳のくい違いを生じることになる。

仲哀の寿命に関するこの齟齬は、日本書紀の成務紀・仲哀紀・神功紀をいくら読んでも解決は得られない。しかし、応神即位前紀に「神功皇后の新羅を討ちたまひし年、歳次庚辰に応神天皇は生まれた」という記述が存在する。もともと「庚辰の次の年＝辛巳の年」という意味で表記されていた応神誕生年の「歳次庚辰」を、仲哀没年の「庚辰の年」と解釈してしまうと、そこに一年の違いが生じることになる。日本書紀を編纂している際中に、実際にそれが発生したのだと思う。この一文こそが仲哀の寿命を混乱させた張本人だと思う。

仲哀の寿命に関して、何故このような齟齬が生じたのかについては、次のように考えることができる。

日本書紀を編纂するにあたり、仲哀と応神に関する資料として次のようなものが存在した、と仮定する。

①仲哀は成務四十九年（己未の年）に立太子された。その時、三一歳であった。
②仲哀は庚辰の年に五二歳で亡くなった。
③「応神は歳次庚辰（歳は庚辰に次ぐ＝辛巳の年）に生まれた」という記述が存在した。

ところで成務四十九年の己未年から応神誕生の辛巳年までは、あしかけ二二年である。これらの資料がいろいろ書きかえられているうちに、「仲哀天皇の三一歳の年は、応神の生まれた『歳次庚辰

（庚辰に次ぐ年＝辛巳の年）』の二二年前である」というように記述が変化した。そうこうしているうちに歳次庚辰は庚辰の年と解釈されるようになった。このため、仲哀天皇三一歳の年は庚辰の年の二二年前の戊午の年、則ち成務天皇の四十八年と書き換えられた。しかし各天皇の崩御の年と寿命については、確固とした伝承が存在した。仲哀についても「庚辰の年、五二歳没」と厳然として伝承されていた。そのため日本書紀・仲哀紀本文は、仲哀の没年とその寿命については伝承通りを記述した。

このような経過であったと考えた場合に、日本書紀・仲哀九年条に記されている仲哀の寿命と、仲哀即位前紀の記述から得られる仲哀の寿命との間の一歳のくいちがいが説明可能となる。

応神天皇には胎中天皇と言う別名が存在する。応神天皇の別名、胎中天皇は日本書紀・継体紀において物部麁鹿火の妻の言葉として初めて出現する。継体六年十二月の条である。

其の妻固く要《いさ》めて曰はく、「夫れ住吉大神、初めて海表の金銀の国、高麗・百済・新羅・任那等を以て、胎中誉田天皇に授記《さづ》けまつれり。……」

この言葉の意味することとは、継体時代には応神天皇は胎中天皇――お腹の中にいる期間が異常に長かった天皇――と認識されていたということである。則ち、応神に胎中天皇という別名が存在するということは、「応神は仲哀崩御後、普通ではありえない月日が経過してから生まれた」と考えられていたことの証拠でもある。胎中天皇という表記は、日本書紀の継体紀から宣化紀の期間に四回出現している。四回全て、会話の中の言葉として記述されている。宣化の頃までは、応神天皇は確実に「胎中天皇＝お腹の中にいる期間が長かった天皇」として認識されていたことになる。

ここで仲哀天皇の崩御の年月日を「庚辰の年の二月五日」とし、応神天皇誕生の年月日をこれまで理解されているように「庚辰の年の十二月十四日」とする。すると応神は、妊娠期間として俗に言われている十月十日で生まれたことになる。しかしそうすると、ここには胎中天皇という別名が生じる余地がない。その当時の妊娠期間としての認識、十月十日ぴったりである。応神天皇の生年月日と仲哀天皇の崩御の日の間には、胎中天皇という別名が生じるための期間がなくてはならないのである。従って、仲哀天皇の崩御の日が「庚辰の年の二月五日」に間違いないのであるならば、応神天皇の誕生年の歳次庚辰は庚辰の年のことではない。応神誕生年の歳次庚辰はやはり「庚辰に次ぐ歳＝庚辰の翌年＝辛巳」の意味なのである。

「仲哀の没年は庚辰であり、応神の誕生年は辛巳である」、日本書紀のこの記述は応神天皇の出生について、重大な疑義を生ぜしめることになる。日本書紀は仲哀が亡くなった日を庚辰の年の二月五日、応神誕生の日を「歳次庚辰＝辛巳の年」の十二月十四日と記述している。すると応神は、仲哀が亡くなってから一年一〇カ月経過して生まれたことになる。いくら伝説ではあっても、人間のことであるならば、そのようなことはあり得ない。仲哀没後、一年一〇カ月にして生まれている応神は、決して仲哀の子ではない。応神天皇の出生については、古事記による追究により、更に驚くべき事実が浮上する。この件についてはII部第七章の応神天皇の項で詳述する。

6　持統天皇八年三月条の「歳次」

日本書紀・持統八年四月の条には、あり得ない月日が記述されている。

> （持統八年）夏四月の甲寅の朔に……庚申に、吉野宮に幸す。丙寅に、使者を遣して、広瀬大忌神と龍田風神とを祀らしむ。丁亥に、天皇、吉野宮より至《かへりおは》します。

何の変哲もない文章であるが、実はおかしいのである。内田正男編著『日本書紀暦日原典　新装版』（雄山閣出版、一九九三年）によれば、持統八年の四月朔日の干支は、元嘉暦でも、或いは儀鳳暦でも甲寅である。従って上記の出だしの部分「（持統八年）夏四月の甲寅の朔」は正しいのである。ところが持統天皇が吉野宮行幸から帰還したとされる丁亥は、甲寅が一日ならば三十四日に相当するのである。「天皇の吉野行幸からの帰還は四月三十四日」ということになる。あり得ない月日である。何故、このような月日が記述されているのであろうか？

実は、これにも歳次が関与している。この記述の直前の持統八年三月条に歳次が出現している。

> 三月の甲申の朔に、……。己亥（十六日）に、詔して曰はく、「粤《ここ》に七年の歳次癸巳を以て、醴《こさけの》泉《いづみ》、近江国の益須郡《やすのこほり》の都賀山《つがやま》に涌く。……」

ここに出ている「七年歳次癸巳」、この文が曲者なのである。これを従来通りの歳次干支の意味で解釈すれば「持統七年、癸巳の年」となる。癸巳が持統七年であるから、持統元年は丁亥となる。これは日本書紀が記述している通りである。そして持統八年の四月朔は、元嘉暦でも或いは儀鳳暦でも甲寅である。従って丁亥は三十四日となり、あり得ない日付となる。

しかしここで「七年歳次癸巳」が「七年、歳は癸巳に次ぐ」であるならばどうなるか？　癸巳の翌年の甲午が持統七年ということになる。すると持統元年は戊子となる。戊子を元年とする八年目は乙未年である。持統時代の乙未年の四月朔の干支を内田正男編著『日本書紀暦日原典　新装版』（雄山閣出版、一九九三年）で調べると、それは戊寅である。戊寅が朔ならば丁亥は十日である。或いは「七年歳次癸巳」は「七年、歳は癸巳を次ぐ」の可能性もあり得る。この場合は、癸巳の前年の壬辰が持統七年ということになる。すると持統元年は丙戌となる。丙戌を元年とする八年目は癸巳年である。癸巳年の四月朔の干支は庚申である。庚申が朔ならば丁亥は二十八日である。

日本書紀・持統八年四月の条の「あり得ない月日」の記述を解消するためには、その直前に出現している「七年、歳次癸巳」を「七年、歳は癸巳に次ぐ」か或いは「七年、歳は癸巳を次ぐ」のどちらかに解釈しなければならないのである。そのように解釈した時に、初めて日本書紀・持統八年四月の条のあり得ない月日は解消される。ただし、ここでは「七年、歳次癸巳」がどちらを意味しているのかの追究は保留にしておこう。いづれにしてもこのことは、日本書紀が持統元年と記述している丁亥の年は、実は持統元年ではないということを示している。

歳次干支について、ここまでで判明していることを纏めると、次のようになる。

一、垂仁天皇の部分の「崇神天皇二十九年歳次壬子」は「崇神天皇の二十九年は壬子を次ぐ年（壬子の前年＝辛亥年）」と言う意味で記述されていた。

二、応神天皇の部分の「討新羅之年歳次庚辰」は「新羅を討ちたまひし年、歳は庚辰に次ぐ年（庚辰の翌年＝辛巳年）」という意味で記述されていた。

三、継体天皇の二十五年の条の末尾の「或本」の記述の「天皇の二十八年、歳次甲寅」は「天皇の二十八年、歳は甲寅を次ぐ（甲寅の前年＝癸丑）」と言う意味で書かれていた。

四、持統天皇の時代に於いても歳次干支は「歳は干支を次ぐ＝干支の前年」或いは「歳は干支に次ぐ＝干支の翌年」という意味で使用されていた。

五、日本書紀編纂者は、歳次を「この年」を意味する熟語として使用した。それは日本書紀編纂者が、継体天皇の辛亥年を「二十五年、歳次辛亥（二十五年＝辛亥の年）」と計算しているから、

そのように断定することができる。

日本書紀成立以前の日本においては、歳次干支は、「歳は干支に次ぐ（干支の翌年）」或いは「歳は干支を次ぐ（干支の前年）」の意味で使用されていた。持統天皇の時代においてでさえもそうである。歳次干支が「歳は干支に次《やど》る＝干支の年」の意味で解釈使用されるようになったのは、日本書紀成立直前であるように思われる。しかし日本書紀編纂者は、それ以前の日本においては歳次干支が「歳は干支に次ぐ（翌年）」或いは「歳は干支を次ぐ（前年）」の意味で使用されていたことを知らないようにみえる。すべての歳次干支を「この歳」の意味で解釈している。そのために、天皇の寿命に関して

諸所で齟齬が生じたのである。このことは、日本書紀は原伝承を忠実に編纂・記述したのではなく、いろいろ計算をおこない、その上で得られた値を記述してあるということを意味する。その計算に際して歳次干支の意味を取り違えたために、諸所において天皇の生まれ年や元年の設定を誤ったのだと思われる。

7 歳次干支と日本書紀成立区分論

大阪外国語大学教授・森博達著『日本書紀の謎を解く』(第四版、中公新書、二〇〇〇年)によれば、日本書紀成立区分論、即ち日本書紀は巻別に成立年代が異なるのではないかということを初めて述べたのは岡田正之(『近江奈良朝の漢文学』一九二九年)とのことである。以降、福田良輔、永田吉太郎、鴻巣隼雄、山田英雄諸氏による研究が重ねられ、「日本書紀の成立は巻別に成立年代が異なる」ということは疑いないものと考えられるようになった。日本書紀成立区分論を大別すれば以下のようになる。

(イ)(巻一〜巻十三)と(巻十四〜巻三十)の二群に分かれるとする説。

(ロ)(巻一〜巻十三、巻二十二、巻二十三、巻二十八、巻二十九)と(巻十四〜巻二十一、巻二十四〜巻二十七)の二群に分かれるとする説。

森博達氏自身は、

①漢字原音の使い分け

②アクセントの書き分け
③漢文の中の倭習
④倭人の習慣についての認識の有無

等による分析から、日本書紀の各巻は持統時代成立のα群、文武時代成立のβ群の二群に分類され、巻三十の持統紀は持統崩御以降に成立したとしている。森博達氏は巻三十に対して「群の名」をつけておられない。このため少し不便であるので、本書では巻三十をγ群と呼ばせて貰うことにする。即ち森博達氏は日本書紀の各巻を次のように分類している。

α群――持統時代（六八七年～六九六年）成立。巻十四～二十一、二十四～二十七
β群――文武時代（六九七年～七〇六年）成立。巻一～十三、二十二、二十三、二十八、二十九
γ群――持統崩御（七〇二年）以降の時代に成立。巻三十のみ

そして更に

①α群は二人の中国人の分担執筆であり、β群とγ群の執筆は日本人である。
②日本書紀は、渡来して間もない（日本語に習熟しておらず倭人の習慣をも熟知していない）二人の中国人（続守言と薩弘恪）によって一旦、巻十四から作成された。

としている。

本章第四節において、α群の一つに相当する継体紀（巻十七）の編述者は歳次干支を熟語としての歳次干支、則ち「干支の年」の意味で使用していたことが判明している。しかしそれ以外では、歳次干支は「干支を次ぐ」や「干支に次ぐ」の意味で使用されていた。これらはすべてβ群とγ群に属す

る巻である。森博達氏の説と軌を一にする歳次干支の使用法である。即ち中国人のみが歳次干支を「干支の年」の意味で使用していることになる。

8　天智天皇七年条の「歳次」

年次的な順番から言えば、持統天皇八年三月条の歳次干支の前に、この天智天皇七年正月条の歳次干支に言及せねばならなかった。しかし天智天皇七年正月条の歳次干支そのものには、異常は認められない。また日本書紀の天智紀全体を通してみても、年月日や暦日には異常は認められない。そのために、天智天皇七年正月条の歳次干支を《歳次干支は干支の前年を指す、或いは干支の翌年等の意味である》という論究に使用することはできなかった。しかし、垂仁紀の歳次干支は「干支の前年」であることが分かった。そして応神紀の歳次干支の場合は「干支の翌年」であることが分かった。そしてまた、継体紀の日本書紀編纂者は歳次干支を「干支の年」の意味で使用していた。従って、天智天皇七年正月条の歳次干支は、どちらの意味で使用されているのか、あらためて検討しなければならないのである。

日本書紀によれば天智天皇は特異な即位形態をとっている。斉明崩御後、最初は称制という名称で実権を掌握した。その後、数年経過してから漸く天皇に即位している。斉明天皇は斉明七年（辛酉年）の七月に崩御した。その直後の日本書紀天智天皇即位前紀の記述は以下のようになっている。

七年の七月の丁巳に、崩《かむあが》りましぬ。皇太子、素服《あさものみそ》たてまつりて、称制す。

斉明七年（辛酉の年）は天智称制の一年目なのである。そして日本書紀は、その翌年（壬戌の年）を天智元年としている。しかし天智は皇太子のままなのである。天智が天皇に即位するのは漸く天智七年になってからである。その天智七年正月の天智天皇即位の記述の「注」に「或本云」として歳次干支が出現している。

七年の春正月の丙戌の朔戊子に、皇太子即天皇位《あまつひつぎしろしめ》す。或本《あるふみ》に云はく、六年の歳次丁卯の三月に、位《みくらゐ》に即《つ》きたまふ。

日本書紀では、滅多にx天皇のy年に対する年の干支は記述しない。殆どの場合、年の干支を記述するのは元年の条だけである。しかし、継体天皇の条の「或本」、そしてこの天智天皇の条の「或本」は、いずれも「（x天皇の）y年、歳次干支」というように、年の干支を記述している。二つの「或本」は記述様式が類似している。従って同一の本である可能性が高い。そして継体天皇の条の「或本」の歳次干支が「干支を次ぐ歳＝干支の前年」と使用されていたのであるから、天智天皇の条の歳次干支も同じように解釈した方が良いと思う。すると上述の「或本云」の「注」は、

或る本に云ふ、六年、歳次丁卯（丁卯を次ぐ年＝丁卯の前年＝丙寅年）の三月即位の意味となる。即ち天智六年は丁卯の前年の丙寅である。丙寅が六年ならば、一年目は辛酉でなければ

日本書紀	斉明没 天智称制	天智元年	２年	３年	４年	５年	６年	天智即位 天智７年
	辛酉	壬戌	癸亥	甲子	乙丑	丙寅	丁卯	戊辰
或本	天智称制 斉明没	称制２年	称制３年	称制４年	称制５年	称制６年 天智即位		

図１　斉明崩御から天智即位までの年次経過

ばならない。この辛酉の年は斉明天皇の没年である。「或本」は斉明没年の辛酉の年を「天智一年目＝天智元年」としているのである。しかしこれには問題がある。

①「或本」の編述姿勢も踰年元年であった。

②ところが、この「或本」の天智元年は、斉明没年を天智一年目としており、踰年元年になっていない。

ということである。何故、「或本」は、天智元年については踰年元年を守っていないのであろうか？　これはつまり「或本」が言っているのは「天智天皇の六年という意味ではない」、ということだと思う。天智の位は、最初、称制である。天皇ではない。称制一年目と天皇元年との違いである。天皇元年は前天皇の没年を犯してはならない。しかし、称制一年目はそれとは異なる。あくまでも天皇代行である。前天皇の没年を天皇代行一年目と言っても前天皇の没年を犯すことにはならない、ということなのではなかろうか。それに皇位の空白期間とは言っても、その間を何等かの紀年法で表記しなければならないのである。皇位の空白期間だから紀年は不要というわけにはいかない。その意味での称制一年目である。そしてその続きの称制六年目としての「六年歳次丁卯三月即位」なのではなかろうか？「称制六年、歳次丁卯（丁卯の前年＝丙寅年）の三月即位」である。従って「或本」の言う天智即位年は、日本書紀が天智五年としている丙寅である。これが真実の天智の即位年なのではなかろうか？　そして真実の天智の在位は丙寅から辛未までのあしかけ六年なのではなかろうか。

天智の元年・在位年数については、日本書紀の記述は最初からおかしいのである。日本書紀は天智即位を戊辰としている。それならば天智元年は戊辰としなければならない。それがあたりまえである。それなのに斉明没年の踰年にあたる称制二年目の壬戌を天智元年としている。たとえ実権は握っていたとしても、即位するまでは在位とは言わないはずである。これは天武元年・持統元年についても言えることである。日本書紀は天武の即位年を天武二年（癸酉の年）としている。また、持統の即位年を持統四年（甲寅の年）のことと記述している。そうであるならば、天武元年は癸酉とせねばならないし、持統元年は甲寅にせねばならない。

天智・天武・持統、この三代は、即位する以前の年から在位年数として勘定されている。神武からここまでには存在しなかった新たな記述様式である。これには何等かの理由があるはずである。皇位の空白を嫌った儒教思想によるものであろうか？　或いはまた、別の理由があるのであろうか？　それはこれからおいおい明らかになる。

第二章　日本書紀の編述方針・踰年元年

1　推古天皇の元年
——古事記は即位年元年、日本書紀は踰年元年

日本書紀の編述方針について、古事記との対比で考察しよう。古事記記載の最後の三天皇である推古・崇峻・用明のそれぞれの没年は日本書紀の記述と一致する。そのため、これらの三天皇の没年は信じて良いといわれている。ところがこれらの三天皇の在位年数は、古事記と日本書紀では異なるのである。例えば古事記は推古天皇の在位年数を三七年としているが、日本書紀は三六年としている。推古天皇の在位年数という同一の事象に対して、約百年後ではあるが殆ど同時に作成されたと言っても過言ではない古事記と日本書紀に、何故、このような違いがあるのであろうか？　この問題を考えてみよう。

古事記・日本書紀ともに推古天皇の没年を戊子としている。そこで推古没年の戊子を、古事記の記述する推古の在位年数三七年、あしかけで遡ってみるとその年は壬子である。即ち古事記によれば推古天皇の元年は壬子となる。ところがこの壬子は古事記・日本書紀がともに崇峻天皇の没年としてい

る年である。そこで日本書紀による崇峻天皇の崩御から推古天皇の即位までの経過を見てみよう。

崇峻天皇五年（没年）の条

（崇峻天皇五年）十一月の癸卯の朔乙巳に、馬子宿禰、群臣を詐《かす》めて曰く、……乃ち東漢直駒をして、天皇を弑《し》せまつらしむ。

推古天皇即位前紀

（崇峻天皇五年）冬十二月の壬申の朔己卯に、皇后、豊浦宮に即天皇位《あまつひつぎしろしめ》す。

表2　用明・崇峻・推古の元年・没年・在位年数と西暦年

		古事記		日本書紀		
代	天皇	没年	在位年数	元年 没年	在位年数	西暦
31	用明	丁未	三	丙午 丁未	二	五八六 五八七
32	崇峻	壬子	四	戊申 壬子	五	五八八 五九二
33	推古	戊子	三七	癸丑 戊子	三六	五九三 六二八

この二条で分かることは、推古天皇の即位年は、崇峻天皇の没年の壬子であるということだ。しかし日本書紀は、そう記載していながら推古天皇の元年はその翌年の癸丑としている。つまり日本書紀の編述姿勢は「踰年元年」なのである。即位はしてもその年が前天皇の没年ならば元年とはしない。その場合は即位年の翌年（即ち踰年）を元年とする。一方、古事記の方は、即位の年が前天皇の没年であろうがなかろうが、とにかく即位の年を元年として計算している。そこから古事記と日本書紀では在位年数に一年の違いが生じたのである。

第一章で述べたように、日本書紀では踰年元年が原則である。そして踰年元年ではない場合は、前

表3　崩御の年月と即位の年月の関係（1）

No.	皇位継承	先代崩御年月―次天皇の即位年月	即位形態
1	神武―綏靖	丙子年三月没―庚辰年一月即位	四年後
2	綏靖―安寧	壬子年五月没―壬子年七月即位	没年即位
3	安寧―懿徳	庚寅年一二月没―辛卯年二月即位	
4	懿徳―孝昭	甲子年九月没―丙寅年一月即位	二年後
5	孝昭―孝安	戊子年八月没―己丑年一月即位	
6	孝安―孝霊	庚午年一月没―辛未年一月即位	
7	孝霊―孝元	丙戌年二月没―丁亥年一月即位	
8	孝元―開化	癸未年九月没―癸未年一一月即位	没年即位
9	開化―崇神	癸未年四月没―甲申年一月即位	
10	崇神―垂仁	辛卯年一二月没―壬辰年一月即位	
11	垂仁―景行	庚午年七月没―辛未年七月即位	
12	景行―成務	庚午年一一月没―辛未年一月即位	
13	成務―仲哀	庚午年六月没―壬申年一月即位	二年後
14	仲哀―神功	庚辰年二月没―?	不明
15	神功―応神	己丑年四月没―庚寅年一月即位	
16	応神―仁徳	庚午年二月没―癸酉年一月即位	三年後

天皇の崩御後、一年～数年後に元年を設定している。日本書紀には、古事記に存在する「没年元年」はまったく存在しない。伝承の原型としては、むしろ即位の年を素直に在位一年目（元年）とする古事記の記述の方こそが伝承の原型と思われるが、日本書紀には一切それがみられない。これは何故であろうか？　神武から持統までの皇位継承において、「没年即位」はいったい何件くらい存在するのであろうか？　そして没年即位と踰年即位の間にはどのような違いがあるのであろうか？　次はそれについて考察してみよう。

神武から持統までの四〇回の皇位継承について、それぞれのケースはどちらなのか、それを調べたのが表3である。表の下端の「即位形態」の欄は、「没年即

№.	皇位継承	先代崩御年月―次天皇の即位年月	即位形態
17	仁徳―履中	己亥年　一　月没―庚子年　二　月即位	
18	履中―反正	乙巳年　三　月没―丙午年　一　月即位	
19	反正―允恭	庚戌年　一　月没―壬子年一二月即位	二年後
20	允恭―安康	癸巳年　一　月没―癸巳年一二月即位	没年即位
21	安康―雄略	丙申年　八　月没―丙申年一一月即位	没年即位
22	雄略―清寧	己未年　八　月没―庚申年　一　月即位	
23	清寧―顕宗	甲子年　一　月没―乙丑年　一　月即位	
24	顕宗―仁賢	丁卯年　四　月没―戊辰年　一　月即位	
25	仁賢―武烈	戊寅年　八　月没―戊寅年一二月即位	没年即位
26	武烈―継体	丙戌年一二月没―丁亥年　二　月即位	
27	継体―安閑	辛亥年　二　月没―辛亥年　二　月即位	没年即位
28	安閑―宣化	乙卯年一二月没―乙卯年一二月即位	没年即位
29	宣化―欽明	己未年　二　月没―己未年一二月即位	没年即位
30	欽明―敏達	辛卯年　四　月没―壬辰年　四　月即位	
31	敏達―用明	乙巳年　八　月没―乙巳年　九　月即位	没年即位
32	用明―崇峻	丁未年　四　月没―丁未年　八　月即位	没年即位
33	崇峻―推古	壬子年一一月没―壬子年一二月即位	没年即位
34	推古―舒明	戊子年　三　月没―己丑年　一　月即位	

位なのか踰年即位なのか、或いは何年後の即位なのか」を表示する欄である。分かりやすくするために踰年即位の場合は記入せずに空白にしてある。

　この表の中で、№.14の「仲哀―神功」のケースは、神功の摂政就任の年月日が全く不明である。神功は、日本書紀では「天皇と同格」として扱われている。従って神功の場合は、「摂政就任式の日」を「即位の日」とみなして良いであろう。しかし、「神功の摂政就任式は、何時挙行されたのか」については、全く記述されていない。摂政就任式そのものが存在したのかどうかさえも不明である。従って仲哀―神功のケースは、没年即位なのか踰年即位なのかの検討からは除外した方がよいであろう。№.36の「皇極から孝徳への皇位継承」は、譲位であるので

35	舒明─皇極	辛丑年一〇月没─壬寅年 一 月即位	
36	皇極─孝徳	譲位	
37	孝徳─斉明	甲寅年一〇月没─乙卯年 一 月即位	
38	斉明─天智	辛酉年 七 月没─戊辰年 一 月即位	七年後
39	天智─天武	辛未年一二月没─癸酉年 二 月即位	二年後
40	天武─持統	丙戌年 九 月没─庚寅年 一 月即位	四年後

「没年即位・踰年即位」の検討には適さない。そこでこれも除外する。その他、No.1・4・13・16・19・38・39・40の八ケースは前天皇の崩御の年から次天皇の即位年までに明らかに一年以上の空白がある。それでこれらも除外する。すると「没年即位なのか踰年即位なのか」の考察の対象になり得るのは、次ページの表4の三〇ケースとなる。

表4で見ると、三〇回の皇位継承のうち、一一回は没年即位となっている。大まかに言えば、日本書紀では、三回のうちの一回は没年即位なのである。意外にも、かなりの数が没年即位である。しかし日本書紀は、これを全て「即位の年」の翌年を元年としている。踰年元年である。崇峻・推古間の古事記の記述から推して考えれば、これらはすべて「改変」である。

日本書紀の記述は、古事記と同じことを記述しながら「即位年イコール元年（一年目）」ではない。「元年は前天皇の没年の翌年、即ち踰年とする」方針が頑固に貫かれている。これは何故であろうか？ それについては京都産業大学教授・所功著『日本の年号─揺れ動く「元号」問題の原点』（第三版、雄山閣出版、一九八三年）が参考になる。その九二〜九三ページを掲載しよう。

奈良時代（元明〜光仁《こうにん》天皇）の代始年号は、即位と同じ日に制定されたものが四例で半数以上あ

表4　崩御の年月と即位の年月の関係（2）

No.	皇位継承	先代崩御年月—次天皇即位年月	即位形態
1	綏靖—安寧	壬子年 五 月没—壬子年 七 月即位	没年即位
2	安寧—懿徳	庚寅年一二月没—辛卯年 二 月即位	
3	孝昭—孝安	戊子年 八 月没—己丑年 一 月即位	
4	孝安—孝霊	庚午年 一 月没—辛未年 一 月即位	
5	孝霊—孝元	丙戌年 二 月没—丁亥年 一 月即位	
6	孝元—開化	癸未年 九 月没—癸未年一一月即位	没年即位
7	開化—崇神	癸未年 四 月没—甲申年 一 月即位	
8	崇神—垂仁	辛卯年一二月没—壬辰年 一 月即位	
9	垂仁—景行	庚午年 七 月没—辛未年 七 月即位	
10	景行—成務	庚午年一一月没—辛未年 一 月即位	
11	神功—応神	己丑年 四 月没—庚寅年 一 月即位	
12	仁徳—履中	己亥年 一 月没—庚子年 二 月即位	
13	履中—反正	乙巳年 三 月没—丙午年 一 月即位	
14	允恭—安康	癸巳年 一 月没—癸巳年一二月即位	没年即位
15	安康—雄略	丙申年 八 月没—丙申年一一月即位	没年即位
16	雄略—清寧	己未年 八 月没—庚申年 一 月即位	
17	清寧—顕宗	甲子年 一 月没—乙丑年 一 月即位	

る。ところが、平安時代（桓武～安《あん》徳《とく》天皇の計三十二代）のは、ほとんどが即位の翌年改元であって、同年改元は平城天皇の「大同」以外にない。そこで仁明《にんみょう》天皇の承和《じょうわ》七年（AD八四〇）に撰進された『日本後紀』では、「大同」の改元を「非礼なり」と批判して、その理由を次のように述べている。

「国君即位し、年を踰へて後に、改元するは、臣子の心、一年に二君あるに忍びざるによるなり。今、いまだ年を踰《こ》えざるに改元し、先帝の残年を分ちて当身の嘉号を成すは、終りを慎しみて改むる無きの義を失なひ、孝子の心に違ふなり。これを旧典に稽《かんが》ふるに、失といふべきなり。」

18	顕宗—仁賢	丁卯年 四 月没—戊辰年 一 月即位	
19	仁賢—武烈	戊寅年 八 月没—戊寅年一二月即位	没年即位
20	武烈—継体	丙戌年一二月没—丁亥年 二 月即位	
21	継体—安閑	辛亥年 二 月没—辛亥年 二 月即位	没年即位
22	安閑—宣化	乙卯年一二月没—乙卯年一二月即位	没年即位
23	宣化—欽明	己未年 二 月没—己未年一二月即位	没年即位
24	欽明—敏達	辛卯年 四 月没—壬辰年 四 月即位	
25	敏達—用明	乙巳年 八 月没—乙巳年 九 月即位	没年即位
26	用明—崇峻	丁未年 四 月没—丁未年 八 月即位	没年即位
27	崇峻—推古	壬子年一一月没—壬子年一二月即位	没年即位
28	推古—舒明	戊子年 三 月没—己丑年 一 月即位	
29	舒明—皇極	辛丑年一〇月没—壬寅年 一 月即位	
30	孝徳—斉明	甲寅年一〇月没—乙卯年 一 月即位	

つまり、皇位継承と同じ年に改元すれば、国民は一年に二君の年号を持つことになり、前帝の終りの年を新帝が犯すことになる。だから、「臣子の心」（国民の心情）を考え、「孝子の心」（新帝の心遣い）を重んずるならば、即位の踰年《ゆねん》（翌年）に改元すべきだ、というのである。いかにも儒教的な名分論であるが、理屈は通っている。そのため、これ以降は〝踰年改元〟が原則となった。

この中に、日本書紀の編述姿勢である踰年元年の思想が明確に述べられている。ここで述べられているのは「改元論」である。これは近畿天皇家が紀年を元号により行うようになってからの問題である。元号を使用するようになるまでの紀年法、即ち日本書紀の紀年法は、《天皇の元年の記述の最後に「是歳也太歳干支」と天皇の元年の干支を指定しておいてから、あとは「天皇の何年……」》である。《干支と天皇の何年》の組み合わせなのである。元号というものは言ってみれば「天皇の何年」と言う代わりに「元号の何年」と言うように変わったにすぎない。従って儒教思想に立つ限り、「天皇の何年」を使用する場合でも、その元年は前天皇の没年を犯してはならないことになる。

日本書紀の踰年元年は、この儒教思想による「改変された踰年元年」なのである。一方、古事記は、前天皇の没年であっても、その年に即位していれば、その年を元年としている。古事記の方は、伝承が作成された時の生の姿を儒教思想による手直しを受けずに記述していることになる。すると古事記の記述と日本書紀の記述に違いがある場合は、古事記の記述の方を信じた方が良いということになる。改変の手が加えられている日本書紀の記述よりも改変の手が加えられていない古事記の記述の方を信じた方が良いからである。日本古代の実年を確定するための第三のキーである。

2　日本書紀における没年即位は争乱の証

当時の皇位継承について、もう少し日本書紀の記述から考察を続けよう。日本書紀の記述では、前天皇の没年に即位する場合と、踰年即位の場合がある。これには理由があるのか？　或いは無いのか？　理由があるとすればそれは何なのか？　私は、「それには理由があり、それは皇位争奪戦、即ち争乱の有無が関与している」のだと思う。

六〇ページの表4を見ていただきたい。そしてこの中から、

表5　没年即位・踰年即位のどちらでもよかったケース（二一例）

No.	皇位継承	崩御年月—即位年月	争乱	即位形態
1	崇神—垂仁	辛卯年一二月没—翌年　一　月即位	—	
2	垂仁—景行	庚午年　七　月没—翌年　七　月即位	—	

3	景行―成務	庚午年一一月没―翌年一月即位	－	
4	神功―応神	己丑年四月没―翌年一月即位	－	
5	仁徳―履中	己亥年一月没―翌年二月即位	＋	
6	履中―反正	乙巳年三月没―翌年一月即位	－	
7	允恭―安康	癸巳年一月没―同年一二月即位	＋	没年即位
8	安康―雄略	丙申年八月没―同年一一月即位	＋	没年即位
9	雄略―清寧	己未年八月没―翌年一月即位	＋	
10	清寧―顕宗	甲子年一月没―翌年一月即位	－	
11	顕宗―仁賢	丁卯年四月没―翌年一月即位	－	
12	仁賢―武烈	戊寅年八月没―同年一二月即位	＋	没年即位
13	安閑―宣化	乙卯年一二月没―同年一二月即位	－	没年即位
14	宣化―欽明	己未年二月没―同年一二月即位	－	没年即位
15	欽明―敏達	辛卯年四月没―翌年四月即位	－	
16	敏達―用明	乙巳年八月没―同年九月即位	－	没年即位
17	用明―崇峻	丁未年四月没―同年八月即位	＋	没年即位
18	崇峻―推古	壬子年一一月没―同年一二月即位	＋	没年即位
19	推古―舒明	戊子年三月没―翌年一月即位	－	
20	舒明―皇極	辛丑年一〇月没―翌年一月即位	－	
21	孝徳―斉明	甲寅年一〇月没―翌年一月即位	－	

①皇位継承時に、争乱の有無が明瞭。

②即位は、没年即位或いは踰年即位のどちらでもよかった。

この①と②の条件を満たすケースのみを抜き出してみよう。対象外となるケースを除いていこう。日本書紀の記述では、第二代の綏靖即位以降、第九代の開化までは説話がまったくない。従って皇位継承に際して、争乱があったか無かったかの判断ができない。そこで開化までは全て省く。武烈から継体への皇位継承は皇統の断列によるものであるので省く。継体から安閑への皇位継承は、不可解な皇位継承であり、いまだ謎とされている皇位継承なのでこれも省く。皇極―孝徳間は譲位であるので省く。

表6　皇位継承時に平穏であったケース（一四例）

No.	皇位継承	崩御年月—即位年月	即位形態
1	崇神—垂仁	辛卯年一二月没—翌年　一　月即位	
2	垂仁—景行	庚午年　七　月没—翌年　七　月即位	
3	景行—成務	庚午年一一月没—翌年　一　月即位	
4	神功—応神	己丑年　四　月没—翌年　一　月即位	
5	履中—反正	乙巳年　三　月没—翌年　一　月即位	
6	清寧—顕宗	甲子年　一　月没—翌年　一　月即位	
7	顕宗—仁賢	丁卯年　四　月没—翌年　一　月即位	
8	安閑—宣化	乙卯年一二月没—同年一二月即位	没年即位
9	宣化—欽明	己未年　二　月没—同年一二月即位	没年即位
10	欽明—敏達	辛卯年　四　月没—翌年　四　月即位	
11	敏達—用明	乙巳年　八　月没—同年　九　月即位	没年即位
12	推古—舒明	戊子年　三　月没—翌年　一　月即位	
13	舒明—皇極	辛丑年一〇月没—翌年　一　月即位	
14	孝徳—斉明	甲寅年一〇月没—翌年　一　月即位	

すると考察の対象となるのは六二ページの表5の二一例となる。この二一例は没年即位でもよかったし、或いは踰年即位でもよかったケースである。

　この二一ケースを日本書紀の記述から、皇位継承の際の争乱の有無で分類する。すると、

　争乱は無かった……一四ケース
　　存在した………七ケース

となる。

平穏時の皇位継承

　皇位継承時に争乱のない一四ケースを没年即位と踰年即位で分けると、表6のようになり、一一ケースは踰年即位、三ケースは没年即位となる。平穏時には踰年即位が多い。その上、日本書紀が没年即位としている用明天皇の即位は、古事記の記述でみると踰年即位なのである。

古事記は用明について、

　三年在位。丁未の年に崩御。

と記述している。丁未の年が在位三年目ならば、その元年は乙巳である。そしてまた、古事記は敏達の没年を甲辰と記述している。干支の流れは「甲辰―乙巳―丙午―丁未」である。とすると古事記の記述では、用明の元年は敏達没年の翌年（踰年）なのである。そして日本書紀・用明即位前紀をみる限り、用明即位時に争乱があった様子はない。従って古事記の記述する経過に日本書紀の記述する経過を重ね合わせて考えると、用明の即位は踰年即位であり、その先代の敏達からの皇位継承においては争乱のない平穏裏の皇位継承であったということになる。すると平穏時の皇位継承一四例のうち、一二例は踰年即位となる。平穏時の即位は、殆どが踰年即位なのである。

表7　争乱時のケース（七例）

No.	皇位継承	崩御年月―即位年月	即位形態
1	仁徳―履中	己亥年 一 月没―翌年 二 月即位	踰年即位
2	允恭―安康	癸巳年 一 月没―同年一二月即位	没年即位
3	安康―雄略	丙申年 八 月没―同年一一月即位	没年即位
4	雄略―清寧	己未年 八 月没―翌年 一 月即位	踰年即位
5	仁賢―武烈	戊寅年 八 月没―同年一二月即位	没年即位
6	用明―崇峻	丁未年 四 月没―同年 八 月即位	没年即位
7	崇峻―推古	壬子年一一月没―同年一二月即位	没年即位

争乱時の皇位継承

次に皇位継承時に争乱となった七例をみてみよう。表7である。この場合は七例のうち、五例が没年即位となっている。平穏時の皇位継承とは逆に、争乱時には没年即位が多いのである。争乱があったにも拘らず踰年即位となっている二例について、その経緯をみてみよう。

まず履中の即位について、日本書紀の記述を略記すると以下のようになる。

仁徳の後継者（太子）は、長子の去来穂別皇子（後の履中天皇）であった。仁徳崩御後、次子の住吉仲皇子が天皇位簒奪を目論み、難波の宮を包囲した。三名の忠臣の働きにより危機を脱した去来穂別皇子は大和の石上に陣取った。そして約一年の戦いののち、住吉仲皇子を討ち滅ぼし、仁徳崩御の翌年二月、履中天皇として即位した。つまり踰年即位である。そして履中は、即位後六年在位した。

以上が日本書紀の記す仁徳崩御から履中即位までの大まかな経過である。ところが古事記は仁徳の没年を丁卯年としており、次の履中の没年を壬申年としている。丁卯年から壬申年まではあしかけで六年である。そして日本書紀の記す履中の在位年数は六年である。すると古事記では、履中は仁徳の没年に即位していることになる！　仁徳崩御後、天皇位を廻って太子の去来穂別皇子（後の履中天皇）と次子の住吉仲皇子との間で争乱となった。年内に乱を粛正した去来穂別皇子はその年（仁徳没年）に履中天皇として即位したのである。即ち履中の即位は争乱時の没年即位である。すると争乱時の皇位継承は七例中六例が没年即位となる。争乱時には圧倒的に没年即位なのである。

争乱時であるにも拘らず踰年即位と記述されているもう一つのケース、清寧の即位について日本書紀・清寧即位前紀を詳しく見てみよう。

二十三年の八月に、大泊瀬天皇、崩《かむあが》りましぬ。吉備稚媛、陰《ひそか》に幼子星川皇子に謂りて曰はく、「天下之位登らむとならば、先づ大蔵の官を取れ」とのたまふ。長子磐城皇子、母夫人の、其の幼子に教ふる語を聴きて曰はく、「皇太子、是我が弟なりと雖も、安《いづく》にぞ欺《あざむ》くべけむ。不可為《しかはすべからず》」とのたまふ。星川皇子、聴かずして、輙《たやす》く、母夫人の意に随《したが》ふ。遂に大蔵の官を取れり。外門を鏁《さ》し閉《かた》めて、式《も》て難に備ふ。権勢《いきほひ》の自由《ほしきまま》にして、官物を費用《つひや》す。是に、大伴室屋大連、東漢掬直に言ひて曰はく、「大泊瀬天皇の遺詔し、今至りなむとす。遺詔に従ひて、皇太子に奉るべし」といふ。乃ち軍士を発して大蔵を囲繞《かく》む。外より拒《ふせ》き閉《かた》めて、火を縦けて燔殺《やきころ》す。是の時に、吉備稚媛・磐城皇子の異父兄兄君《えきみ》・城丘前来目《きのをかさきのくめ》名を闕《もら》せり。星川皇子に随ひて、燔殺されぬ。

（中略）

是の月に、吉備上道臣等、朝《みかど》に乱を作《な》すと聞きて、其の腹に生れませる星川皇子を救はむと思ひて、船師四十艘を率て、海に来浮ぶ。既にして燔殺されぬと聞きて、海より帰る。天皇、即ち使を遣して、上道臣等を嘖譲《せ》めて、其の領むる山部を奪ひたまふ。

冬十月の己巳の朔壬申に、大伴室屋大連、臣・連等を率て、璽を皇太子に奉る。

元年の春正月の戊戌の朔壬子に、有司に命《みことおほ》せて、壇場を磐余の甕栗に設けて、陟天皇位《あまつひつぎしろしめ》す。

清寧即位前紀において、清寧は雄略崩御後の八月から十月までの間に、既に天皇と表記されている。「天皇、即ち使を遣して、上道臣等を嘖譲めて、其の領むる山部を奪ひたまふ」の部分である。このことから、「白髪皇子は雄略崩御後、その年のうちに天皇に即位していた」、則ち没年即位と考えたいのであるが、これには問題がある。

日本書紀の神武から安康までにおける皇位継承記述（各天皇の即位前紀の記述）においては、「前天皇は何時何時なくなられた」との記述のあと、次天皇は即位の式を挙げるまでは、その表記は「太子或いは皇子」である。決して天皇とは表記されていない。前天皇崩御の記述のあと、その直後に「皇太子、即天皇位す」という記述が割合多いが、それにしたってやはり前天皇の崩御を記述したあとは、次天皇は即位式をあげるまでは天皇とは表記されていないことにはかわりはない。応神天皇の場合のみ、例外のようにみえる。応神天皇は即位前紀において、即位の前から既に天皇と表記されている。しかし応神即位前紀をよく読んでみると、そこには、前天皇（仲哀）の崩御の記述は存在しない。そのために応神は即位式をあげる前から天皇と表記されることが許されたのであろう。従って神武以降安康までは、前天皇崩御の記述のあと、次天皇は即位式を挙行するまでは、その表記は「太子或いは皇子」なのである。

しかし雄略紀からそれが崩れる。雄略は、安康天皇が眉輪王により弑されたその日から天皇と表記されている。雄略紀・清寧紀は日本書紀の巻十四に収められている。

森博達著『日本書紀の謎を解く』（第四版、中公新書、二〇〇〇年）によれば、日本書紀は巻別に作成年代が異なるとされている。そして森博達氏は日本書紀の各巻を次のように分類しておられる。

α群――持統時代の作成。巻十四～巻二十一及び巻二十四～巻二十七

β群――文武時代の作成。巻一～巻十三、巻二十二、巻二十三、巻二十八、巻二十九

巻三十――持統崩御後の作成。

森博達氏は、更に「α群の著述者は日本語に熟達しておらず、倭人の習慣にも疎い中国人であろう」と論断されておられる。この森博達氏の説に則って考えれば、「倭人の習慣に疎い中国人」によ

る最初の巻が、巻十四の雄略紀・清寧紀なのである。雄略紀の著述者は「天皇という表記は即位後に使用する」という日本の習慣を知らなかったように見える。清寧の場合も雄略と同じであろう。すると日本書紀・清寧即位前紀において、清寧は雄略没年の十月までに既に天皇と表記されているのではあるが、それを額面通りに受け取って、「清寧は雄略没年の十月には既に天皇であった（天皇に即位していた）」とする訳にはいかないであろう。

　そこで日本書紀清寧紀の記述をもう少し丁寧に読んでみる。雄略の太子は白髪皇子（後の清寧）である。雄略は雄略二十三年（己未年）の八月に没した。しかし白髪皇子の異母弟・星川皇子が皇位を狙い大蔵を占拠した。次が大事である。星川皇子は「権勢《いきほひ》の自由《ほしきまま》にして、官物を費用《つひや》す」と記述されている。「権勢の自由にして、官物を費用す」という表現から推測される日月は、数カ月、少なくとも三〜四カ月ではなかろうか。官物を乱費したのが数日ないし十数日では、なかなか「権勢の自由にして、官物を費用す」というような表現にはならないのではなかろうか。星川皇子は最低でも三〜四カ月間は君臨したのではなかろうか。そしてその後に、「雄略天皇の遺詔に従うべきだ」と考えた大伴室屋大連に攻め滅ぼされたのではなかろうか。とすると、星川皇子が攻め滅ぼされたのは十一月か十二月頃となる。更に星川皇子が大伴室屋に攻撃された時、星川皇子の祖父・吉備上道臣は、「船師四十艘」の船団を組んで救援に赴いている。しかし、河内に到着した時には既に星川皇子は焼き殺されていた。そのため吉備上道臣は為すすべもなく引き返した。その後、大伴室屋（と清寧？）は吉備上道臣を糾弾し、吉備上道臣から領地を没収している。その後に清寧は即位したとなっている。清寧は、これらの事件がすべて落着してから即位したのであるならば、その即位は時間的に年を越さざるを得なかったことになる。即ち、星川皇子一派の粛正に時間を要したので、清寧の即位は踰年即位の形になったと考えられる。もう少し早めに星川皇子一派の粛正が完了しておれば、清寧の即位は没年即位となった可能性がある。このケースは考察の対象からは外した方がよさそうである。

すると、争乱時の皇位継承として考察の対象となるケースは六例となり、その六例すべてが没年即位ということになる。争乱時には没年即位なのである。というよりも、争乱を収束したらすぐに即位したというべきなのかもしれない。争乱時の即位が没年即位であるのは、混乱を早めに終息させるという意味もあったであろうし、即位にグズグズしていると別の争乱を誘発しかねないということもあったであろう。

日本書紀の記述から窺われる前天皇の崩御と次天皇の即位の図式を、その際に争乱があったか否かを組み合わせて考察すると、

一、平穏な場合の皇位継承は、踰年即位であり、踰年元年である。

二、没年即位は争乱があった場合にみられる。

三、古事記の場合は、没年即位の場合でもあくまでも即位の年を元年として記述しており、日本書紀の場合はこれを踰年元年に改変して記述している。

ということになる。このことは、天皇家伝承は古事記の方が本来型であり、日本書紀はその伝承を日本書紀として編纂する時に、当時確立されつつあった儒教思想によって改変したものである、ということを意味する。古事記の方が、伝承が作成された時の生の姿なのである。古事記の記述の方が日本書紀よりも真実に近いと思う。

なお、「即位式」と「天皇の表記」の関係について、少し補足しておきたい。森博達氏の分類による「α群」の著述者（倭人の習慣に疎い中国人）が、「即位式をあげる前から天皇と表記する例」としては、十五巻の顕宗、十七巻の継体、十九巻の欽明があげられる。更に巻二十一前半の用明は「天皇、即天皇位《あまつひつぎしろしめ》す」、巻二十一後半の崇峻も「天皇を勧進《すすめたてまつ》りて、即天皇位《あまつひつぎしろしめ》さす」と記述されており、即位直前ではあるが即位前から天皇と表記されている。

逆にβ群（記述者は日本人）に属する推古（巻二十二）・舒明（巻二十三）は、即位式をあげるまでは天皇とは表記されていない。β群における例外は天武である。天武は即位年（癸酉）の前年の五月に、既に「天皇」と表記されている。しかしこれには実は深い理由がある。それについては機会をみつけて別稿で述べたい。

3 「没年即位は争乱時の即位」を当てはめて考えると……

日本書紀における皇位継承について、平穏時と争乱時にわけた上で見た皇位継承の記述様式から窺われることは、日本書紀において平穏な皇位継承であったように記述されている場合でも、没年即位となっているものは何らかのゴタゴタがあった可能性があることを意味すると思う。例えば、

安閑・宣化間（兄弟間の皇位継承）

　乙卯年十二月崩→同年十二月即位

宣化・欽明間（兄弟間の皇位継承）

己未年二月崩（欽明即位前紀では己未年十月崩）→同年十二月即位

の例である。しかもこの二例の即位の月は十二月である。あとひと月延期しさえすれば踰年になるし、目出度い正月でもある。何故それほど即位を急いだのか、ということが疑問となる。その上、宣化の崩御の年月日については、日本書紀の中に矛盾する記述が存在する。宣化紀本文では、宣化は「四年の春二月の乙酉の朔甲午（十日）に崩御」と記述されている。ところが欽明即位前紀では「四年の冬十月に、武小広国押盾天皇（宣化）、崩御」と記述されている。宣化紀と欽明紀で、宣化の「崩御の月」が異なるのである。何故、このような混乱があるのであろうか？

この「宣化の崩御の月は混乱している」ということに「欽明は宣化の没年に即位した」という記述を重ね合わせると、欽明の即位に際しては争乱が存在した可能性が非常に高いことになる。欽明の即位は、次のような経緯だったのではなかろうか。

（1）宣化四年の十月、欽明は「打倒宣化」の兵をあげ、宣化を攻め滅ぼした。

（2）その年の十二月、欽明は天皇として即位した。

（3）日本書紀はそれを、宣化は四年の二月に亡くなったと改変した。

宣化と欽明は、継体を父とする異母兄弟である。この時代には母が異なれば他人である。例えば異母姉妹とならば結婚可能であった。そして皇位継承においては、異母兄弟こそ、最大のライバルである。宣化の母は尾張の連・草香の娘である（名は目子媛）。一方、欽明の母は手白髪皇女である。手白髪皇女は雄略天皇の娘・春日皇女と仁賢天皇との間に生まれた娘である。欽明と安閑・宣化の系譜を図で比べてみよう。

図2　応神から安閑・宣化・欽明までの系譜

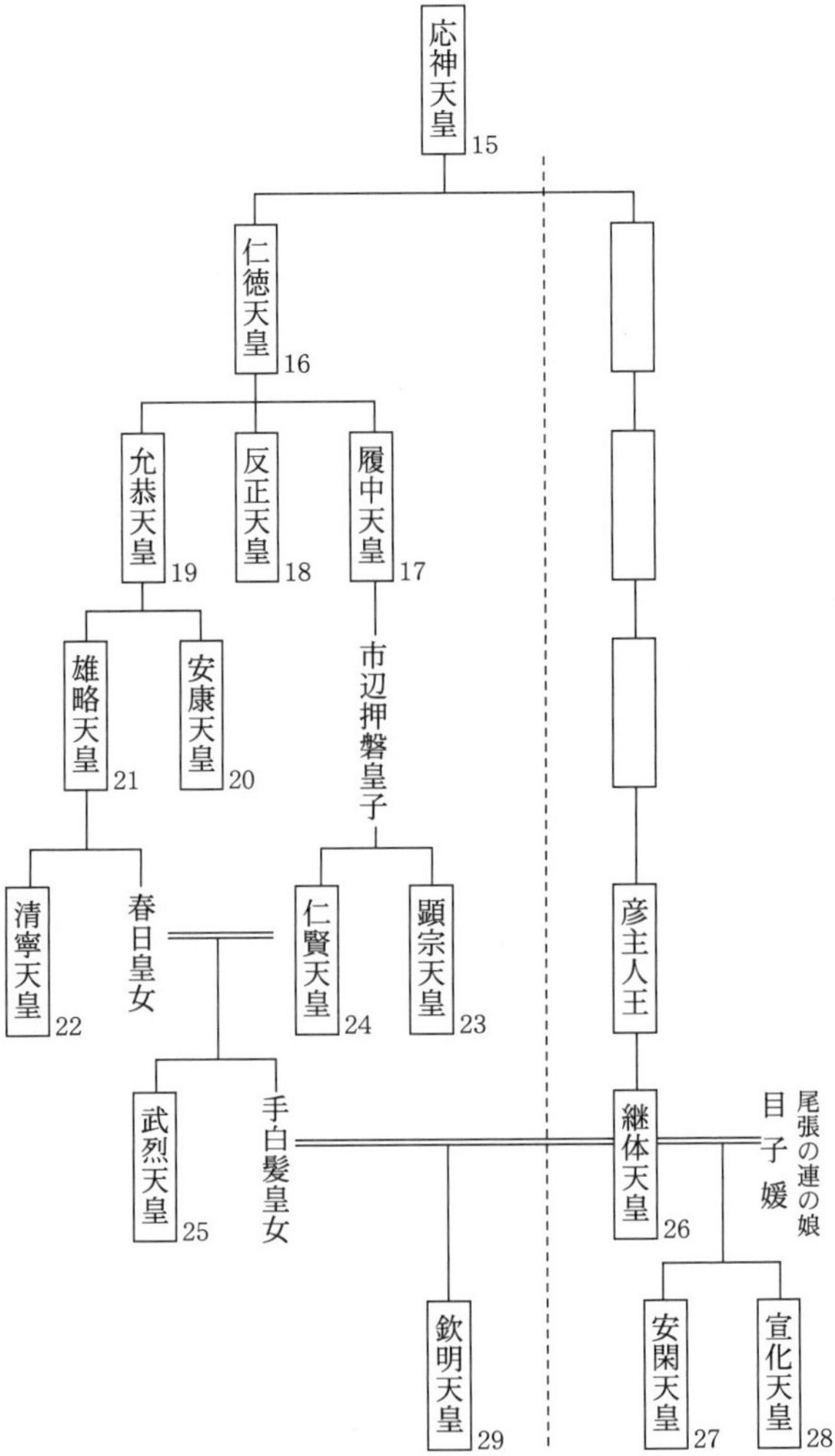

欽明の血統と、安閑・宣化の血統は比較にならないのである。欽明には、手白髪皇女を介して仁徳系天皇家の血が濃厚に伝わっている。一方、継体そのものは応神の五世の孫とされているが、天皇に迎えられるまでは片田舎の越前・三国の王にすぎない。武烈没年における天皇家の人々及びそれをとりまく宮廷人の大部分の眼には、武烈急逝に際しての継体擁立については、「男の皇位継承者がいないのでやむを得ぬ事ではある」と認識してはいても、心の底では、継体を「何処の馬の骨ともわからぬ人物」と思っていたのではなかろうか。そして安閑・宣化の母は、天皇家の血統とは全く関係のない、田舎の豪族・尾張の連の娘なのである。万が一、応神五世の孫という触れ込みの継体の素性が嘘であったならば、天皇位が安閑或いは宣化の子孫に引き継がれていくとなると、応神以来連綿として続いてきた天皇家が「何処の馬の骨ともわからぬ継体」或いは「尾張の連」の血統に置き換えられることになる。応神以来の天皇家の血筋を確実に伝えるためには、どうしても欽明を天皇とし、その血筋でもって天皇家を伝えていかなければならないのである。欽明の即位は、欽明と群臣が共謀して宣化を武力でうち倒して為された即位であろう。そうであるからこそ、欽明の即位は没年即位なのであろう。

安閑から宣化への皇位継承は微妙である。日本書紀の記述では、安閑から宣化への皇位継承に際して争乱が存在したという様子は毛の末ほども窺われない。その上、二人は同母の兄弟である。天皇位を廻って殺し合いがあったとは考えにくい。しかし日本書紀の記述様式の一つ、「没年即位は争乱の証」を適用すれば、宣化は実の兄を攻め滅ぼして天皇に即位したと考えなければならない。宣化の即位が平穏裏の皇位継承であったならば、ひと月待って正月に即位すればよかったのである。そのほうが目出度いことでもある。そうしなかったということは、宣化の即位は「目出度い」と祝えるような即位ではなかったということなのである。おそらく宣化は実の兄を攻め滅ぼして天皇に即位したのである。古事記は、安閑の父・継体を「丁未の年に四三歳で亡くなった」と記述している。その継体は二〇歳の時に安閑をもうけていたとする。すると安閑の生年は甲申年である。そしてその安閑を、古事記・日本書紀ともに「乙卯の年に亡くなった」と記述している。すると安閑は亡くなった時、三二歳である。継体が安閑をもうけたのはもう少し若い時のことだったとしても、せいぜい継体一七歳の時あたりまでである。こちらを採用しても、亡くなった時の安閑は三五歳である。亡くなった時の安閑の年齢がそれ以上ということはあり得ない。若すぎる年齢での崩御である。日本書紀には安閑没年或いはその前後に疫病が流行したという記述もない。安閑は病死でもないし老衰でもない。従って宣化に攻め滅ぼされた可能性が高いのである。

表8　争乱のない踰年即位のケース

1	崇神─垂仁	辛卯年一二月没─翌年　一　月即位
2	垂仁─景行	庚午年　七　月没─翌年　七　月即位
3	景行─成務	庚午年一一月没─翌年　一　月即位
4	神功─応神	己丑年　四　月没─翌年　一　月即位
5	履中─反正	乙巳年　三　月没─翌年　一　月即位
6	清寧─顕宗	甲子年　一　月没─翌年　一　月即位
7	顕宗─仁賢	丁卯年　四　月没─翌年　一　月即位
8	欽明─敏達	辛卯年　四　月没─翌年　四　月即位
9	推古─舒明	戊子年　三　月没─翌年　一　月即位
10	舒明─皇極	辛丑年一〇月没─翌年　一　月即位
11	孝徳─斉明	甲寅年一〇月没─翌年　一　月即位

次に、「皇位継承に際して争乱はなかった」と記述されている一四ケースの中で、踰年即位となっている一一ケースを見てみよう。表8である。

この表の中にも、おかしな箇所がある。一一例中の九例は正月即位であるが、残りの二例、景行と敏達の即位の月は七月と四月である。これもおかしいことになると思う。年が改まったのであるから即位にグズグズしている必要はないはずだ。目出度いことでもあり、正月に即位すべきなのである。それが四月とか七月などに遅れているのは、皇位継承に何か問題があったためのように思われる。則ち、争乱が存在した可能性がある。しかしこの件については今のところ「？」にしておこう。

第三章　古事記の撰録姿勢

前章において、日本書紀の編述方針について考察した。それでは古事記の撰録姿勢はどうであろうか？　それについても、ここで明確にしておこう。まず古事記のもととなった原伝承について、太安万侶の古事記序文で見てみよう。

ここに天皇（天武）詔りたまひしく、「朕聞きたまへらく、『諸家の賷《もた》る帝紀及び本辞、既に正実に違ひ、多く虚偽を加ふ。』といへり。今の時に当たりて、其の失を改めずは、未だ幾年をも経ずしてその旨滅びなむとす。これすなはち、邦家の経緯、王化の鴻基なり。故これ、帝紀を撰録し、旧辞を討覈《たうかく》して、偽りを削り実を定めて、後葉《のちのよ》に流《つた》へむと欲《おも》ふ。」とのりたまひき。時に舎人ありき。姓は稗田、名は阿礼、年はこれ廿八。人と為り聡明にして、目に度れば口に誦み、耳に払るれば心に勒《しる》しき。すなはち、阿礼に勅語して帝皇日継及び先代旧辞を誦み習はしめたまひき。

（中略）

ここに旧辞の誤り忤《たが》へるを惜しみ、先紀の謬《あやま》り錯《まじ》れるを正さむとして、和銅四年九月十八日をもちて、臣安万侶に詔りして、稗田阿礼の誦む所の勅語の旧辞を撰録して献上せしむといへれば、謹みて……

（傍線筆者）

この部分に古事記の原伝承のことが述べられている。それには二つの系統があった。

①帝紀→帝紀→帝皇日継→先紀の系統

②本辞→旧辞→先代旧辞→旧辞→旧辞の系統

古事記はこの二種類の系統の天皇家伝承を基として撰録された。原伝承には二種類あったのである。その中で帝紀・帝皇日継・先紀の系統は天皇家の系譜であり、本辞・旧辞・先代旧辞系統は各天皇の事績・出来事の伝承であろうとすることには誰も異論はないであろう。森博達著『日本書紀の謎を解く』（第四版、中公新書、二〇〇〇年）の二五ページに次のように記載されている。

蟠桃の合理主義の継承者が、早稲田大学の文献史学者、津田左右吉《そうきち》（一八七三〜一九六一）であった。その『神代史の新しい研究』（一九一三年）や『古事記及び日本書紀の新研究』（一九一九年）は大正年間の著述である。津田は、記紀の記事内容を比較研究して、帝紀的記載（皇室系図）と旧辞的記載（昔物語）を析出した。そして「帝紀」と「旧辞」の性質を明らかにし、両者の成立を六世紀の欽明・継体朝に求めた。「帝紀」の応神朝より以前は史実性に疑問があること、

「旧辞」の神話は天皇の統治を正当化するために作られたこと、応神以後の記事も「帝紀」的記載以外は造作が多いことなどを、公然と指摘した。

帝紀的記載は皇室系図、旧辞的記載は事績・事件の説話。そう考えた上で古事記を見てみよう。古事記の各天皇の条は、全て天皇の系譜から始まる。「何々天皇の宮所はどこそこである。天皇の后は誰々であり、何々という皇子が生まれた。また妃には何々という女性がおり、その妃との間には何々という皇子が生まれた。そして皇子の中の誰それを太子とした。天皇は何歳で没した。御陵はどこそこにある」。この記述は神武から推古までの大部分の天皇の条に存在する。これは言ってみれば系図を言葉で叙述したようなものである。これが「帝紀」・「帝皇日継」・「先紀」なのではないかと思う。そして古事記の各天皇の事績或いは在位中の重大事件を述べている部分が「旧辞」「先代旧辞」なのであろう。各天皇の在位中の事績・出来事は第七代の孝霊天皇で初めて出現する。古事記・孝霊天皇の条に次のように記されている。

大吉備津日子命と若建吉備津日子命とは、二柱相副《あひたぐ》ひて、針間の氷河の前に忌瓮《いはひべ》を居ゑて、針間を道の口として吉備国を言向け和《やは》したまひき。

これが、神武・綏靖以降はじめて出現する天皇家系譜以外の〝できごと〟の記述である。第八代・第九代の孝元・開化記では再び系譜のみとなるが、第十代の崇神から、この「旧辞」によると思われる部分が大幅に増加する。一見、この説話部分を記述するために古事記は作成されたかのような錯覚に陥るほどである。この様式が第二十三代の顕宗まで続く。しかし第二十四代の仁賢以降推古までは再び「帝紀」のみとなる。このことは、太安万侶の意図は「帝紀」を文字化することにあった、ということを意味すると思う。古事記においては、年を干支で記述してあるのはわずかに一五カ所だけである。それも一五名の天皇の没年のみである。それ以外には年の干支の記述は一切存在しない。神武から推古まではおおよそ四〇〇年であろうか、或いは六〇〇年であろうか、その間、年の記述は一五カ所だけなのである。それほど古事記は「それは何年のことだった」ということについては無頓着だ。古事記は本質的には「天皇位は誰から誰に繋がった」ということだけなのである。

日本書紀も、神武・綏靖の説話のあとは開化まで系譜のみである。各天皇の事績や説話はまったくない。このために昭和六十年代までは、綏靖〜開化は「欠史八代」と呼ばれ、「神武も含めて開化までは造作された架空の天皇である」とする説が横行した。しかし古事記・日本書紀に見られる説話の原型（原伝承）としての「旧辞」は、第十代の崇神天皇の頃から作成されたのではないかと思う。それまでは「帝紀」のみであった。要するに天皇家伝承は第九代開化天皇までは、系図・系譜のみであった。そのために古事記も日本書紀も、綏靖から開化までは系譜以外のことは記述できなかったのではなかろうか。第十代の崇神の分から「帝紀」とは別に、先代の天皇の事績・重大事件・出来事を伝承する「旧辞」も作成されるようになったのだと思われる。

これらの「帝紀」・「旧辞」の伝承は、何時、作成されたのだろうか？　津田左右吉氏の述べるように欽明の時代に一挙に作成されたのであろうか？　或いは天武天皇の時に一挙に作成されたのだろうか？　そうではないと思う。古田武彦氏は、その著『多元的古代の成立（下）邪馬壹国の展開』（駸々堂、一九八三年）の二二五ページにおいて次のように述べておられる。

これらの旧説に対置すべき、わたしの新しき仮説は簡単である。——〝ある「天皇」の当代の説話は、原則として直後の時期（次代もしくは次々代等）に撰定される。〟と。

〝当代に実際におこった事件〟これは当然ながら〝無限〟である。その中から〝何をえらんで公的に伝承せしめるか。〟これは当然、次代（もしくは次々代等）の課題でなければならぬ。そのさいの撰定基準は、これも当然ながら原則としてその撰定者たち（次代もしくは次々代の天皇たち）の利害にもとづく。

私には、古田武彦説の方が説得力があり、真実であるように思われる。ある天皇が即位した時、其の天皇が先代の天皇の「帝紀」・「旧辞」の伝承を作成したのだと思う。神武の「帝紀」は綏靖の時に作成され、綏靖の「帝紀」は安寧の時に作成され、安寧の「帝紀」は……。これが推古まで積み重ねられたもの、それが古事記にみられる天皇家系譜の記述であろう。先代の系譜や説話を作成したからこそ、「先紀」とか「先代旧辞」等のように名前に「先」がついているのだと思う。

そして崇神からは「旧辞」も作成されるようになった。「旧辞」の巻頭或いは伝承の語り初めは崇神であったであろう。そして景行は垂仁の「旧辞」を作成し、できあがった垂仁の「旧辞」を崇神の「旧辞」の末尾に積み重ねた。成務は景行の「旧辞」を作成し、崇神・垂仁の「旧辞」の末尾に積み重ねた。このようにして「帝紀」「旧辞」はできあがったのではないかと思う。従って、「帝紀（先紀）」「旧辞（先代旧辞）」は、その時、その時の現代史の積み重ねである。多くは二十数年前、時には三十数年前までの歴史を伝承化するだけだ。「帝紀（先紀）」・「旧辞（先代旧辞）」に年月日が盛り込まれていたとすれば、それは決してでたらめなものではなかったことになる。ただ、古田武彦氏が述べているように、〝先代の天皇の事績〟については、次代の天皇の思惑がどうしても入り込む。次代の天皇にとっては、先代の天皇が必ずしもいい先代だったとは限らないからである。先代から後継者とされなかった皇子が皇位を簒奪した場合には、特にそうである。皇位を簒奪したことへの取り繕いが必要になる。自分が天皇であることの正当性を、先代の天皇時代か或いは先代の天皇が没してから自分が即位するまでの期間内に説明しておかなければならない。そのために真実から少し離れる場合がある。或いは削除される場合がある。或いは加筆される場合がある。しかしそれに関連する年月日まで改変はできない。一代ごとに作成された説話（旧辞）は、その時その時の現代史である。先代の在位が二十数年であったのを六十数年とは改変できない。現代に置き換えて考えてみよう。今、昭和史を記述するとき、「昭和の時代は八〇年であった」と書けるだろうか。そのようには決して書けるものではない。昭和は六四年、大正は一五年、明治は四五年と決して間違えることはない。寿命についても四十数歳で亡くなったものを七十数歳とか百二十数歳で亡くなったとは改変できない。「それはx干支の年の事であった」というものを「それはy干支の年の事であった」とは改変できない。そのようなものだと思う。ただ、「それはx干支の年のことであった」というような、干支による伝承については、かなり時代を経た後世においては、干支一巡分或いは干支二巡分古い方に取り違えて解釈することは起こり得る。

古事記は七一二年成立。日本書紀は七二〇年の成立である。その差はわずかに八年。そうすると日本書紀に見られる儒教思想に基づいた踰年元年の観念は古事記撰録者の太安万侶にもあったはずである。しかし、第二章でみたように、古事記は推古在位年数を踰年元年では記述していない。推古在位年数は、即位した崇峻没年を一年目（元年）として記述されている。だからこそ、日本書紀が推古三十六年と記述している「戊子の年」は、古事記では推古三十七年なのである。これは極めて重大なことだと思う。古事記は、伝承の本来形と思われる形で記述していることになる。従って太安万侶の古事記撰録姿勢は、原伝承に忠実な形で文字化することであった、と考えられるのである。

そして第二章と本章から言えることは、「古代の実年代は古事記の記述を真実とし、古事記の記述の不完全な部分を日本書紀で補って解読するというものでなければならない」ということである。従来までのような、日本書紀の記述を盲信して、その紀年を論じる方法はあやまりである。

しかし古事記も〝原伝承に忠実な撰録〟ではない。原伝承を古事記として撰録する際に太安万侶の解説が追加されている。古事記・神武記においてさえ、

　故、その日子八井命は、茨田連、手島連の祖。……

というような記述がある。神武記が作成された綏靖の時代に「日子八井命は茨田連、手島連の祖」になっていた訳ではない。これは太安万侶の時代にそうなっていたのである。従って、これは太安万侶

図3　開化天皇から息長帯比売命までの系譜

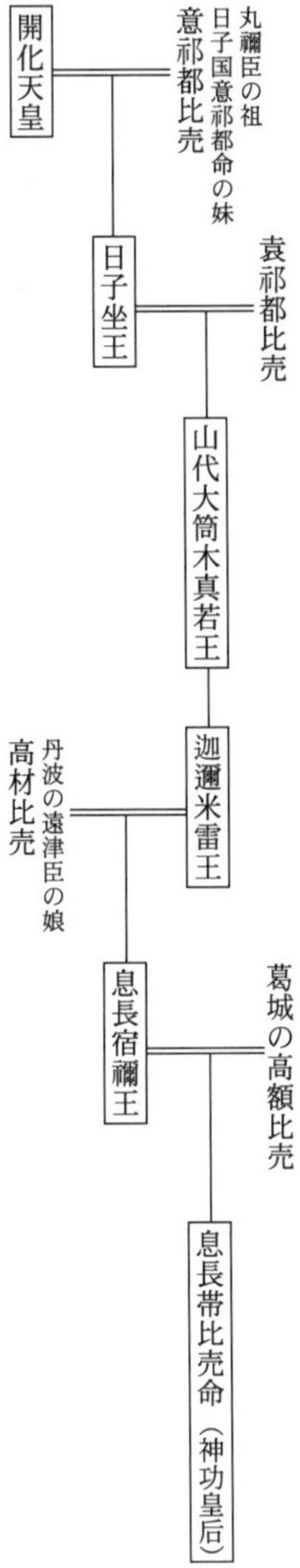

が追加した記述である。

さらに開化天皇の項では、開化天皇の五世の孫として息長帯比売命（後の神功皇后）を記述している。開化から神功皇后に至る系譜のみを抜きだして記載しよう（図3）。

そして古事記は開化天皇を六三歳で没したと記述している。開化から息長帯比売命が生まれる時までの最短年数を計算してみよう。開化天皇は一七歳で結婚し、一八歳の時に日古坐王《ひこいますのみこ》をもうけたとする。日古坐王も一八歳で山代大筒木真若王をもうけたとする。この時開化天皇は三六歳。山代大筒木真若王も一八歳で迦邇米雷王をもうけた。この時開化天皇は五四歳。迦邇米雷王も一八歳で息長宿禰王をもうけた。この時、開化天皇は生きていれば七二歳。四世の孫の息長宿禰王でさえも開化天皇が亡くなった時には、まだ生まれていない。従って崇神天皇は、開化天皇の系譜に息長帯比売命を加えることはできなかったはずである。それなのに古事記には記述されている。これは太安万侶が古事記を撰録する時に追加した記述なのである。仲哀記に突如出現する偉大な息長帯比売命を、「開化天皇の五世の孫である」と前もって説明しておきたかったのだと思う。

更に古事記の安康記には、その末尾に以下のような記述がある。

ここに市辺王の王子等、意祁王、袁祁王、二柱この乱れを聞きて逃れ去りたまひき。故、山代の……故、玖須婆の河を逃げ渡りて、針間国に至り、その国人、名は志自牟の家に入りて、身を隠したまひて、馬甘牛甘《うまかひうしかひ》に役《つか》はえたまひき。

と記述されている。しかしこの説話が安康天皇の次の天皇である雄略によって作成されたはずはない。雄略は意祁王、袁祁王の居場所を察知したならば、すぐさま二人を殺したはずだからである。安康記に記述されているこの伝承は雄略の作成ではない。この部分は後代の追加である。それを伝承に追加した人物は誰であろうか？　当人達、即ち顕宗（袁祁王）・仁賢（意祁王）のどちらかが伝承を追加したという可能性もある。しかし、そうではないと思う。II部第五章の継体天皇の考察で述べるように「帝紀」「旧辞」は一旦作成されると、決して改変されることはなかったのではないかと思われるからである。安康記に雄略の知り得ないことが記述されているのは、伝承を古事記として撰録した際に太安万侶が追加した説話だと思う。

以上で古事記の性格が理解できたと思う。古事記は原伝承としての「帝紀」「旧辞」をできるだけ忠実に（特に崩御の年月日や寿命、在位年数は忠実に）、そして文学的・物語風に文字化した。そしてその際、太安万侶は自分自身で作成した文章をも諸所に追加したということだと思う。

第四章　二倍年暦は存在しない

1　古事記・日本書紀の記す長大な天皇の寿命

古事記によれば雄略は一二四歳で没したとある。あり得ない寿命である。現代でも一二〇歳まで生きる人は滅多にいない。当時の平均寿命は五〇歳前後と言われている。その倍以上の寿命なのである。古事記の記述する寿命には、雄略の寿命のように「あり得ない寿命」と思われるものが、全部で一一個ある。神武・孝昭・孝安・孝霊・崇神・垂仁・景行・成務・神功・応神・雄略の一一名の寿命である。

これは日本書紀でも同じであって、一〇〇歳以上の天皇が一二名もいる（神功皇后を含む）。ただし古事記の記述する寿命と日本書紀の記述する寿命が一致することは稀である。例えば神武の寿命は古事記では一三七歳であるが日本書紀では一二七歳である。また崇神の寿命は古事記では一六八歳であるが、日本書紀では一二〇歳である。古事記の記述する寿命と日本書紀の記述する寿命が一致するのは、仲哀の寿命と神功の寿命の二つだけである。古事記と日本書紀の記述する各天皇の寿命を纏めると八九ページの表9のようになる。

これでみると、古事記は神武から推古までの三四名の天皇（神功皇后を含む）のうち、二四名について寿命を記述している。七〇％強の天皇について寿命を記述していることになる。一方、日本書紀の場合は、それぞれの天皇の在位の最終年の条において寿命が明記されている天皇は神功皇后を含めて一五名、即位前紀や先代の天皇の在世中における記述から誕生年が類推できる天皇は八名である。従って日本書紀は四一名のうち、二三名について寿命を記載していることになる。「日本書紀は基本的には天皇の年齢について記さない」、とする論者もいるが、これは正しくはない。日本書紀は五六％強の天皇の寿命を記述しているのである。寿命が記述されていない天皇は、寿命を記述できない何等かの理由があったと考えるべきであろう。

在位年数については、古事記はあまり記載しておらず、わずかに顕宗八年・武烈八年・敏達一四年・用明三年・崇峻四年・推古三七年を記述するのみである。これらは在位年数としては妥当な年数であるようにみえる。即ち正常年暦での在位年数のようにみえる。

一方、日本書紀は在位年数に関しては神武から持統までの四十一代、すべての在位年数を記述している。わずかに継体の在位が二五年なのか或いは二八年なのか明確でないというだけである。そして日本書紀の記述する在位年数は、寿命の場合と同じように長大な在位年数の天皇が多い。神武の七六年という在位年数をはじめとして一一名の天皇（神功を含む）の在位年数が六〇年以上となっている（二九ページ表1参照）。

現在、このあり得ない長命の寿命や在位年数は、「二倍年暦説」により、実際は、その半分の寿命であり在位年数であろうとされている。「二倍年暦説」とは《当時の日本は、現在の一年を二年と計算していた》とする説である。これは古事記・日本書紀や魏志倭人伝に記述されている倭人の寿命が

表9　古事記・日本書紀の記述する各天皇の寿命

代	天皇	古事記の寿命	日本書紀の寿命
1	神武	一三七	一二七
2	綏靖	四五	八四
3	安寧	四九	五七
4	懿徳	四五	（七七）
5	孝昭	九三	（一一四）
6	孝安	一二三	（一三七）
7	孝霊	一〇六	（一二八）
8	孝元	五七	（一一六）
9	開化	六三	（一一五）
10	崇神	一六八	一二〇
11	垂仁	一五三	一四〇
12	景行	一三七	一〇六
13	成務	九五	一〇七
14	仲哀	五二	五二
	神功	一〇〇	一〇〇
15	応神	一三〇	一一〇
16	仁徳	八三	
17	履中	六四	七〇
18	反正	六〇	
19	允恭	七八	若干
20	安康	五六	
21	雄略	一二四	（六二）
22	清寧		若干
23	顕宗	三八	
24	仁賢		
25	武烈		
26	継体	四三	八二
27	安閑		七〇
28	宣化		七三
29	欽明		若干
30	敏達		
31	用明		
32	崇峻		
33	推古		七五
34	舒明		
35	皇極		
36	孝徳		
37	斉明		
38	天智		（四六）
39	天武		
40	持統		

注：（　）の寿命は即位前紀や先代の天皇紀における記述から類推される寿命。

八〇～九〇歳、或いは百歳とされ、非常な高齢になっていることを合理的に解釈しようとしたところから導き出されたものである。栗原薫著『日本上代の実年代』（木耳社、一九九一年、一三ページ）によると、二倍年暦説は明治初年、ウイリアム・ブラムセンによって初めて唱えられたようである。その後、戦後になって改めて注目されるようになった。戦後、唱えられるようになった二倍年暦説の論理的根拠は陳寿の著した三国志に対して、五世紀の南朝劉宋の裴松之が入れた「注」である。裴松之は魏志倭人伝に「魏略に曰く、其の俗正歳四節を知らず、但春耕秋収を以て年紀と為す」という「注」をいれてある。「但春耕秋収を以て年紀と為す」。これを「倭人は正歳四節を知らないわけだから、『春植えて一年、秋収穫して一年』と数えていたとすれば一年に二つ歳をとることになる」と解釈することができる。すると、倭人の寿命は実際は四〇～四五歳或いは五〇歳となる。当時の寿命としては妥当性のある寿命に近くなる。こうして「倭人の二倍年暦説」が出現した。そして現在はそれが主流になりつつある。

はたして倭人は二倍年暦を使用していたのであろうか？　古事記・日本書紀の記述する百歳を越える寿命や長い在位年数は二倍年暦による寿命や在位年数なのであろうか？　この問題を検討してみよう。

古事記や日本書紀の記述する天皇の寿命や在位年数については、妥当と思われるもの（則ち真実と思われるもの）と、余りにも長すぎて真実とは思われないものの二つに大別できる。余りにも長すぎて真実とは思われないものを表にしてみよう。表10である。

これらの表の中で、日本書紀の記す応神天皇の在位年数四一年、同じく允恭天皇の在位年数四二年

表10　長すぎて作為によると考えられる寿命と在位年数

a：古事記

代	天皇	寿命
1	神武	一三七歳
5	孝昭	九三歳
6	孝安	一二三歳
7	孝霊	一〇六歳
10	崇神	一六八歳
11	垂仁	一五三歳
12	景行	一三七歳
13	成務	九五歳
	神功	一〇〇歳
15	応神	一三〇歳
21	雄略	一二四歳

b：日本書紀

代	天皇	寿命	在位年数
1	神武	一二七歳	七六年
5	孝昭	一一四歳	八三年
6	孝安	一三七歳	一〇二年
7	孝霊	一二八歳	七六年
8	孝元	一一六歳	五七年
9	開化	一一五歳	六〇年
10	崇神	一二〇歳	六八年
11	垂仁	一四〇歳	九九年
12	景行	一〇六歳	六〇年
13	成務	一〇七歳	六〇年
	神功	一〇〇歳	六九年
15	応神	一一〇歳	四一年
16	仁徳	／	八七年
19	允恭	／	四二年

の二つは、造作による在位年数なのか或いは真実の在位年数なのか判然としない。在位年数としては非常に長すぎる感じはするが、かといって決してあり得ない在位年数という訳でもない。この二つはどちらとも断定はできない。この二例を除けば、上記の表の寿命や在位年数は真実ではない。真実でないのであるならば、それは何等かの操作によって造作された在位年数や寿命である。年代を引き延ばすための「何等かの操作」としては、次のようなものが考えられる。

①二倍年暦によるもの。

②干支操作で設定されたもの。

a　干支一巡分ないし干支二巡分が追加されたもの。

b　誕生年或いは没年の干支を同じ音の別の干支に取り違えたもの。

例えば「己未《きび》」を「癸未《きび》」と誤解など。

③不明の何等かの操作で設定されたもの。

④まるででたらめに設定されたもの。

そこで、古事記・日本書紀の記述する「あり得ないような寿命や在位年数」が「二倍年暦」によるものかどうかを検討してみよう。もしも古事記・日本書紀の記述する寿命や在位年数が二倍年暦で説明できないのであるならば、それは二倍年暦ではなく、二倍年暦以外の何か、ということになる。古事記の記述は二倍年暦か否か、日本書紀の記述は二倍年暦か否か、別々に検討することにする。

2　古事記の記述は二倍年暦ではない

古事記の記述する各天皇の寿命をみると、確かに表10のように非常に高齢の寿命の天皇（神功を含む）が一一名存在する。しかし一方では綏靖・安寧・懿徳の連続する三名の天皇の寿命は四五歳・四九歳・四五歳とされており、正常年暦での寿命のように見えるものも存在する。そのほか孝元五七歳、仲哀五二歳、履中六四歳、反正六〇歳なども正常年暦による寿命のようにみえる。

古事記の記述を二倍年暦によるものとし、そして綏靖・安寧・懿徳の寿命も同じく二倍年暦であるとすると、これらの三天皇の実際の没年齢は二二歳半、二四歳半、二二歳半となる。三名連続で若死にしたことになる。当時の平均寿命は短かったとは言っても、これではあまりにも短すぎるのではなかろうか。しかし、これにも理由を付けようと思えば付けられないこともない。「近畿天皇家は、神武天皇の偉業によって大和に進出した。しかし大和にようやく拠点を確保しただけのことであったので、周囲は皆敵であった。その敵との戦いでこれらの三天皇は若死にしたのだ」等のような解釈が可能である。しかしそうすると、今度は、次のような問題が生じてくる。綏靖は一八歳で結婚したとする。一九歳の時に長子の安寧が生まれた。綏靖は二二歳半で死亡しているので、綏靖没年には安寧はわずかに三歳半（二倍年暦では七歳）でしかない。頭領がこのような年齢だとして、周囲は皆敵だらけの中で存続していけるのだろうか？　幸いにも、忠実な部下がいて安寧が成人するまで持ち堪えることができたとしよう。しかし、その安寧も二四歳半の若さで戦死してしまう。安寧も一八歳で結婚し、一九歳の時に長子の懿徳が生まれていたとする。安寧は二四歳半で没するのであるから、その時の懿徳は五歳半（二倍年暦では一一歳）である。再び、忠実な部下がいて懿徳が成人するまで近畿天皇家は持ち堪えることができた。そして成人して懿徳は天皇になった。しかしその懿徳も二二歳半で死亡してしまう。三代続けて忠臣が出現し、三代続けて幼君が成人するまでの天皇家を守り抜くことになる。これを戦国時代に置き換えて考えるとどうなるか？　このような家はすぐに滅びているのではなかろうか？　一代だけならば信じることもできようが三代続けてとなると、これは信じられない。綏靖・安寧・懿徳の三代を二倍年暦で理解しようとすると、連続して何度も奇跡が必要になる。

上記の疑問を提出すると、それに対して、こんどは次のように説明をすることは可能である。「古事記・日本書紀の二代から四代までの系譜は間違いなのだ。彼らは親子ではなく、実は三兄弟なのだ」と。そう言われれば〝なるほど〟と納得しそうになる。しかし、それには必然性がない。兄弟を何故父子と改変しなければならなかったのか説明できないからである。近畿天皇家では兄弟相続は禁忌ではない。むしろ多いのである。履中・反正・允恭間がそうであるし、顕宗・仁賢間もそうだ。敏達・用明・崇峻もそうである。二代から四代までが兄弟であったとした場合、兄弟相続であることを隠蔽する必然性がない。二倍年暦説に立つ限り、どこまでいってもこの件については説明に説明を重ねなければならないことになる。切りがないのである。このように際限なく問題が出てきて、言い訳に言い訳を重ねることを必要とするような仮説が正しいはずがない。仮説はシンプルでなければならない。綏靖・安寧・懿徳の三代は二倍年暦ではなく正常年暦での寿命なのである。そう仮定すれば、ここにはそれ以上、何の問題も生じない。

この「綏靖・安寧・懿徳の寿命は正常年暦である」ということが示すことは、古事記の記述する寿命には正常年暦による寿命と何らかの操作により引き延ばされた寿命が混在しているということである。従って問題は「何らかの操作により引き延ばされた寿命」のみを対象にすればよいことになる。それは九一ページの表10に記載した天皇の寿命である。これらが「二倍年暦により引き延ばされた寿命か否か」を検証すればよいのである。

日本書紀によれば神武天皇の即位年から推古天皇の崩御年まではあしかけ一二八八年である。もしもこれが二倍年暦によるものであるならば、実際には六四四年となる。しかし古事記はこの六四四年という長い年月の出来事を記述するのに、わずか一五カ所しか年月日或いは年月を記述していない。古事記は「それは何時のことだった」ということに関してはまったく無頓着なのである。従って古事記の記述する年月日を、「年代のごまかしをおこなうための何らかの意図によるものである」と考えることは困難である。伝承されている通りを記述したと考えるべきものである。その古事記が記述している年月日とは、一五名の天皇の崩御の日である。それは次のようになっている。

崇神天皇　戊寅年十二月崩
成務天皇　乙卯年三月十五日崩也
仲哀天皇　壬戌年六月十一日崩也
応神天皇　甲午年九月九日崩
仁徳天皇　丁卯年八月十五日崩也
履中天皇　壬申年正月三日崩
反正天皇　丁丑年七月
允恭天皇　甲午年正月十五日
雄略天皇　己巳年八月九日崩也
継体天皇　丁未年四月九日崩也
安閑天皇　乙卯年三月十三日崩
敏達天皇　甲辰年四月六日崩
用明天皇　丁未年四月十五日崩
崇峻天皇　壬子年十一月十三日崩也
推古天皇　戊子年三月十五日癸丑日崩

これをみると、七月以降の月に亡くなった天皇が六名もいる。崇神十二月、応神九月、仁徳八月、反正七月、雄略八月、崇峻十一月である。二倍年暦の世界に七月以降の月はあるのかないのか、これを検討してみよう。

「年」は「月」と連動しており、「月」は「日」と連動している。「年」のみが一人歩きするものではない。「年」と「月」と「日」は常に関連している。「一日」とは何であろうか？　太陽が昇って朝になり、そしてそれが沈み夜になる。そして再び翌日太陽が昇ってくる。この期間が「一日」である。そして「ひと月」とは何であろうか？　新月が徐々に満ちていき、満月になる。そして今度は満月から徐々に欠けていき新月となる。これが「ひと月」である。その中にあるのは「三〇日」である。暦の知識のない古代の倭人でもそのように認識していたであろう。その時、当然干支は無かったのであるから、日本書紀に記載してあるような「春正月甲辰朔丙午」などというはずがない。「一日」「二日」「三日」……と数えたはずなのだ。こちらの方が古い形式なのである。その「日」を数えていって「三〇日」になると、その翌日は再び新月である。新しい「月」だ。則ち「ひと月」は日数で言えば「三〇日」なのである。「ひと月」を三〇日とする月暦、これは「正規の月暦」である。「正規の月暦」における「二倍年暦」の世界を考えてみよう。「二倍年暦」と「正規の年暦」を図示すれば図4のようになる。

それではこの「二倍年暦」の世界では、「一年」の中の「月」はどのように勘定していたのであろうか。「ひと月」は「三〇日」であるから、図5のようにならなければならない。

則ち、「二倍年暦」の世界には「七月」から「十二月」までの月は存在しないことになる。「年」は改まったが、「月」はそのまま連続して「七月」、「八月」……と呼んだというなら別である。しかし、その時は、或る年には「七・八・九……」の「月」はなく、次の年には今度は「一・二・三……」の「月」がない、ということになる。そんな年が考えられるだろうか？　非常にバカげていると思う。

「二倍年暦」ならば「七月」から「十二月」までの月は存在しないのである。

ところが年代のごまかしをおこなう意図のない古事記は六名の天皇の崩御の月を七月以降の月と記述している。従って古事記の世界には二倍年暦は存在しないのである。

そしてもう一つ、強烈に二倍年暦を否定している記述がある。古事記は崇神天皇の寿命を一六八歳と記述している。もしもこれが二倍年暦によるものであるならば、正規の年暦での崇神の寿命は八四歳となる。非常な高齢で亡くなったことになる。しかし日本書紀は、垂仁紀においてその崇神天皇を、「短命であった」と明言している。日本書紀・垂仁二十五年条の「注」には以下のように記述されている。

> 是の時に、倭大神《やまとのおほかみ》、穂積臣の遠祖《とほつおや》大水口宿禰《おほみくちのすくね》に著《かか》りたまひて、誨《をし》へて曰はく、「……然るに、先皇《さきのみかど》御間城天皇（崇神天皇）、神祇を祭祀りたまふと雖も、微細《くは》しくは未だ其の源根を探りたまはずして、粗に枝葉に留めたまへり。故、

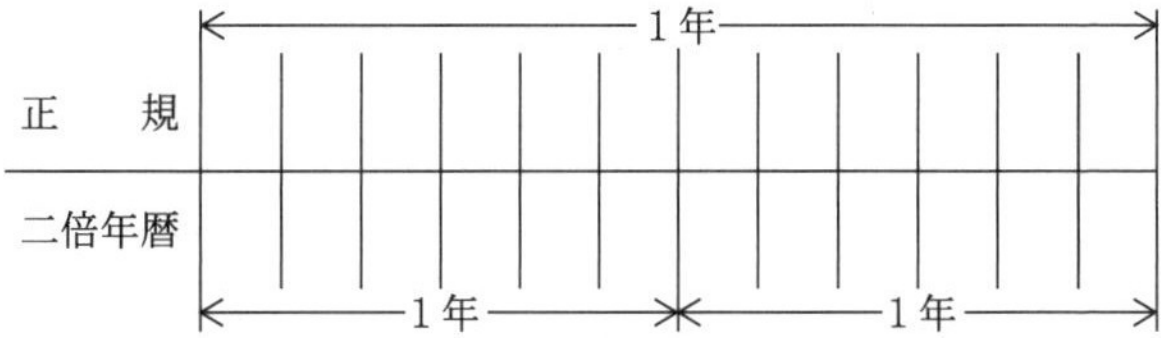

図 4　正規年暦と二倍年暦

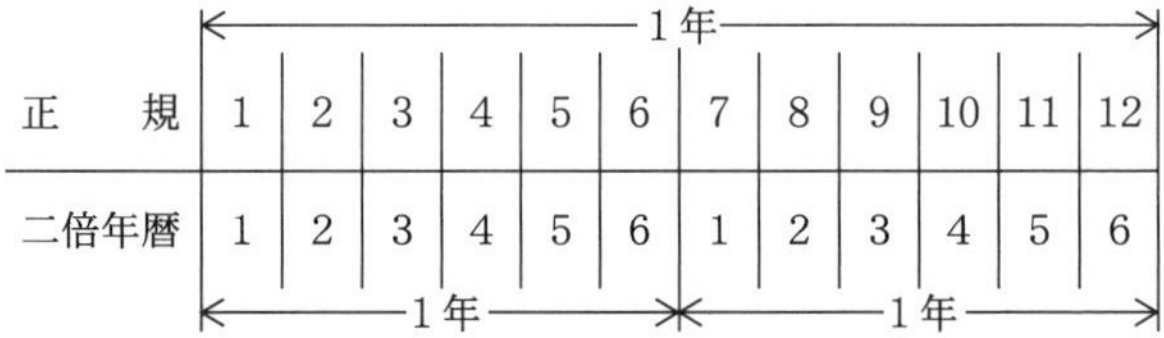

図 5　正規年暦と二倍年暦の中の月

其の天皇命短し。……」

「古事記の記述は二倍年暦である」とした場合の崇神天皇の寿命は、この日本書紀の一文に決定的に矛盾する。従って古事記の記す崇神天皇の寿命一六八歳は二倍年暦によるものではない。二倍年暦以外の何らかの操作によって導き出された寿命である。

同じように古事記の記す垂仁・景行・成務・応神・雄略の寿命も二倍年暦による寿命ではなく、崇神天皇の寿命を導き出した何等かの操作と同じ操作に基づく寿命である。

「二倍年暦以外の何等かの操作」として考えられるものに、「寿命はプラス百歳で記述する」という操作がある。もしもこちらだとすると崇神の真実の寿命は［168－100＝68］となる。六八歳である。しかし六八歳も短命とは言えない。当時としてはむしろ長寿の部類に入るのではなかろうか。従って「プラス百歳説」も成立しない。

そうすると「二倍年暦以外の何等かの操作」として、次に考えられるものは干支操作である。実際、古事記の記す「年」は全て干支で記述されている。そして日本書紀の中には干支が氾濫している。むしろ干支操作と考える方が自然である。古事記の記す崇神天皇の寿命の一六八歳から干支一巡分の六〇年を引くと一〇八歳となる。しかしこれも寿命としては非常に高齢である。干支操作も適当ではないようにみえる。しかし干支操作の場合は、もう一巡分を引くことが可能である。誕生年を干支一巡分旧い方に取り違え、没年の方を干支一巡分新しい方に取り違えたと考えても良い。合計一二〇年まちがえることになる。そこで一六八から一二〇を差し引いてみると残りは四八となる。四八歳である。これならば日本書紀の記述する「崇神は短命であった」という寿命にぴったりとなる。即ち、古事記の記す崇神天皇の寿命は干支二巡分の一二〇年が余分に追加された寿命である。

古事記の記す寿命は、ありえないような寿命に限って干支一巡分か二巡分が加えられている寿命なのである。当時の「年」に関する記述は干支と「天皇の何年」である。日常生活の中では「天皇の何年」とは言わずに、干支のみであったと思う。「あの人は何々の干支の時に生まれ、何々の干支の時に亡くなった」、このように記憶され、語られていたはずである。この「何々の干支」は六〇年前にもあれば、六〇年後ろにもある。生まれ年を干支一巡分古い方に間違えれば六〇歳余分に長生きしたことになる。或いは没年の干支を干支一巡分新しい方に間違えれば同じく六〇歳長生きしたことになる。両方間違えれば一二〇歳余計に生きたことになり、ものすごい長寿の天皇であったと伝承されるようになる。寿命だけではなく、在位年数も同じように錯誤されたと思われる。従って、通常ではあり得ない寿命の一二〇歳とか一三〇歳などを、正しい寿命に復元するには、干支一巡分か二巡分の六〇年か一二〇年を引けばいいことになる。六〇年で良いのか、一二〇年を引かなければならないのかについては、古事記・日本書紀に述べられている説話・状況から、どちらなのかを決定することになる。そのようにして求めた各天皇の訂正寿命（真実の寿命）を表にすると表11のようになる。

日本への干支の伝来・日本での干支の使用はもっと後世のことであるから、そのようなことはあり得ない、という反論があることと思う。しかし実際のところは、干支の伝来・使用開始は何時のことなのか、ということは明確ではないはずである。確定しているわけではない。そういう中で、古事記

表11　古事記の記述する各天皇の寿命

代	天皇	古事記の寿命	古事記からの訂正寿命
1	神武	一三七	↓七七
2	綏靖	四五	四五
3	安寧	四九	四九
4	懿徳	四五	四五
5	孝昭	九三	↓三三
6	孝安	一二三	↓六三
7	孝霊	一〇六	↓四六
8	孝元	五七	五七
9	開化	六三	六三
10	崇神	一六八	↓四八
11	垂仁	一五三	↓九三
12	景行	一三七	↓七七
13	成務	九五	↓三五
14	仲哀	五二	五二
	神功	一〇〇	一〇〇
15	応神	一三〇	↓七〇
16	仁徳	八三	八三
17	履中	六四	六四
18	反正	六〇	六〇
19	允恭	七八	七八
20	安康	五六	五六
21	雄略	一二四	↓六四
22	清寧		
23	顕宗	三八	三八
24	仁賢		
25	武烈		
26	継体	四三	四三
27	安閑		
28	宣化		
29	欽明		
30	敏達		
31	用明		
32	崇峻		
33	推古		

の記述する神武から推古までの紀年を干支による紀年として無理なく復元できるのであるならば、逆に古事記の原伝承の作成された時代には既に干支が使用されていた、と考えねばならないのではなかろうか。

3　二倍月暦に基づく二倍年暦も存在しない
——日本書紀の記述も二倍年暦ではない

二倍年暦には、もう一つの可能性がある。それは《ひと月を朔から満月（望）までの月と満月（望）から晦までの二種類の月に設定した》とする二倍月暦に基づいた二倍年暦の可能性である。《ひと月を朔から満月までの月か満月から晦までの月の二種類に設定した》と考えた場合、則ち、「ひと月」は十四日までの月か十五日までの月であったとすれば二倍年暦での一年（正規年暦では六カ月）の中に七月以降の月が存在することになる。古事記・日本書紀の世界でも二倍年暦は成立することになる。前述したように、古事記は一五名の天皇の崩御の年月を記している。その中で一三名の天皇については日付けまで、しっかり記述している。古事記の記すこの一三名の天皇の没年月日が全て十五日以前の「日にち」になっていることは、その証拠のようにも見える。「ひと月」が二九日か三〇日で構成されていたとすれば、一三名の天皇の崩御の日は、確率の関係から半数近くは十六日以降の「日にち」であってもおかしくない。しかしそれがまったくみられない。その点が少しおかしいのである。

そして、日本書紀は「月」を記述する前に何故か必ず季節を指定している。このことも「二倍月暦」に基づく二倍年暦を支持しているようにみえる。十四日〜十五日を「ひと月」とした場合は、正規の暦での六月は、二倍年暦では十一・十二月となるからである。そのために「夏十二月」なのか

「冬十二月」なのかを指定しなければならなくなる。そのために日本書紀の基となった原伝承は「月」の前に必ず季節を指定した、と考えられなくもない。後世、これらの伝承をもとにして日本書紀を編纂するときに、「夏十二月」となっているものについては、「夏六月」と訂正することは可能であり且つ容易である。日本書紀が「月」を記述する前に必ず季節を記述するのは「二倍月暦」に基づく「二倍年暦」を使用していた時代の名残だ、という可能性がある。

この「二倍月暦」に基づいた二倍年暦も存在しなかったことを、日本書紀の記述する在位年数と寿命や年齢から論証しよう。日本書紀の記述する各天皇の在位年数と天皇の寿命を表にすると表12のようになる。この日本書紀の記述する各天皇の寿命と古事記の記述する寿命の間には一定の関係は見いだせない。日本書紀の記述する神武天皇の寿命は古事記の記述する寿命よりも一〇歳短い。一方、綏靖の寿命の場合は、日本書紀の記述する寿命の方が古事記の記述する寿命よりも三九歳長い。更に安寧の寿命は日本書紀の寿命の方が古事記の寿命よりも八歳長い。このように古事記の記述する寿命と日本書紀の記述する寿命には一定の関係は見いだせない。勿論、古事記の記述する寿命を二倍したものでもない。

日本書紀の記述は二倍年暦ではないことの論証に入ろう。一番目に、崇神天皇（日本書紀・巻五）の寿命による論証。日本書紀は崇神紀六十八年条において、崇神の寿命を一二〇歳と記述している。これが二倍年暦によるものとすると、崇神の実際の寿命は六〇歳となる。これは当時としては平均的な寿命である。決して短命とは言えない。しかし先述したように日本書紀は垂仁紀において、その崇神を「短命であった」と明言している。従って日本書紀の記述する「崇神の寿命一二〇歳」は二倍年

表12　日本書紀による各天皇の在位年数と寿命（舒明以下は省略）

代	天皇	元年	在位	寿命	没年	年齢に関する記述
1	神武	辛酉	七六	一二七	丙子	
2	綏靖	庚辰	三三	八四	壬子	綏靖紀で神武没年（丙子）に四八歳。神武紀では神武四二年（壬寅）にx歳で太子。
3	安寧	癸丑	三八	五七	庚寅	綏靖二五年（甲辰）に二一歳で太子。
4	懿徳	辛卯	三四	（七七）	甲子	安寧一一年（癸亥）に一六歳で太子。
5	孝昭	丙寅	八三	（一一四）	戊子	懿徳二二年（壬子）に一八歳で太子。
6	孝安	己丑	一〇二	（一三七）	庚午	孝昭六八年（癸酉）に二〇歳で太子。
7	孝霊	辛未	七六	（一二八）	丙戌	孝安七六年（甲辰）に二六歳で太子。
8	孝元	丁亥	五七	（一一六）	癸未	孝霊三六年（丙午）に一九歳で太子。
9	開化	甲申	六〇	（一一五）	癸未	孝元二二年（戊申）に一六歳で太子→一一一歳。
10	崇神	甲申	六八	一二〇	辛卯	開化二八年（辛亥）に一九歳で太子→一一九歳。
11	垂仁	壬辰	九九	一四〇	庚午	崇神四八年（辛未）に二四歳で太子→一四三歳。垂仁紀で「崇神二九年歳次壬子生」ともある。
12	景行	辛未	六〇	一〇六	庚午	垂仁三七年（戊辰）に二一歳で太子→一四三歳。垂仁紀では垂仁三〇年（辛酉）にも太子に指定したような記述がある。
13	成務	辛未	六〇	一〇七	庚午	成務紀では景行四六年（丙辰）に二四歳で太子→九八歳。景行紀では景行五一年（辛酉）にx歳で太子。
14	仲哀	壬申	九	五二	庚辰	成務四八年（戊午）に三一歳で太子→五三歳。

代	天皇	元年	在位	寿命	没年	年齢に関する記述
	神功	辛巳	六九	一〇〇	己丑	
15	応神	庚寅	四一	一一〇	庚午	
16	仁徳	癸酉	八七		己亥	
17	履中	庚子	六	七〇	乙巳	仁徳三一年（癸卯）に一五歳で太子。
18	反正	丙午	五		庚戌	
19	允恭	壬子	四二		癸巳	
20	安康	甲午	三		丙申	
21	雄略	丁酉	二三	（六二）	己未	允恭紀に、「允恭七年（戊午）に生まれた」とある。
22	清寧	庚申	五	若干	甲子	
23	顕宗	乙丑	三		丁卯	
24	仁賢	戊辰	一一		戊寅	
25	武烈	己卯	八		丙戌	
26	継体	丁亥	二五	八二	辛亥	
27	安閑	甲寅	二	七〇	乙卯	継体七年（癸巳）にx歳で太子。
28	宣化	丙辰	四	七三	己未	
29	欽明	庚申	三二	若干	辛卯	
30	敏達	壬辰	一四		乙巳	
31	用明	丙午	二		丁未	
32	崇峻	戊申	五		壬子	
33	推古	癸丑	三六	七五	戊子	

暦によるものではない。しいて言えば一二〇を三で割って出てくる四〇歳ならば短命といえる。二倍年暦ではなく三倍年暦を考えねばならなくなる。いずれにしても日本書紀の記述する崇神天皇の寿命一二〇歳は、二倍年暦以外の何等かの操作により導き出された寿命である。

次は古事記の記述の助けを借りなければならないが、神武天皇の后・媛蹈鞴五十鈴姫命の論証。古事記では神武天皇の后は「比売多多良伊須気余理比売（またの名、富登多多良伊須須岐比売）」と記述されている。同一人物と考えて良いと思う。古事記は、神武天皇は橿原で即位後に伊須気余理比売を后に迎えたとしている。日本書紀では、それを即位の前年のこととしている。いずれにしても一年の違いにすぎない。従ってこの時、伊須気余理比売は一七歳だったとしてもよいし、一八歳だったとしてもよい。或いは一八歳だったとしてもよいし、一九歳だったとしてもよい。しかし決して二〇歳以上ではなかったであろう。古事記及び日本書紀ともに、神武の崩御後、政治の実権を握ったのは神武の日向時代に生まれた子・当芸志美美命であるとしている。そして古事記は「当芸志美美命は継母の伊須気余理比売を妃にした」と記述している。この事を銘記しておこう。

日本書紀では、神武の在位は七六年となっている。これが二倍年暦によるものとすれば、正規年暦での神武の在位は三八年（満三七年）となる。当芸志美美命は、父親の神武の崩御後でなければ継母の伊須気余理比売を妃とすることはできない。従って当芸志美美命が継母の伊須気余理比売を妃に迎えた時の伊須気余理比売の年齢は、少なくとも［17＋37＝54］歳となる。最低でも五四歳なのである。伊須気余理比売がいかに美貌であったとしても、当時の五四歳は老人の部類に入るであろうし、何よりも子ができる年齢でもない。権力者の当芸志美美命が、わざわざそのような老女（五四歳）の伊須気余理比売を妃に迎えたとは考えられない。従って神武在位を七六年と記述している神武紀（日本書紀・巻三）は二倍年暦ではない。

日本書紀の記す神武在位年数の七六年は、干支一巡分を加えられた在位年数であるとする。すると実際の神武の在位年数は一六年（満一五年）となる。すると、神武没年における伊須気余理比売の年齢は［17＋15＝32］歳となる。三二歳である。充分にセックスの対象になり得る年齢である。想像をたくましくすれば、伊須気余理比売の方が誘惑したとも考えられる。

三番目、神武没年における綏靖の年齢。日本書紀の巻四には綏靖・安寧・懿徳・孝昭・孝安・孝霊・孝元・開化の各天皇が記述されている。その中で孝昭天皇・孝安天皇・孝霊天皇の在位は八三年・一〇二年・七六年と記述されている。これらは正常年暦による在位年数とは考えられない。従って、二倍年暦か或いはそれ以外の何らかの操作に基づく在位年数である。仮にこれを二倍年暦による在位年数であるとする。すると同じ巻四の中の、その他の年齢や在位年数も二倍年暦であるということになる。

日本書紀の巻四は二倍年暦であるとして、綏靖紀を見てみよう。巻四の冒頭、綏靖即位前紀において「綏靖は神武没年に四八歳である」と記されている。このことと綏靖紀末尾の綏靖の寿命八四歳とは呼応している。日本書紀による神武の没年は丙子であり、綏靖の没年は壬子である（一九ページの表1）。綏靖は丙子の年に四八歳ならば、その誕生年は己丑である。己丑の年に一歳ならば、没年の壬子の年には確かに八四歳なのである。そしてこれが二倍年暦によるものであるならば、神武没年における綏靖の実際の年齢は二四歳である。しかし、綏靖は神武没年には一六歳以上ではありえない。

媛蹈鞴五十鈴姫命の論証で「神武の七六年という在位年数は二倍年暦ではなく、干支一巡分を追加された在位年数である」ということを論証した。神武の真の在位年数はあしかけ一六年である。すると、たとえ神武が媛蹈鞴五十鈴姫命を后に迎えたのは日本書紀の記述する通りの神武即位の前年のことであったとしても、神武没年には綏靖は決して一七歳以上ではないことになる。あまっさえ、綏靖は媛蹈鞴五十鈴姫命の第二子（古事記によれば第三子）とされている。綏靖は、神武没年には絶対に一六歳以上ではない。従って日本書紀の記述する「神武没年に綏靖は四八歳（正常年暦では二四歳）」は成立しない。従って綏靖紀は二倍年暦ではない。綏靖紀が二倍年暦ではないのであるから、同じ巻四に記述されている安寧・懿徳・孝昭・孝安・孝霊・孝元・開化紀も二倍年暦ではない。

四番目に日本書紀・景行紀（巻七）も二倍年暦ではない。日本書紀景行二十七年条には次のような記述がある。

冬十月の丁酉の朔己酉に、日本武尊を遣《つかは》して、熊襲を撃たしむ。時に年十六。

景行二十七年は丁酉の年である。従ってこの文は、「日本武尊は丁酉の年に十六歳である」といっていることになる。とするとこの場合の日本武尊の誕生年は壬午の年ということになる。

ところが日本書紀景行四十三年条に次のような記述もある。

（日本武尊）既にして能褒野に崩《かむさ》りましぬ。時に年三十。……是歳、天皇践祚四十三年なり。

日本武尊は景行四十三年に三〇歳で亡くなったと記述されている。景行元年は辛未であるので景行四十三年は癸丑である。日本武尊は癸丑の年に三〇歳というのであるから、その誕生年は甲申の年ということになる。とすると日本武尊の誕生年については、日本書紀景行二十七年条の記述と四十三年条の記述では二年の違いがあることになる。しかし日本武尊は、景行二十七年には一四歳か一六歳かのどちらかなのである。景行二十七年における日本武尊の年齢は、大方そのあたりの年齢ということである。どちらか一つを選ぶとなると、それは「日本武尊は景行二十七年に一六歳」の方である。「日本武尊は景行四十三年に三〇歳で亡くなった」の方を採用すると、日本武尊は景行十四年に生まれたということになる。しかし日本書紀によれば、景行天皇は十二年八月から十九年まで、熊襲征伐で九州遠征中である。日本武尊は景行と后・播磨稲日大郎姫《はりまのいなびのおほいらつめ》との間の子とされている。景行の后・播磨稲日大郎姫は播磨国の人である。そのことは播磨国風土記（賀古郡の条）に述べられている。景行天皇が九州遠征に出発してから一年半後の景行十四年に、大和或いは播磨に於いて日本武尊が生まれるはずがないのである。しかし「日本武尊は景行二十七年に一六歳」という方を採用すると、日本武尊の誕生年は壬午の年となる。そして壬午の年は景行十二年である。こちらならば日本武尊の誕生年としては問題はなくなる。

そして一六歳で熊襲征伐に送り出されるということは、可能性としてあり得ることだと思う。早熟で年若くして大柄であったとすれば何も問題はない。しかし、もしもこれが二倍年暦による記述であるとすると、日本武尊は正規年暦での八歳（満七歳）で熊襲征伐に送り出されたということになる。日本武尊がいかに早熟であったとしても、これはまずあり得ないと考えた方がよいであろう。従って景行紀（巻七）は二倍年暦ではない。

五番目に日本書紀巻九の神功紀。神功紀も次の記述から二倍年暦ではない。日本書紀・神功十三年条の記述である。

十三年の春二月の丁巳の朔甲子（八日）に、武内宿禰に命《みことおほ》せて、太子に従ひて角鹿《つぬが》の笥《け》飯大神《ひのおほみかみ》を拝《おが》みまつらしむ。癸酉（十七日）に、太子、角鹿より至《かへりいた》りたまふ。是の日に、皇太后、太子に大殿に宴したまふ。皇太后、觴《みさかづき》を挙《ささ》げて太子に寿《さかほかひ》したまふ。因りて歌して曰はく、

此の御酒《みき》は　吾が御酒《みき》ならず　神酒《くし》の司《かみ》　常世《とこよ》に坐《いま》す　いはたたす　少御神の豊寿《とよほ》き　寿《ほ》き廻《もと》ほし　神寿《かむほ》き　寿《ほ》き狂ほし　奉《まつ》り来《こ》し御酒ぞ　あさず飲《を》せ　ささ

ここで太子と記述されているのは、誉田別尊（後の応神天皇）のことである。日本書紀応神天皇即位前紀には、「応神天皇は神功摂政元年に生まれた」とある。従ってこの説話は誉田別尊の一三歳の時の説話ということになる。しかし、もしもこの神功紀の記述が二倍年暦によるものだとすると、この時の誉田別尊の実際の年齢は六・五歳ということになる。神功・応神の大和入りは神功皇后摂政元年の年である。この年、神功・応神は、仲哀亡きあとの近畿大和を支配していた仲哀天皇の皇子香坂王・忍熊王兄弟を滅ぼして権力を手中にした。しかし「神功・応神が権力を手中にした」とはいっても、香坂王・忍熊王兄弟滅亡後わずか六年ないし七年後のことである。香坂王・忍熊王兄弟の親派がどこに潜んでいるとも限らない。そんな状況で六・五歳の幼子の誉田別尊を異国の地、角鹿（現在の

敦賀市）の笥飯大神のもとへ禊《みそぎ》の旅に送り出すものだろうか。危険すぎるのではなかろうか。その上、無事帰還した誉田別尊に神功皇后は「酒」を勧めている。「あさず飲《を》せ（残さずに飲め）」と言っている。六・五歳の子に対する応対ではない。ここは日本書紀の記述通り、誉田別尊一三歳の時の説話と考えるべきである。

それでは、何故、一三歳の誉田別尊は角鹿の笥飯大神の禊を受けねばならなかったのであろうか？「禊のために太子が神社に詣でる」という記述は、古事記・日本書紀ではここ以外には存在しない。それも大和を遠く離れ、大和とは無縁の地の角鹿に祭られている神の禊である。何故であろうか。

「笥飯大神」に関して、日本書紀仲哀天皇二年条に次の記述がある。

> 二月の癸未の朔戊子に、角鹿に幸《いでま》す。即ち行宮を興《た》てて居します。是を笥飯宮と謂《まう》す。即月に、淡路屯倉を定む。
>
> 三月の癸丑の朔丁卯に、天皇、南国を巡狩す。是に、皇后及び百寮を留めたまひて、駕に従へる二三の卿大夫及び官人数百して、軽《と》く行《いでま》す。紀伊国に至りまして、徳勒津宮《ところつのみや》に居《ま》します。是の時に当りて、熊襲、叛きて朝貢《みつきたてまつ》らず。天皇、是に、熊襲国を討たむとす。則ち徳勒津より発ちて、浮海《みふね》よりして穴門に幸す。即日に、使を角鹿に遣《つかは》したまひて、皇后に勅して曰く、「便《すなは》ち其の津より発ちたまひて、穴門に逢ひたまへ」とのたまふ。

仲哀は、九州熊襲の征伐に、巡狩先の紀伊国の徳勒津から唐突に出発している。その時、神功皇后は都の大和にいるのではなく、日本海側の角鹿にいた。そもそも天皇の巡狩に皇后が随行していないのであるならば、普通に考えれば、その時、皇后は都にいるものではなかろうか。しかしこの時の神功皇后は仲哀天皇の紀伊国への巡狩に随行せず、都にもいなかった。巡狩先の紀伊国とは正反対の日本海側の角鹿にいた。この時、神功がほんとに仲哀の皇后だったとしたら非常に奇妙なことだと思う。神功は仲哀の皇后ではなかった可能性がある。

ところで、仲哀の紀伊国巡狩時に神功のいた角鹿には笥飯大神を斎祭る神社がある。神功はその時、角鹿の笥飯大神を斎祭る巫女だったのではなかろうか。或いは神功皇后が最も尊崇していた神は、この角鹿の笥飯大神だったのではなかろうか。そのため神功皇后は大和帰還後の適当な時に、自分自身が最も尊崇していた笥飯大神の禊を子の誉田別尊に受けさせたのではなかろうか。そして、この「禊」は誉田別尊の元服式だったのではなかろうか。小学館『大日本百科事典』(一九六九年)で「元服」をみてみよう。

「元服」(担当・日野西資孝)
少年期から成年になり、おとなの社会にはいり、その資格をえる式で、奈良時代からこれを元服といった。(中略)その形式は原始社会からいろいろな形で表されている。(中略)こうした変化は社会的にもおとなの世界にはいることで、当時の習慣として、その出発点(元服)が五位の位階であった。ふつう一〇歳から一五歳で元服し、はやくその出発点にはいることをのぞんだ。

元服という概念は原始社会の頃から存在し、奈良時代には元服式として、その様式も確立しているようである。そして「ふつう一〇歳から一五歳で元服し……」となっている。誉田別尊の一三歳の時の笥飯大神の禊は、まさに元服に関連したものであると思う。従って神功十三年という記述、則ち「誉田別尊一三歳の時」という記述は正規年暦によるものである。もしも「誉田別尊一三歳の時」という記述が二倍年暦によるものだとしたら、正規年暦では六・五歳の幼子の応神に、何故そのような危険な旅をさせねばならなかったのか説明が困難である。神功紀も二倍年暦ではない。正常年暦である。

栗原薫著『日本上代の実年代』（木耳社、一九九一年、一四ページ）によれば、二倍年暦説に立つ方々は、二倍年暦と正規年暦の分岐点をそれぞれ次のようにしているとのことである。

栗原　薫説　　允恭天皇崩年以前が二倍年暦
山本武夫説　　安康天皇崩年以前が二倍年暦
貝田禎造説　　神武～仁徳は四倍年暦、履中～雄略は二倍年暦
古田武彦説　　継体天皇崩年以前が二倍年暦

日本書紀は仁徳天皇の寿命を記述していない。そして仁徳紀には、在位年数が正規年暦なのか二倍年暦なのかの判断を下せるような記述が存在しない。仁徳の在位を八七年としているので、在位年数から見れば仁徳紀は二倍年暦のように見えるだけである。しかしこれは二倍年暦なのかもしれないし或いは干支一巡分が加えられた在位年数なのかもしれないのである。或いはそれ以外の何らかの操作により改変された在位年数なのかもしれない。そのうちのどちらであるのか、決めることはできない。

そこで「仁徳紀は二倍年暦か否か」の検証はあきらめよう。ただし、前段で神功紀は二倍年暦ではないことが論証されている。従って允恭紀・安康紀・雄略紀が二倍年暦ではないことが証明されれば、その間に位置する仁徳紀も二倍年暦ではないと考えても良いであろう。

そして日本書紀允恭紀の記述から、雄略没年における雄略の年齢を導きだすことができる。それにより導き出される寿命は、古事記の記述する雄略の寿命(一二四歳)から干支一巡分の六〇を引くことで訂正した寿命(六四歳)に近似しているのである。允恭七年冬十二月の条の終末部分に次のように記述されている。

大泊瀬天皇(後の雄略天皇)を産《あ》らします夕に適《あた》りて、天皇、始めて藤原宮に幸《いでま》す。

大泊瀬皇子(後の雄略天皇)が生まれたのは允恭七年なのである。雄略が允恭七年に生まれたのであるならば、允恭在位は四二年なので允恭没年には雄略は三六歳である。その翌年からの三年間が安康の在位である。従って安康没年における雄略の年齢は三九歳である。そして雄略は安康没年の翌年から二三年在位して亡くなった。すると雄略の寿命は六二歳である。日本書紀允恭紀の記述から導かれるこの雄略の寿命は、古事記の記述から導かれる雄略の真実の寿命の六四歳に近似している。従って、大体において正しいと考えて良いであろう。即ち允恭七年から雄略没年までの間は正常年暦なのである。正常年暦で記述されている神功紀と、やはり同じく正常年暦で記述されている允恭・安康・雄略紀にはさまれている仁徳紀も正常年暦であると考えなければならない。

最後に日本書紀・継体紀は二倍年暦ではないことを証明しよう。日本書紀は継体・安閑・宣化の元年干支・在位年数・寿命を次のように記述している。

	元年干支	在位年数	寿命
継体	丁亥	二五	八二
安閑	甲寅	二	七〇
宣化	丙辰	四	七三

元年干支と在位年数から没年の干支がわかる。そして没年干支と寿命からそれぞれの誕生年を求めると、

	没年干支	寿命	誕生年の干支
継体	辛亥	八二	庚寅
安閑	乙卯	七〇	丙午
宣化	己未	七三	丁未

となる。これでみると安閑は継体一七歳の時にうまれており、宣化は継体一八歳の時に生まれていることになる。そして、もしもこれが二倍年暦によるものであるならば、継体は八・五歳の時に安閑を

もうけ、九歳の時に宣化をもうけたことになる。このようなことはいかに古代であってもあり得ないことであろう。従って日本書紀継体紀は二倍年暦ではない。

更に継体天皇即位前紀の次の記述も日本書紀継体紀は二倍年暦ではないことを証明している。

天皇、年五十七歳、八年の冬十二月の己亥に、小泊瀬天皇崩《かむあが》りましぬ。

（中略）

（元年）二月の辛卯の朔甲午に、……是の日に、即天皇位す。

日本書紀は、「継体天皇は五八歳で天皇に即位した」と述べている。すると安閑・宣化が生まれた時には継体は天皇ではないことになる。安閑・宣化が生まれた時には片田舎の三国の年若い王にすぎないことになる。ところが安閑・宣化の母親は尾張連の娘・目子媛である。継体の父は、継体が幼い時に亡くなっている。従って一六～一七歳頃の継体は越の国の弱小豪族にすぎない。越の国の弱小豪族にすぎず、しかもかぞえでまだ一六歳にすぎない継体（安閑は継体一七歳の時に生まれているのであるから、継体と妃が結ばれたのはその一〇カ月前、継体一六歳の時となる）が、遥か遠国の尾張国の豪族の娘を妃にするということは殆どありえないことのように思える。しかしこれが天皇になってからであるならば充分にあり得ることになる。天皇ならば尾張国の娘であろうが播磨国の娘であろうが妃にむかえることができる。継体は天皇に即位してから尾張連の娘・目子媛を妃に迎えているであろう。日本書紀が継体・安閑・宣化の年齢を改変したために、安閑・宣化は継体が天皇に即位する前に生まれたようになってしまったのである。

継体崩御後、安閑はすぐに天皇として即位している。そして継体紀には太子時代の安閑についての説話が記述されている。

八年の春正月に、太子の妃春日皇女、晨朝《あした》に晏《おそ》く出でて、常に異なること有り。太子、意《みこころ》に疑ひて、殿に入りて見たまふ。妃、床に臥して涕泣《いさ》ち、惋痛《あつか》ひて自ら勝《た》ふること能《あた》はず。太子怪《あやし》び問ひて曰はく、「今旦涕泣《いさ》つること、何の恨有るか」とのたまふ。妃曰《まう》さく、「余事に非ず。唯妾が悲ぶる所は、飛天之鳥も児を愛養《うつくし》ぶるが為に……。 嗣《みつぎ》無《な》き恨み、方《まさ》に太子に鍾《あた》れり。妾が名随《したが》ひて絶《た》えむ」とまうす。是に、太子感《おもほ》し痛みたまひて、天皇に奏したまふ。詔して曰はく、「朕が子麻呂古、汝が妃の詞、深く理に称《かな》へり。安《いづくに》ぞ空爾《むな》しとして答へ慰《なぐさ》むること無《な》けむ。匝布《さほの》屯倉《みやけ》を賜ひて、妃の名を万代に表せ」とのたまふ。

継体の在世中に、継体の子の安閑には既に妃がいた。その安閑の妃は、子のできないことを嘆いた。継体はそれを憐れんだと記述されている。継体没年までには安閑は成人していることは疑えない。従って継体・安閑の関係は次の通りである。

①継体は天皇に即位してから尾張の連の娘・目子媛を妃に迎えた。
②継体と目子媛の間に安閑が生まれた。
③安閑は継体在世中に妃を迎えている（継体没年には二〇歳以上である）。

④安閑が妃を迎えてから少なくとも数年経過してから継体は亡くなった。何故なら、安閑の妃は嗣子ができないことを嘆いており、そのことを継体が憐れんでいるからである。

とすると継体の在位年数は少なくとも二〇年以上である。日本書紀継体紀は、継体の在位年数を二五年としている。継体の在位年数として、実数に近い年数のように見える。もしもこれが二倍年暦によるものであるならば、正規年暦での継体の在位年数は一二・五年となる。すると継体没年における安閑の年齢は一二・五歳以下となる。この年齢で安閑が妃を迎えたり、その妃が「嗣子ができないことを嘆いた……」などというようなことがあるはずはない。この説話も日本書紀継体紀は二倍年暦ではないことを証明している。日本書紀継体紀は二倍年暦ではなく、正規年暦で記述されているのである。しかし継体天皇の即位時の年齢を何らかの理由で改変した。その改変された年齢が、たまたま二倍された年齢に近かったということなのである。

媛蹈鞴五十鈴姫命の論証により、日本書紀の記す神武天皇の七六年という在位年数は干支一巡分が加えられたものであることがわかった。即ち神武の真実の在位年数はあしかけ一六年である。この仮説に立脚して、古事記・日本書紀の記述する説話から綏靖紀を復元してみよう。

日本書紀によれば、綏靖元年は庚辰である。神武元年の辛酉から直近の庚辰まではあしかけ二〇年である。古事記によれば、綏靖は神武と伊須気余理比売との間の三男であり、神武が伊須気余理比売を娶ったのは即位の年（辛酉の年）である。するとその長子は辛酉の一年後の壬戌に生まれることになる。三名が年子《としご》だったとすれば、綏靖は甲子生まれとなる。甲子の年から日本書紀が綏靖の元年とする庚辰までは、あしかけ一七年である。従って綏靖が甲子生まれとすると、綏靖は一七歳で即位したことになる。しかし長男と三男の年齢差は、普通にはもう少し差があるものであろう。古事記は綏靖を四五歳で没したとしている。一方日本書紀はその在位を三三年（満では三二年）としている。両者を併せて考えれば、[45－32＝13]から、綏靖は一三歳で即位したことになる。綏靖は庚辰の年に一三歳なのである。

そうすると綏靖は戊辰生まれとなる。これだと長男と三男の綏靖の年齢差は六歳となり、妥当な年齢差である。綏靖は即位したとき一三歳であった。これならば、少々早熟の子と考えれば何とか収まりがつく。一三歳で既に大人顔負けの早熟で大柄な子は現在でもしばしば見受けることができる。綏靖は神武八年に生まれたのである。

三男の神沼河耳命（後の綏靖）が天皇になったことについては、古事記は以下のように記している。

ここにその御子聞き知りて驚きて、すなはち当芸志美美を殺さむとしたまひし時、神沼河耳命、その兄神八井耳命に曰ししく、「汝ね、汝命、兵を持ちて入りて、当芸志美美を殺したまへ。」とまをしき。故、兵を持ちて入りて殺さむとせし時、手足わななきて、得殺したまはざりき。故ここにその弟神沼河耳命、その兄の持てる兵を乞ひ取りて、入りて当芸志美美を殺したまひき。故またその御名を称へて、建沼河耳命と謂ふ。

ここに神八井耳命、弟建沼河耳命に譲りて曰しけらく、「吾は仇を殺すこと能はず。汝命既に仇を得殺したまひき。故、吾は兄なれども上となるべからず。ここをもちて汝命上となりて、天の

表13　神武即位から綏靖即位までの年次経緯

神武即位起算	干支	綏靖誕生起算	古事記・日本書紀の記述と推測される経過
1	辛酉		神武即位。伊須気余理比売を娶る
2	壬戌		長男・日子八井耳命の誕生
3	癸亥		
4	甲子		
5	乙丑		二男・神八井耳命の誕生？
6	丙寅		
7	丁卯		
8	戊辰	1	三男・神沼河耳命（又の名・建沼河耳命、後の綏靖）の誕生
9	己巳	2	
10	庚午	3	
11	辛未	4	
12	壬申	5	
13	癸酉	6	
14	甲戌	7	
15	乙亥	8	
16	丙子	9	神武崩御
17	丁丑	10	神武の日向時代の子の
18	戊寅	11	当芸志美美命の時代
19	己卯	12	
20	庚辰	13	綏靖即位

下治らしめせ。僕は汝命を扶けて、忌人となりて仕へ奉らむ。」とまをしき。

兄の神八井耳命が皇位継承権を弟の建沼河耳命に譲ったことが記述されている。このため綏靖は年若くして即位した。

それにしても一三歳という綏靖の即位時の年齢は少し若すぎるように思われる。この件について考察しよう。日本書紀の記述する各天皇の容姿・性格などについて抜き出してみる（表14）。

仲哀は容姿端正と記されている。仁徳は貌美麗、反正も容姿美麗と記述されている。一方、綏靖は容貌魁偉と表現されている。そして日本書紀において容貌魁偉と表現されている人がもう一人いる。日本武尊である。前述したように日本書紀・景行二十七年十月条には、日本武尊（小碓尊）が一六歳で熊襲征伐に派遣されたことが記述されている。日本書紀の景行紀は二年条で、この小碓尊について、次のように説明している。

亦の名は日本童男。童男、此をば烏具奈と云ふ。亦は日本武尊と曰す。幼くして雄略しき気有します。壮に及りて容貌魁偉し。身長一丈、力能く鼎を扛《あ》げたまふ。

容貌魁偉と表現されている。古事記においても倭建命は容貌魁偉と表現されている。その日本武尊（倭建命）は、九州熊襲征伐・出雲建の征伐及び東《あづま》の国の征伐と日本各地の征伐に赴いている。そしてそれをことごとく成功させている。日本武尊（倭建命）は戦いの英雄なのである。「幼くして雄略

表14　日本書紀における各天皇の容姿・性格に関する記述

神武	明達意確如也
綏靖	[容貌魁偉]
崇神	識性聡敏、幼好雄略、寛博謹慎崇重神祇
垂仁	岐嶷之姿及壮倜儻大度率性任真無所驕飾
景行	なし
	日本武尊：[容貌魁偉]
仲哀	容姿端正身長十尺
応神	聡達玄監深遠動容進止聖表有異
仁徳	聡明叡智貌美麗
反正	容姿美麗
允恭	自岐嶷至於総角仁恵倹下
雄略	伉健過人
清寧	生而白髪長而愛民
仁賢	聡穎才敏多識壮而仁恵謙恕温慈
武烈	長好刑理法令分明
継体	壮大、愛士礼賢意豁如也
安閑	墻宇嶷峻不可得窺桓桓寛大有人君之量
宣化	器宇清通神襟朗邁不以才地矜人為王君子所服
孝徳	柔仁好儒不択貴賤頻降恩勅
天武	岐嶷之姿及壮雄抜神武

しき気有します」と記述されており、小さい頃から勇猛だったようである。そして一六歳の年には熊襲征伐に派遣されている。早熟であったと考えられる。

綏靖はその日本武尊と全く同じ表現をされている。綏靖は日本武尊と似たような体つき・人物と考えてよいのではなかろうか。そして日本武尊と同じように早熟だったのではなかろうか。綏靖は一三歳で即位したと考えても問題はないと思う。

綏靖一三歳即位は、「神武没後、綏靖即位までに何故三年の空白があるのか」という問題にも解決を与えることになる。それは神武没年の「丙子の年」には、綏靖はかぞえで九歳でしかないからなのである。ことをおこすには如何に何でも幼さすぎる。従って幼い綏靖が成長し、野望を抱くようになり、しかもその野望を実行に移せる年齢になるまで、年月が経過せねばならなかったからなのである。

次は同じ綏靖紀を日本書紀のみで復元してみよう。

日本書紀は、「神武は辛酉の前年の庚申の年に媛蹈鞴五十鈴姫命（古事記の伊須気余理比売）を正妃に迎えた」としている。そして神武四十二年に綏靖を太子としたとしている。神武元年は辛酉なので、神武四十二年は壬寅となる。これが日本書紀による綏靖の太子就任年である。神武は七六年間在位し丙子年に没した。その四年後の庚辰年が綏靖の元年である。そして綏靖は在位三三年で八四歳で没したとされている。庚辰年を元年とすれば三三年目は壬子年である。この壬子年に綏靖は八四歳で没したことになる。すると綏靖は己丑年生まれとなる。己丑年に一歳ならば、太子となった神武四十二年の壬寅には一四歳である……。ここで、もしも、神武が媛蹈鞴五十鈴姫命を正妃に迎えたのは、古事記の記すように神武即位年のことだとすれば……。神武が媛蹈鞴五十鈴姫命を皇后に迎えたのは、古事記の記すように神武即位年のこととした方が自然である。神武軍は河内・大和の人々にとっては見知らぬ暴虐の侵略者の集団である。その神武軍が河内・大和の首長である長髄彦を打ち破ってはいたとしても、その地の人々はそう簡単には一族の有力者の娘を妃として差し出すことはすまい。やはり、それは神武がその地に覇権を確立してから、即ち即位してからのことだと考えた方が自然である。神武にしても占領地の掌握に忙しかったであろう。その日その日の夜伽の女性はいたかもしれないが、そのうちの一人が皇后に昇格したとは思われない。やはり嫡后を求めそして迎えたのは、大和占領後の雑多で多忙な諸事が一段落し、正式の統治宣言を発し、即位式をあげてからだと考えた方が自然である。この考えが正しいとすると、日本書紀による綏靖の誕生年は一年遅らせなければならない。そうすると、日本書紀が綏靖太子就任の年とする壬寅年には綏靖は一三歳となる。日本書紀が綏靖太子就任時の年齢とする年齢は、古事記の記す綏靖寿命から導き出した綏靖即位時の年齢なのである。日本書紀は、綏靖一三歳即位という事実を改変したのである。即位時の年齢を太子就任時の年齢としたので年齢の延長が必要になった。即ち日本書紀においては、綏靖太子就任年から綏靖元年までは造作により追加された年数なのである。綏靖は神武四十二年に太子に就任した。これが一三歳の時である。そこから日本書紀の記述する綏靖即位年の庚辰までは、あしかけ三九年である。この三九年が造作され延長された年数なのである。綏靖在位は三三年（満では三二年）。これを全部たすと、

［13＋39＋32＝84］

となり、日本書紀の記述する綏靖寿命が出てくる。そのようにして新たに設定された綏靖の寿命が日本書紀の記す八四歳であろう。古事記は綏靖寿命を四五歳としている。一方、日本書紀は八四歳としている。両者の差は三九年である。これによっても日本書紀の記す綏靖寿命は三九歳ほど延長されていることがわかる。それでは、何故、延長したのは三九年なのか？　その理由が最初は分からなかった。しかし今は分かる。これは、おそらく即位時の年齢の一三歳を三倍したものである。允恭の在位年数そして仁徳・神功の在位年数も三倍されていると思われるからである。

以上で、日本書紀の記述は二倍年暦ではないことを論証した。日本書紀の記述する年齢や在位年数は、真実の年齢や在位年数に種々の複雑な改変操作を加えることにより得られたものなのである。それがたまたま二倍された年齢や在位年数に近かっただけなのである。

II　日本古代の実年の復元

第一章　崇峻天皇の即位年と物部守屋討伐戦

古事記の撰録姿勢そして日本書紀の編述方針は分かった。古事記の記述の方が日本書紀の記述よりも原伝承に忠実なのである。そして二倍年暦は存在しないことも分かった。そこでこれから、古事記の記述を真実とし、古事記の記述の不完全な部分を日本書紀で補うという方法で崇峻・用明・敏達……と順次遡って各天皇の即位年と没年の実年を確定していくことにしよう。

I部第二章における論証で、古事記においては即位年イコール元年であることがわかった。そして古事記における推古の即位年は西暦五九二年の壬子であることもわかった。そこで五六ページの表2の「古事記の推古即位年」の欄を西暦五九二年の壬子で埋めると表15のようになる。

次は崇峻天皇である。崇峻天皇の在位年数も古事記と日本書紀とでは異なる。しかし崇峻天皇の場合は推古天皇のような説明はできない。推古天皇の場合とは逆に、古事記の方の在位年数が短いからである。

崇峻天皇の在位年数については、日本書紀は五年と記述し、古事記は四年と記述している。すると

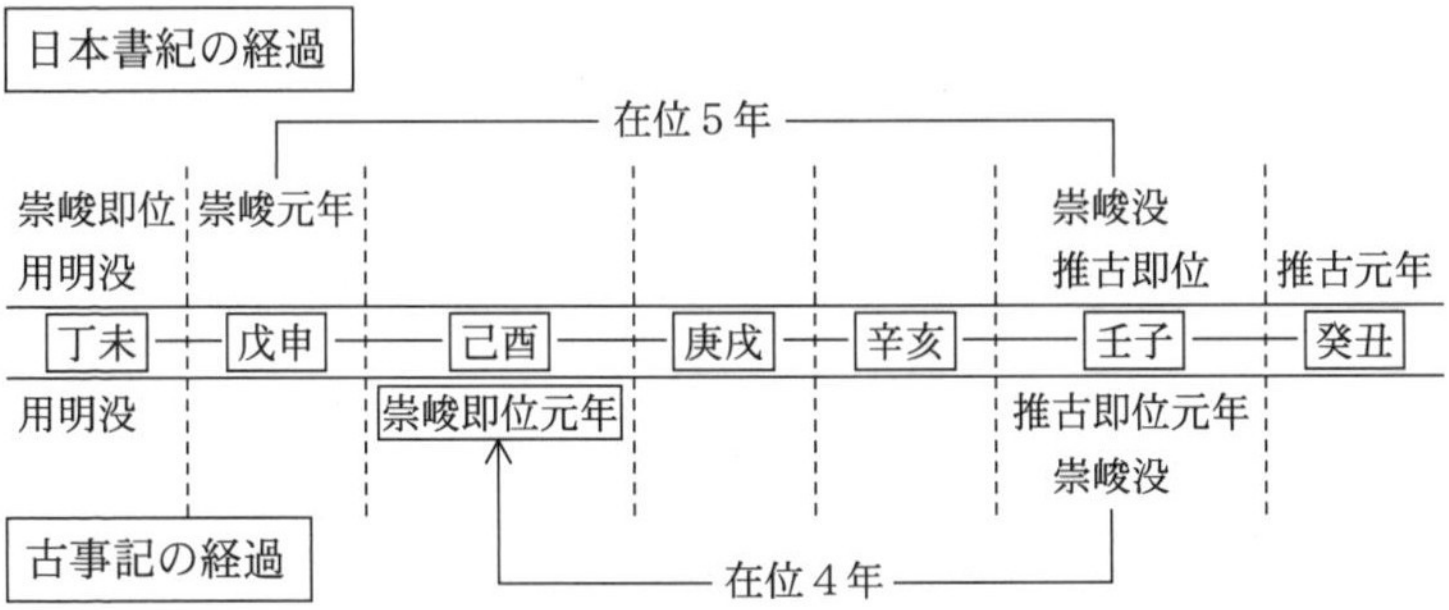

図6　用明崩御から崇峻崩御までの年次経過

表15　用明・崇峻・推古の元年と没年及びその西暦年

代	天皇	古事記 即位年・没年	古事記 在位年数	古事記 西暦	日本書紀 元年・没年	日本書紀 在位年数	日本書紀 西暦
31	用明	丁未	三	五八七	丙午 丁未	二	五八六 五八七
32	崇峻	壬子	四	五九二	戊申 壬子	五	五八八 五九二
33	推古	**壬子** 戊子	三七	**五九二** 六二八	癸丑 戊子	三六	五九三 六二八

古事記によれば崇峻天皇の即位年は、崩御の年の壬子が在位四年目であるから、己酉でなければならない。用明崩御から崇峻没年までの経過を「日本書紀の場合」と「古事記の場合」に分けて図にすれば図6のようになる。

古事記の記述では、用明没年から崇峻即位年までには一年間の空白が存在することになる。崇峻天皇の即位について、何故このような違いが生じたのであろうか？　それを探求しよう。そのために、用明崩御から崇峻即位までの日本書紀の記述を箇条書きにしてみる。

①（用明）二年（丁未年）の夏四月の乙巳の朔丙午（二日）に、……。癸丑（九日）に、天皇（用明）、大殿に崩《かむあがり》ましぬ。

②五月に、物部大連が軍衆、三度敬駭《とよ》む。大連、元より余《あたし》皇子等を去《す》てて、穴穂部皇子《あなほべのみこ》を立てて天皇とせむとす。

③六月の甲辰の朔庚戌に、蘇我馬子宿禰等、炊屋姫尊《かしきやひめのみこと》（後の推古天皇）を奉《あがめたてまつ》りて、……。詔して曰はく、「汝等、兵を厳《よそ》ひて速《すみやか》に往《ゆ》きて穴穂部皇子と宅部皇子《やかべのみこ》とを誅殺《ころ》せ」とのたまふ。……衛士、先づ、楼《たかどの》の上に登りて、穴穂部皇子の肩を撃つ。皇子、楼の下に落ちて、偏《かたはら》の室に走げ入れり。衛士等、挙燭《ひとも》して誅《ころ》す。

④秋七月に、蘇我馬子宿禰大臣、諸皇子と群臣とに勧めて、物部守屋大連を滅《ほろぼ》さむことを謀《はか》る。泊《はつ》瀬部皇子《せべのみこ》（後の崇峻天皇）・竹田皇子……を率《ゐ》て、進みて大連を討つ。

⑤八月の癸卯の朔甲辰（八月二日）に、炊屋姫尊と群臣と、天皇を勧め進《たてまつ》りて、即天皇之位《あまつひつぎしろしめ》さしむ。

用明天皇は用明二年（丁未年）の四月に、太子を指定しないままに崩御した。そのため、「誰を次の天皇にするか」で群臣間で紛糾した。一方の雄・物部守屋の大連《おほむらじ》は穴穂部皇子を押し、そしてもう一方の雄・蘇我馬子の大臣《おほおみ》は泊瀬部皇子を押した。泊瀬部皇子は後の崇峻天皇である。穴穂部皇子と泊瀬部皇子は二人とも欽明の皇子である。しかも同母の兄弟である。系譜を示せば図7のようになる。

用明崩御後、誰を次期天皇とするかで紛糾し、武力抗争となった。日本書紀の記述は「用明は四月

図7　欽明・敏達・崇峻・推古と穴穂部皇子の関係（日本書紀）

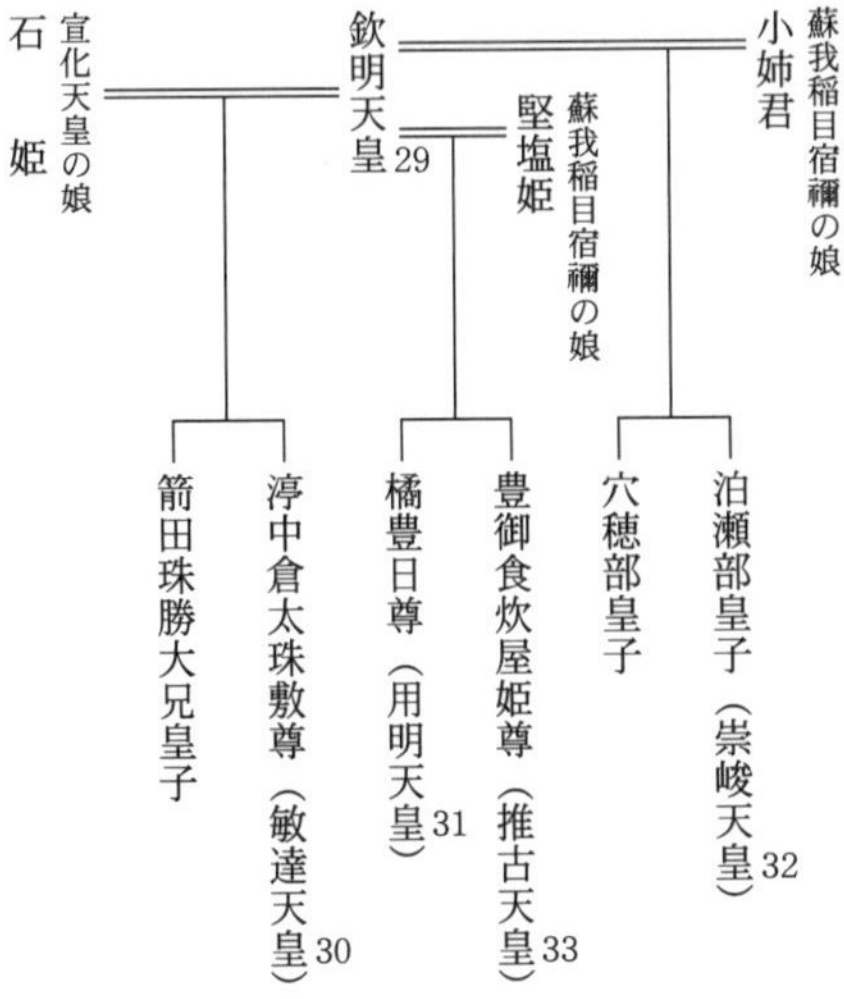

二日に病となり、四月九日に崩御、そして次の天皇の崇峻の即位は同じ年の八月二日」としている。ということは、「この抗争はわずか三カ月とちょっとで終結した」ということになる……。ここなのである。本当は一年以上に亘る抗争ではなかったのか？　最後の武力抗争は己酉の年までもつれ込んだのではなかったのか？　例えば推古崩御後にも、後継者を誰にするかで紛糾した。後継者は田村皇子なのか或いは山背王なのか、推古の遺言が不明瞭であったからとされている。この時は田村皇子と山背王の戦争にまで発展することはなかった。しかし推古が亡くなってから、群臣間で何度も会議がもたれているが、六カ月過ぎても次の天皇を誰と決められず混乱が続いていた。

　用明崩御後も同じだったと思う。最初のうちは、蘇我・物部を含めた群臣の協議が何度も開催されたであろう。しかし二大勢力の蘇我と物部が対立しているわけだから話し合いで決まるわけはない。その結果、次期天皇を誰と決められないままに年を越したのではないだろうか。そして最終的に武力衝突になった。しかし日本書紀の、その武力衝突の経緯の記述もおかしい。というのも、肝心の穴穂部皇子は六月七日に〝急襲されて〟殺され、物部守屋討伐戦はそのあと、七月となっていることである。これは順序が逆なのではないかと思う。物部守屋が先に攻め滅ぼされ、その後に穴穂部皇子は殺されたのではないかと思う。

日本書紀の記述では、穴穂部皇子への攻撃は突如決行されている。前掲の③である。「速やかに往きて穴穂部皇子を殺せ」と命令された佐伯連《さへきのむらじ》丹経手《にふて》と土師連《はじのむらじ》磐村《いはむら》と的臣《いくはのおみ》真噛《まくひ》の三名は、その日の夜中に穴穂部皇子を急襲して攻め殺している。「衛士等、挙燭《ひとも》して誅《ころ》す。」という記述が、夜間の急襲であったことを示している。

そうすると、［穴穂部皇子・物部守屋連合軍］vs.［泊瀬部皇子・蘇我馬子連合軍］の戦いは、まだ正式には（表だっては）開始されてはいなかったということになる。そして突然に穴穂部皇子を急襲して殺したのであるならば、まだ戦闘を開始していない物部守屋には死罪に相当するような罪はないことになる。穴穂部皇子が殺されたのは六月七日と記述されている。そして物部守屋が攻撃されるのは七月と記述されているのであるから、物部守屋が攻め寄せられたのは穴穂部皇子が殺されてから最短でも二三日後ということになる。肝心の穴穂部皇子が攻め滅ぼされてから二三日以上も経過して物部守屋は攻められているのである。物部守屋がまだ戦闘を開始していない段階で、肝心の穴穂部皇子が既に抹殺されているのであるならば、泊瀬部皇子と蘇我馬子の二人には物部守屋を攻めるための正当な理由は存在しない。また物部守屋は穴穂部皇子を天皇にするために泊瀬部皇子や蘇我馬子と争ってきた。その穴穂部皇子が二三日以上も前に殺されているのであるならば、もはや物部守屋には泊瀬部皇子や蘇我馬子と争わなければならない理由は存在しない。従って物部守屋が攻められた時には、

穴穂部皇子	泊瀬部皇子（後の崇峻天皇） 竹田皇子（推古天皇の子） 厩戸皇子（聖徳太子） 難波皇子（敏達天皇の皇子） 春日皇子（難波皇子の同母弟）
物部守屋大連	蘇我馬子大臣、紀男麻呂宿禰、巨勢臣比羅夫、 膳臣賀拕夫、葛城臣烏那羅

図 8　穴穂部皇子軍と泊瀬部皇子軍の構成

物部守屋の押す穴穂部皇子はまだ生きていたと考えなければならない。そうでなければ「泊瀬部皇子・蘇我馬子連合軍」vs.「穴穂部皇子・物部守屋連合軍」の戦闘が既に開始されていたとしなければならない。戦闘が既に開始されていたのであるならば、穴穂部皇子が殺されていようがいまいが、物部守屋も攻撃されねばならない。一方の首謀者はすべて殺されねばならないからである。しかし戦闘がまだ開始されていないのであるならば、穴穂部皇子を抹殺した後では、物部守屋が穴穂部皇子を次期天皇として押していたという事実はあったとしても、それは「泊瀬部皇子・蘇我連合軍」を編成してまで物部守屋を攻め滅ぼさねばならない理由にはなりえない。その場合には、ただ単に物部守屋を政治的に抹殺（冷遇）しさえすればよいのである。そうすれば、おそらく物部守屋は引退したであろう。

別の角度からみてみよう。「穴穂部皇子・物部守屋連合軍」vs.「泊瀬部皇子・蘇我馬子連合軍」の編成を図にして見てみよう。そうすれば、物部守屋討伐戦が決行された時には穴穂部皇子はまだ存命だったということが実感できる。「泊瀬部皇子・蘇我連合軍」の編成は、泊瀬部皇子をはじめとして竹田皇子（推古天皇の子）・厩戸皇子（聖徳太子）・難波皇子・春日皇子など、穴穂部皇子以外の全ての皇子が連合軍を形成している。則ちこの戦いは、穴穂部皇子対穴穂部皇子以外の五名の皇子達の戦いでもある。

図8から穴穂部皇子を削除すると、この戦いはどのように見えるであろうか？　物部守屋は全ての皇子達を敵に回して戦いを挑んだ逆賊以外のなにものでもない、ということになる。そうではないと思う。これだけの錚々たる人たちを相手に、物部守屋が戦うことができたのは、その時、物部守屋の戦いの名目人である穴穂部皇子がまだ存命だったからだと思う。そのように考えなければ、物部守屋の戦いは全くの「悪あがき」である。穴穂部皇子が既に亡くなっているとしたら、物部守屋には、どのようにあがいても大義名分はない。錦の御旗は回ってこない。その上で、残りの皇子達全員が一丸となって自分を攻めてきた。このような状況下では、かつての一般的な日本人はどう行動しただろうか？　かつてのこの日本においては、天皇家に対する逆賊の汚名を負っては生きてはいけない。おそらく自害である。しかし物部守屋は自害していない。逆に徹底的に抗戦している。「寄せ手を三度も押し戻した」とも記述されている。従って、物部守屋が攻撃された時、則ち日本書紀が、「丁未の年の七月、物部守屋を攻める」と記述しているこの時点には、穴穂部皇子はまだ生きていたと思われる。

物部守屋の方が先に攻め滅ぼされた。穴穂部皇子の武力・軍事力のバックボーンである物部守屋が先に攻め滅ぼされて死亡しているので、穴穂部皇子は簡単に討ち取られたのだと思う。則ち、日本書紀が記述している「六月、穴穂部皇子死亡。七月、物部守屋攻略」は、順序が逆なのである。このことは、日本書紀の記述からそれを証明することができる。日本書紀は「丁未の年の七月に物部守屋を攻める」と記述している。しかし物部守屋が攻撃されたのは七月ではない。攻め寄せられた時の物部守屋の迎撃を日本書紀は次のように記述している。

(物部)大連、親《みづか》ら子弟と奴軍とを率て、稲城を築きて戦ふ。是に、大連、衣揩《きぬすり》の朴《えのき》の枝間《また》に昇りて、臨み射ること雨の如し。其の軍(物部軍)、強く盛にして、家に塡《み》ち野に溢れたり。皇子等の軍と群臣の衆と、怯弱《よわ》くして恐怖《おそ》りて三廻却還《みたびしりぞ》く。

攻められた時、物部守屋は稲城を築いて防禦の陣を敷いたと記述されている。稲城を築くための稲束・稲藁があったのである。そうすると物部守屋が攻められたのは、稲刈りが済んだ後ということになる。近畿大和地方での稲刈りは、旧暦では九月であろう。小学館『大日本百科事典』(一九六九年)の、盛永俊太郎・戸苅義次・松尾孝嶺諸氏による「稲」を見てみると、「イネの収穫」の項に、次のように記述されている。

ふつう栽培の場合(砂川註:早稲や晩稲ではなく、普通の稲の栽培のこと)に、北海道・東北は九月中旬~下旬、南にいくほどおそく、九州では十月下旬~十一月中旬である。

これでみれば、近畿大和地方の稲刈りは普通には十月上旬、どんなに早くても九月下旬と見なして差し支えないであろう。そしてこの小学館『大日本百科事典』の記述は、現在の暦(太陽暦)での「月」である。旧暦(太陰暦)による月日は、大体、現在の暦のひと月若い月日と考えてよいであろう。従って近畿大和地方の稲刈りは、日本書紀の世界では、〝九月上旬〟であろう。

従って、物部守屋が攻められたのは、普通に考えれば九月の中旬以降のこととせねばならないし、どんなに早くても八月の下旬以降でなければならない。

しかし日本書紀はそれを七月と記述している。そして泊瀬部皇子が崇峻天皇として即位するのを八月二日と記述している。日本書紀によれば、物部守屋は七月中に攻め滅ぼされていることになる。しかし近畿大和地方においては、七月には物部守屋が稲城を築いたとされる稲束・稲藁は存在しないであろう。従って「日本書紀の物部守屋攻略説話は改変された記述である」ということになる。

用明崩御から崇峻即位までの真実の経過は次のようなことだったのではないかと思われる。

五八七年（丁未の年）四月、用明崩御。

五八八年（戊申の年）九月、物部守屋を攻める（物部守屋死亡の時期は不明）。

五八九年（己酉の年）六月、穴穂部皇子を攻め殺す。

五八九年（己酉の年）八月、泊瀬部皇子（崇峻天皇）の即位。

上宮聖徳法王帝説という史料がある。聖徳太子の伝記を収集したものである。『大日本百科事典』（小学館、一九六九年）には、上宮聖徳法王帝説について黛弘道氏の担当で次のように記述されている。

聖徳太子の伝記を中心とした古記録。撰者と撰述年代は明らかでないが、法隆寺の僧が記紀以前に編纂したものともいわれる。内容は太子前後の皇室系譜、太子の事跡、薬師・釈迦像および天壽國繡帳（てんじゅこくしゅうちょう）などの銘文、四天王寺や佛教興隆、上宮王家の滅亡、蘇我氏の誅滅などの経過をしるし、……。法隆寺勧学院文庫から出た知恩院本が最古の写本。

また、朝尾直弘・宇野俊一・田中琢編『新版・日本史辞典』（角川書店、一九九六年）の上宮聖徳法王帝説の項には次のように記述されている。

聖徳太子の伝記。著者不詳。一巻。七C中頃以後の史料を編集し、平安中期に集大成したもの。聖徳太子の系譜・伝説・金石文集よりなる。記紀とは異なる系統の古い所伝を多くふくむ。

上宮聖徳法王帝説は、「聖徳太子薨去の年から記紀が成立するまでの期間に作成された聖徳太子に関する史料を編集して集大成したもの」、とされている。聖徳太子薨去の年は西暦六二二年前後であり、古事記の成立は七一二年、日本書紀の成立は七二〇年である。従って「上宮聖徳法王帝説」のもととなった史料そのものは、六二二年から七二〇年までの間に作成された史料であるということになる。その上宮聖徳法王帝説には崇峻天皇の在位年数は四年と記述されている。次の記述である。

倉橋天皇（崇峻天皇）、天下《あめのした》治《しらしめ》ししこと四年〈壬子の年の十一月に崩《かむあがりま》しぬ。〉

上宮聖徳法王帝説は、崇峻天皇の在位を古事記と同じように壬子年を最終年とする四年であるとしている。当然、崇峻天皇の元年は、これまで私が述べてきた己酉年と言っていることになる。
そして、聖徳太子の誕生年について次のように記述している。ここが肝心である。

上宮聖徳の法王《のりのおほきみ》、又は法主王《ほうすわう》と云《まを》す。甲午の年に産《あ》れまし、壬午の年の二月廿二日に薨逝《かむさりま》しぬ。

上宮聖徳法王帝説は、「聖徳太子は甲午年に生まれた」と言っている。次に日本書紀崇峻天皇即位前紀には、物部守屋討伐戦に出陣する聖徳太子を次のように表現している。

是の時に、廐戸皇子、束髪於額《ひさごはな》して古の俗、年少児《わらは》の年、十五六の間は束髪於額《ひさごはな》す。十七八の間は、分けて角子《あげまき》にす。今亦然《いままたしか》り軍の後ろに随《したが》へり。

物部守屋討伐戦の時には聖徳太子は一五～一六歳である、と記述されている。聖徳太子の生年は甲午の年であった。甲午年に一歳ならば、日本書紀が物部守屋討伐戦の年としている丁未年には何歳になるか？　丁未年には一四歳でしかないのである。聖徳太子一五歳の年が物部守屋討伐戦の年であるならば、物部守屋討伐戦の年は丁未年ではなく、その翌年の戊申年でなければならない。物部守屋討伐戦は戊申の年のことであり、穴穂部皇子が急襲されて殺されたのはその翌年、己酉の年の六月なのである。そして穴穂部皇子が殺されたその己酉年の八月に崇峻天皇は即位した。日本書紀は、それを《崇峻は用明崩御年の丁未年の八月に即位した》と改変したのである。

第二章　疎かにされた用明天皇

1　一年ズレている敏達の在位

次は敏達と用明である。敏達から用明への皇位継承を復元するために、欽明没年から崇峻元年までの古事記・日本書紀の記述するそれぞれの経過を図示すると図9のようになる。なお、繰り返し述べておくが、古事記では即位年イコール元年である。本書においても古事記の記述を述べる際は、すべて即位年イコール元年で理解していただきたい。

古事記は各天皇の元年を記述していない。しかし、用明在位三年、敏達在位十四年と記述している。そこで古事記の記述する没年及び在位年数から、それぞれの天皇の即位年を決定すると図10のようになる。

古事記の記述から導き出される用明の即位年は乙巳であり、敏達の即位年は辛卯となる。日本書紀では、用明は敏達の没年に即位したことになっている。しかし古事記の記述でみると、敏達の没年は甲辰、用明の即位年は乙巳であるから、用明の即位は踰年即位なのである。更に古事記で見ると、敏達の即位年も、日本書記が敏達即位年とする壬辰の前年の辛卯である。従って、ここで分かることは、敏

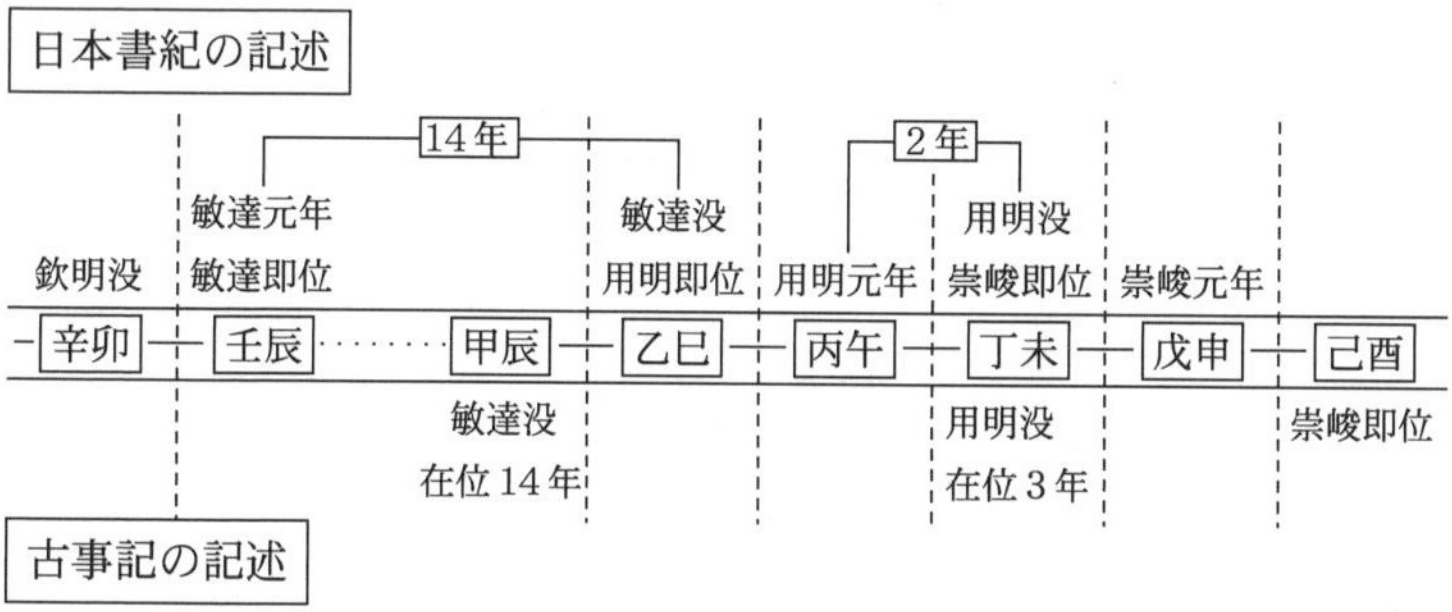

図9　欽明没年から崇峻即位年までの経過

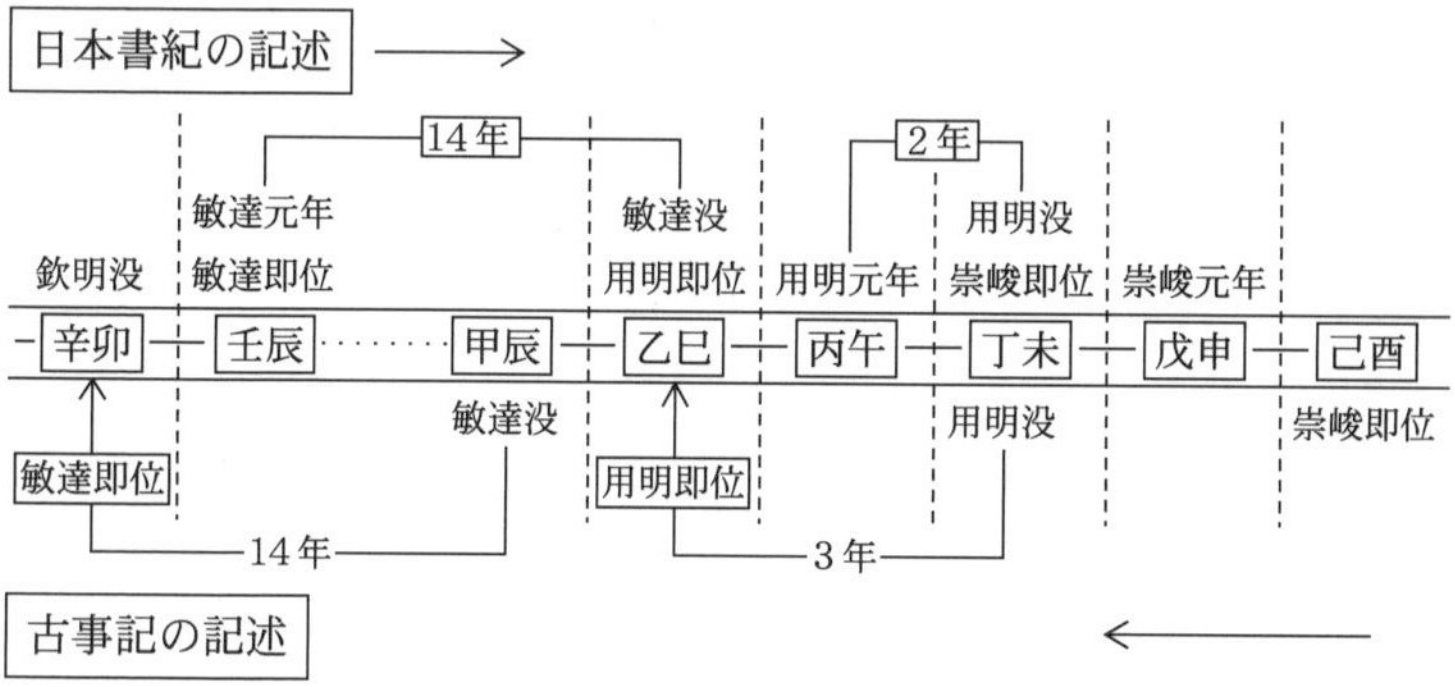

図10　古事記から導かれる敏達即位年と用明即位年

「日本書紀編纂者は、敏達の即位年（元年でもある）から没年までを、何故か一年ずつズラし、そのズレを、今度は踰年即位の用明を没年即位に改変することで調整している」ということである。何故、敏達元年から敏達没年までが一年ずつズレたのかについては、欽明以前に理由があることになりそうである。

2　宣化・欽明の即位年

宣化・欽明については、古事記はその在位年数も没年も記述していない。そこで、これについては日本書紀の記述を参考にしなければならない。表16は古事記と日本書紀の記す安閑から用明までの元年と没年及び在位年数である。

この表でわかることは、古事記も日本書紀も安閑没年を乙卯の年としていることである。とすると、安閑の没年の乙卯は真実なのであろう。従って古事記の記す敏達没年の甲辰を基点にして、日本書紀の記述様式を古事記の記述様式に変換しながら逆に辿っていけば、安閑没年は乙卯にならなければならない。

そこで日本書紀の記述する宣化・欽明・敏達の即位の状況をみてみよう。

安閑：乙卯の年の十二月に崩御。

宣化：安閑没年の十二月に即位。則ち宣化は没年即位。その翌年が宣化元年。在位四年目の二月没。但し欽明即位前紀では、宣化は宣化四年の十月没となっている。

表16　安閑から用明までの元年・没年・在位年数と西暦年

代	天皇	古事記 即位年/没年	古事記 在位年数	古事記 西暦	日本書紀 元年/没年	日本書紀 在位年数	日本書紀 西暦
27	安閑	乙卯			甲寅 乙卯	二	五三四 五三五
28	宣化				丙辰 己未	四	五三六 五三九
29	欽明				庚申 辛卯	三二	五四〇 五七一
30	敏達	**辛卯** 甲辰	一四	**五七一** 五八四	壬辰 乙巳	一四	五七二 五八五
31	用明	**乙巳** 丁未	三	**五八五** 五八七	丙午 丁未	二	五八六 五八七

太字は復元したもの。

欽明：宣化没年の十二月に即位。則ち欽明は没年即位。その翌年が欽明元年。
在位三二年目の四月没。

敏達：欽明崩御の翌年の四月に即位。則ち敏達は踰年即位。在位は一四年。

以上が安閑崩御から敏達即位に至るまでの前天皇の崩御と次天皇の即位の関係である。これを古事記にあてはめることで宣化・欽明・敏達の真実の即位の経緯を復元するのである。

その前に、もう一度、崇峻崩御から推古の即位、そして推古元年の設定及び推古の在位年数に関する「日本書紀の記述方式」を確認しておこう。それは次の三点であった。

①没年即位の場合は、即位の年（先代の天皇の没年でもある）は在位年数にはいれない。
②その時は先代の天皇の没年の翌年（踰年）を元年とする。
③従って当代の天皇の表記上の在位年数は一年短縮されることになる。

①から③までの結果としてもたらされることは「没年即位の場合の在位年数は、日本書紀の記述様式では古事記の記述様式よりも一年短くなる」ということである。従って、日本書紀で「A天皇はB

天皇の没年に即位した。A天皇の在位はx年である」と記述されている場合（則ち没年即位の場合）は、古事記では、

a　A天皇の在位年数は（x＋1）年である。

b　A天皇の即位年は、その没年を（x＋1）年遡った年である。

c　B天皇の没年は、A天皇の即位年と同じ年である。

ということになる。このことを念頭において、敏達の即位年から安閑没年までを逆に辿っていこう。

日本書紀によれば、敏達の即位は踰年即位である。ということは欽明の没年は敏達の即位年の前年ということになる。前節における論証から、古事記における敏達の即位年は辛卯であった。すると古事記での欽明没年は辛卯の前年ということになる。辛卯の前年は庚寅であるので、古事記で辿った場合の欽明の没年は庚寅ということになる。

日本書紀は「欽明は没年即位である。欽明の在位は三二年である」と記述している。日本書紀が没年即位と記述している場合は、その天皇の即位年は、没年から［日本書紀の記す在位年数プラス一］年を遡った年であった。すると欽明天皇の即位年は、没年の庚寅を［32＋1］年遡った年ということになる。干支表で辿るとその年は戊午である。則ち、古事記での欽明の即位年は戊午の年ということになる。

欽明の即位は没年即位であった。すると欽明の先代・宣化天皇は欽明の即位の年に亡くなったということである。古事記での欽明の即位の年は戊午なので、これが古事記での宣化の没年ということになる。

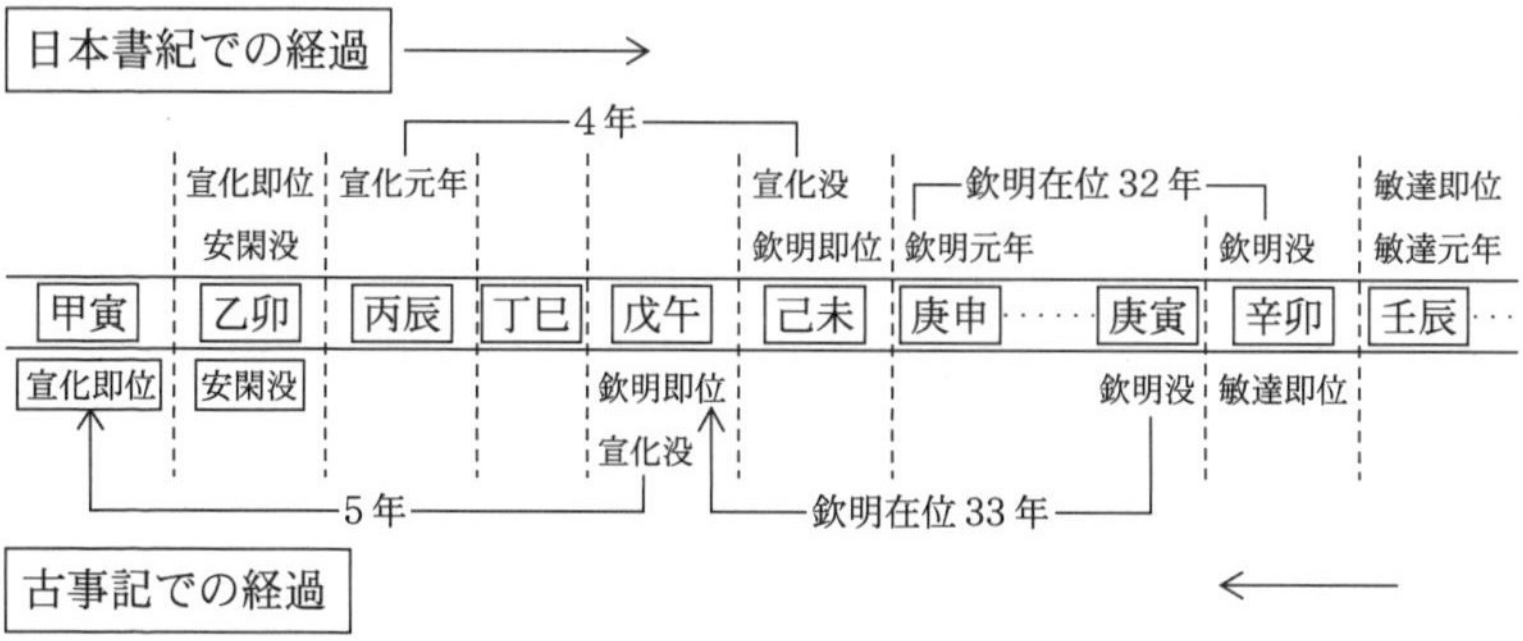

図11　安閑没年から敏達元年までの経過（古事記の場合は、右の敏達即位から辿り始めること）

日本書紀は宣化の在位を四年と記述し、そして宣化の即位は没年即位と記述している。これを古事記の記述様式に変換すると、宣化の即位年は没年の戊午を五年遡った年ということになる。戊午を五年遡るとそれは甲寅である。これが古事記における宣化の即位の年であり、安閑の没年ということになる。しかし古事記も日本書紀も安閑の没年は乙卯であると記述している。甲寅の年は古事記と日本書紀の記述する安閑の没年乙卯の前年である。合致しない。これを図示すると図11のようになる。

何故、このように矛盾することになるのか考えているうちに、宣化の即位に問題があるのかなと思った。宣化の即位については、日本書紀・宣化即位前紀には、次にように記述されている。

（安閑）二年の十二月に、勾大兄広国押武金日天皇（安閑）、崩《かむあが》りまして嗣《みつぎ》無し。群臣、奏して劔《みはかし》鏡《みかがみ》を武小広国押盾尊（宣化）に上《たてまつ》りて、即天皇之位《あまつひつぎしろしめ》さしむ。是の天皇、人と為り、器宇《うつはもの》清く通《とほ》りて、神襟《みこころ》朗《あきらか》に邁《す》ぎたまへり。才地を以て、人に矜《おご》りて王《おほきみおもへり》したまはず。君子の服《したが》ふ所なり。

元年の春正月に、都を檜隈《ひのくま》の廬入野《いほりの》に遷す。

この記述からすると、宣化は安閑二年（乙卯の年）の十二月に即位したように見える。そのために「宣化は没年即位である」として取り扱ってきた。しかし、そう見えるだけで確実ではない。上記の日本書紀の記述からは、宣化の即位は安閑没年の十二月だった可能性が高いが、宣化元年の丙辰（則ち安閑没年の翌年）の一月だった可能性もある。即位の年月日が明記されていないからである。そこで、今度は宣化の即位を踰年即位として、もう一度敏達から辿ってみることにしよう。

宣化の即位を踰年即位であるとした場合でも、宣化の没年までの経過は「宣化の即位は没年即位である」として構築した時と同じである。宣化の即位年以前が変わるだけである。すると「宣化の即位は踰年即位である」とした場合の経過は次のようになる。

日本書紀は宣化の在位を四年と記述している。そしてここでは宣化の即位を踰年即位であると仮定した。すると古事記における宣化の即位年は、没年の戊午を四年遡った年ということになる。戊午を四年遡るとそれは乙卯である。これが「宣化の即位は踰年即位」とした場合の、古事記での宣化の即位の年である。そして「宣化は踰年即位である」と仮定したわけであるから、安閑の没年はその前年ということになる。すると古事記で辿った場合の安閑の没年は甲寅となる。しかし古事記も日本書紀も、安閑の没年は乙卯であると記述している。合致しない。これを図示すると図12のようになる。

宣化の即位を、没年即位として古事記の記す敏達元年から遡っても、或いは踰年即位として遡っても、いずれの場合も安閑没年は古事記・日本書紀の両者が安閑没年と記している乙卯とはならない。いずれの場合でも安閑没年は庚寅の年となる。何故であろうか？「おかしい、おかしい」と不思議な

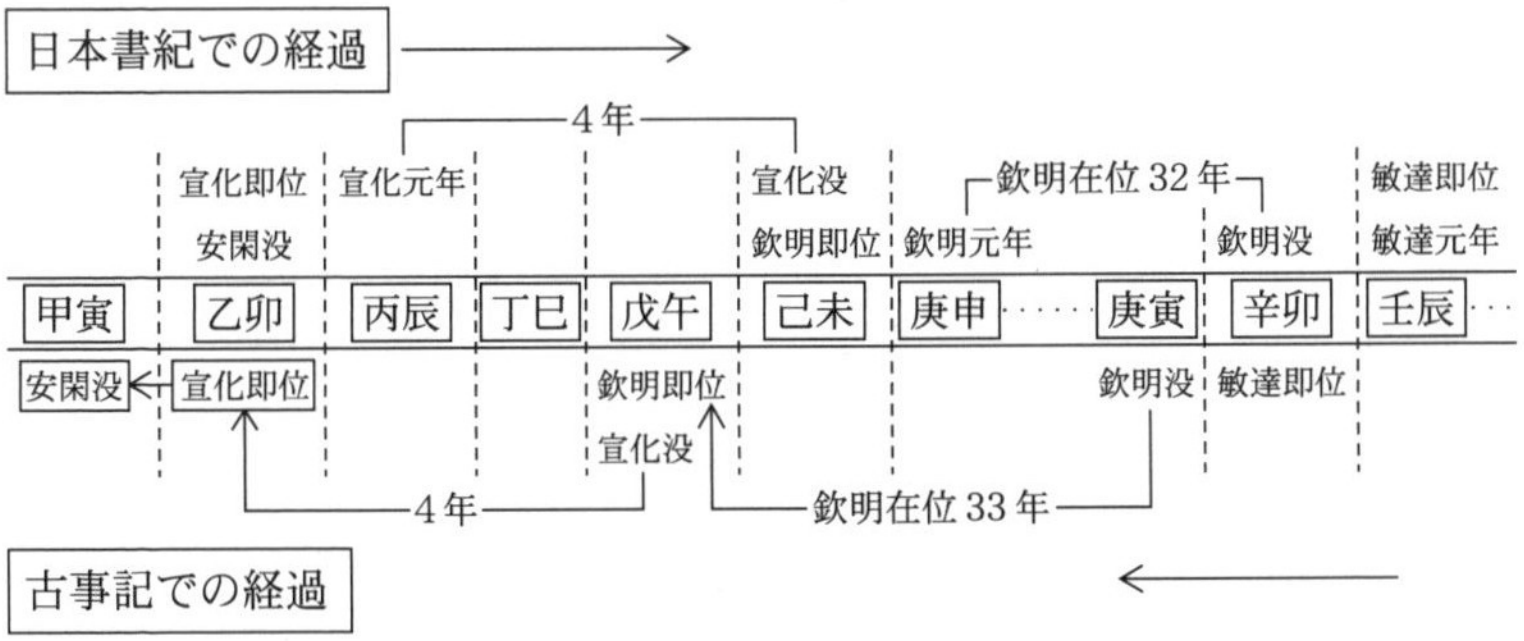

図12　宣化即位を踰年即位であると仮定した場合の安閑没年から敏達元年までの経過

気持ちで、この二つの経過図を眺めているうちにその理由がわかった。宣化の即位が問題なのではなく、問題なのは敏達の即位の方なのである。敏達の即位は踰年即位ではなく、本当は没年即位なのである。

安閑没年から敏達没年までの経過について、少し冷静に考えてみよう。日本書紀は、安閑没年を乙卯、敏達没年を乙巳としている。一方、古事記の方は安閑没年を乙卯、敏達没年を甲辰としている。安閑没年は同じであるが、敏達没年に一年の違いがある。日本書紀の記す敏達没年の乙巳をこのあたりに求めると、それは西暦五八五年の乙巳である。一方、古事記の記す敏達没年の甲辰は西暦五八四年である。つまり安閑没年から敏達没年までの期間は、古事記では一年短いのである。従って古事記の記述が正しいのであるならば、日本書紀の記述する安閑没年から敏達没年までの年次経緯は、どこかで一年が短縮されなければならない。

日本書紀の記述をどのように解釈すれば、その年次経緯を一年短縮することができるであろうか？　日本書紀は宣化及び欽明の即位を没年即位と記述している。従って宣化及び欽明の場合は、前帝崩御から次帝即位までの期間を、それ以上短縮することは不可能である。しかし敏達の即位が踰年即位とされている。そこで敏達の即位は踰年即位ではなく、実は没年即位であったと考えれば、ここで一年の短縮が可能になる！

今、敏達の即位を没年即位として、もう一度、敏達即位年から安閑没年までを遡って辿ってみよう。これまで再々述べているように、古事記での敏達の即位年は辛卯年である。今、敏達の即位は没年即位と仮定したのであるから、古事記での欽明没年も辛卯年ということになる。日本書紀は「欽明は没年即位である。欽明の在位は三二年である」と記述している。日本書紀が没年即位と記述している場合は、その天皇の即位年は、没年から「日本書紀の記す在位年数プラス一」年を遡った年であった。

すると欽明天皇の即位年は、没年の辛卯年を［32＋1］年遡った年ということになる。辛卯年をあしかけで三三年遡るとその年は己未である。則ち、古事記での欽明の即位年は己未年ということになる。

日本書紀によれば欽明の即位は没年即位であった。すると欽明の先代の宣化天皇は欽明の即位の年に亡くなったということである。古事記での欽明の即位の年は己未なので、これが古事記での宣化の没年ということになる。

日本書紀は、宣化を没年即位、在位を四年と記述している。これを古事記の記述様式に変換すると、宣化の即位年は没年の己未を五年遡った年ということになる。己未を五年遡るとそれは乙卯である。そして宣化天皇は没年即位であるから、この宣化即位年の乙卯は安閑没年でもある。古事記・日本書紀の記述する安閑没年にぴったり合致する。日本書紀は没年即位の敏達を踰年即位に改変してあるのである。

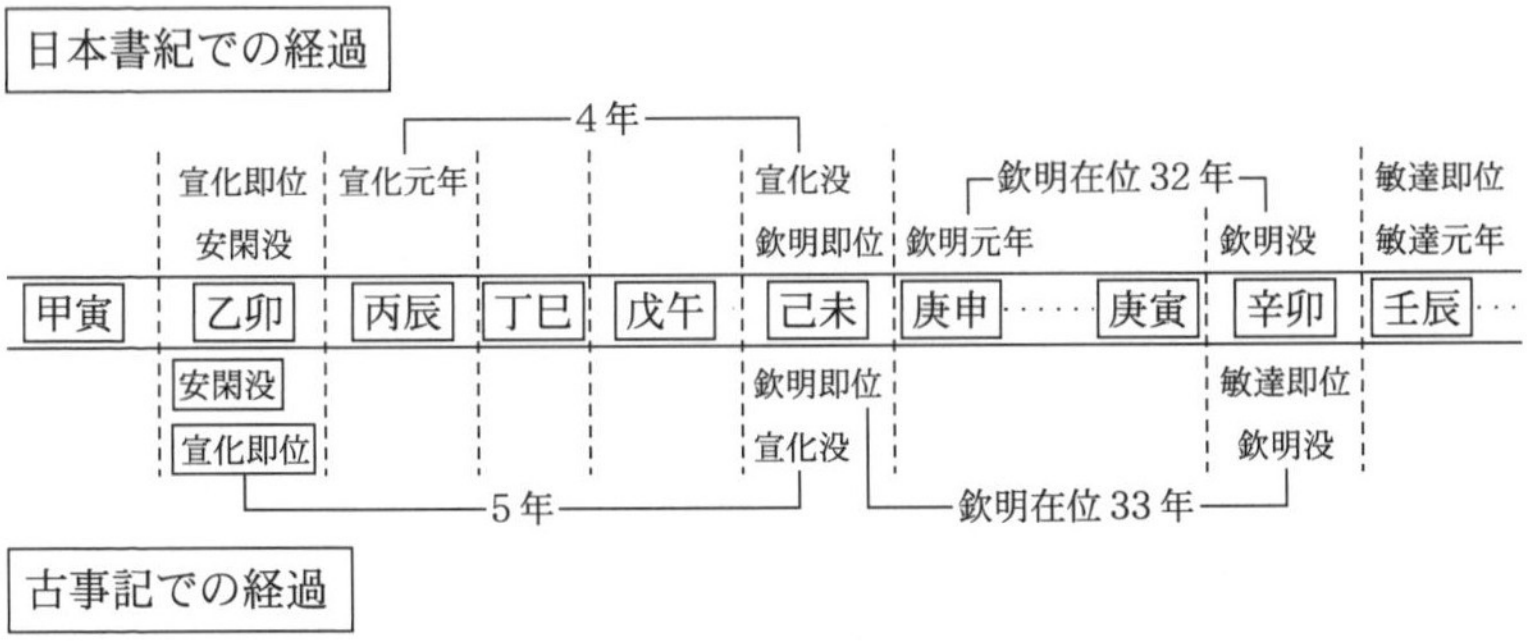

図13　真実の安閑没年から敏達元年までの経過

事実、日本書紀にはそれを裏付ける記述がある。敏達の「即位の月」である。日本書紀において、敏達の即位は踰年即位であるにも拘らず、何故か四月となっていた。I部第二章において「踰年即位の場合に、正月即位でないのはおかしい。即位にグズグズしている必要はないはずだ。目出度いことでもあるし、正月即位でなければおかしい」ということを述べた。敏達の即位の月が四月になっている理由がこれだったのである。日本書紀は、《欽明は四月に亡くなった》と記述している。敏達は、欽明崩御の年の、しかも「その月」に即位したのである。しかし日本書紀は、それを何故か踰年即位に改変した。そしてそう改変したのであるならば、敏達の在位年数については、本来ならば、没年即位の分の一年を差し引いた一三年の在位と記述すべきところを、在位年数としての実数通りの一四年の在位と記述した。そのために敏達元年から敏達没年までの一四年間がすべて一年ずつズレることになったのである。「何故、そうしたのか」ということについては、今のところ不明だ。従って安閑崩御から敏達即位までの真実の経過は図13の「古事記での経過」のようになる。

日本書紀は、何故このような改変をおこなったのであろうか？

何故、没年即位の敏達を踰年即位に改変し、更にその敏達の在位年数を一四年と記述するために、今度は逆に踰年即位の用明を没年即位に改変したのであろうか？　何故、三年でしかない用明の在位を二年に短縮してまで敏達の在位一四年という表記に固執したのであろうか？　疑問だらけである。しかしこれらの記述から分かることは、明らかに用明は疎かにされているということである。何故、用明は疎かにされたのだろうか？　《用明の方は、少し疎かにしても良い》という一種の差別する基準があったのではなかろうか？　この件については、もう少し様子が判明してから触れることにしよう。

なお、踰年即位であるにも拘らず、目出度い正月に即位の式典を挙行していない敏達の即位は、実は没年即位を改変したものであることが判明した。そうすると、もう一つの「踰年即位であるにも拘らず正月即位ではない」景行の即位にも、同じような問題が隠されているということは殆ど確実なことのように思われる。

そしてここまでの復元で感じることは、《安閑から推古までの一連の改変の起点は安閑だ》ということである。推古没年に始まり推古元年、崇峻没年、崇峻元年、用明没年……と順次安閑没年まで遡って辿ってきた。この間を復元していて、息をつく間がないのである。この区間には、雰囲気的に途切れる部分がない。「用明の在位は、何故そのような経緯に改変されたのか？」ということは、結局は安閑没年まで辿らなければわからないからである。日本書紀の記述様式を古事記の記述様式に変換しながら、用明没年から安閑没年までを遡って辿った時、安閑没年が古事記・日本書紀の記述する乙卯の年にならないことに気づく。そして何故そうなのかを考えたとき、初めて敏達の即位は、「没年即位であったものを踰年即位に改変してある」ということが判明する。従って安閑没年から用明没年

表17　安閑から推古までの復元

代	天皇	古事記 即位年／没年	古事記 在位年数	古事記 西暦	日本書紀 元年／没年	日本書紀 在位年数	日本書紀 西暦
27	安閑	乙卯		五三五	甲寅 乙卯	二	五三四 五三五
28	宣化	**乙卯** **己未**	**五**	**五三五** **五三九**	丙辰 己未	四	五三六 五三九
29	欽明	**己未** **辛卯**	**三三**	**五三九** **五七一**	庚申 辛卯	三二	五四〇 五七一
30	敏達	**辛卯** 甲辰	一四	**五七一** 五八四	壬辰 乙巳	一四	五七二 五八五
31	用明	**乙巳** 丁未	三	**五八五** 五八七	丙午 丁未	二	五八六 五八七
32	崇峻	**己酉** 壬子	四	**五八九** 五九二	戊申 壬子	五	五八八 五九二
33	推古	**壬子** 戊子	三七	**五九二** 六二八	癸丑 戊子	三六	五九三 六二八

太字は復元したもの。

まで、ひいては推古没年までの日本書紀の記述は一連のものとして作成されたということなのである。そのために《安閑から推古までの一連の改変の起点は安閑だ》ということになるのである。しかし、これは《安閑が起点である》と考えるよりも、安閑の父親であり先代でもある《継体が起点である》と考えた方がよいと思う。天皇家の系譜は、武烈で一旦断絶に近い様相を呈している。継体は先代の武烈とは殆ど無関係に近い間柄である。現在の「親等」で言えば、武烈と継体は傍系の十親等の関係だ。一旦、応神までの五代を遡らなければ繋がらない。当時の意識では「継体こそ、我らが始祖」という考えがあったのではなかろうか。この部分の改変は、自分たちの始祖として認識していたその継体を起点にしているように見える。

私は、今、実年の定かでない天皇家の歴史を復元すべく、「これは確実だ」と思われている推古没年を起点にして、そこから日本書紀の記述を逆に遡ることで推古以前の皇位継承の経過、則ち日本古代の実年の復元を試みている。しかし日本書紀の、継体から推古までの記述は、私の方法とは逆のように見える。起点を継体に置き、そこから記述を始めているようにみえる。別の言い方をすれば、「日本書紀編纂者は、継体の部分からは干支による紀年に関して確信があった」ということなのである。確信があったので、「継体を起点として書き始めた」というようにみえる。

ここまでの古事記による実年の復元を表にすると表17のようになる。

第三章　一〇年移動してある雄略の在位

1　市辺押磐皇子の変

ここでは二十七代の安閑から二十代の安康までの各天皇の没年及び即位年を遡って追跡していかねばならないが、実際にこれを一人一人順番にやると、遡ることは不可能になる。考察する幅が限定されるからである。確定しやすい部分を選び、そこを起点に確定していく方が確実である。安閑の先代の継体も、その没年及び即位年の確定が最も困難な天皇の一人である。そこで安閑没年から一気に雄略まで飛び、二十一代の雄略から二十七代安閑までを順次辿ることにする。なお雄略の没年及び即位年を確定する中で、二十代の安康の没年・即位年も明らかになる。

古事記は、二十一代の雄略天皇の没年を己巳としている。二十五代の武烈天皇の没年は記述していないが、在位を八年としている。この武烈天皇の在位年数については、日本書紀も八年としている。武烈の在位年数については古事記の記述と日本書紀の記述が一致しているので、「これらの記述は真実である」と考えることができる。すると《日本書紀の記述する武烈の即位年と没年の干支は真実である》と考えることが可能となる。

表18　安康から安閑までの即位年・元年及び没年

代	天皇	古事記 即位年 没年	古事記 在位年数	古事記 西暦	日本書紀 元年 没年	日本書紀 在位年数	日本書紀 西暦
20	安康				甲午 丙申	三	四五四 四五六
21	雄略	己巳			丁酉 己未	二三	四五七 四七九
22	清寧				庚申 甲子	五	四八〇 四八四
23	顕宗		八		乙丑 丁卯	三	四八五 四八七
24	仁賢				戊辰 戊寅	一一	四八八 四九八
25	武烈		八		己卯 丙戌	八	四九九 五〇六
26	継体	丁未			丁亥 辛亥	二五	五〇七 五三一
27	安閑	乙卯		五三五	甲寅 乙卯	二	五三四 五三五

確かに敏達の場合は両者で在位年数は同じであったが、即位年及び没年は異なっていた。古事記が敏達の没年を記述していたので、日本書紀がどのような改変をおこなったのかを判断することができた。そして日本書紀の改変は、没年即位の敏達を踰年即位に改変し、その結果生じた一年のズレはその後の干支を一年ずつズラし、最後に用明の踰年即位を没年即位に改変し、更に用明の在位年数を一年短縮することで是正していた。とすると武烈の場合も、《日本書紀の記述は真実であるか、或いはたとえ違っていたとしても一年だけの誤差である》と考えることができる。そこで武烈については、「日本書紀の記述する武烈の没年と即位年の干支は真実である」と考えることが可能である。すると古事記によれば、雄略の没年から武烈の即位年までは、己巳から己卯までとなり、足かけではわずかに一一年ということになる。

一方、日本書紀は雄略の没年を古事記より一〇年古い方の己未としている。日本書紀では雄略没年から武烈即位年までは二一年なのである。ということは、《日本書紀は、雄略の没年から武烈の即位年までの期間を延長したかったのだ》ということになる。とすると、清寧の即位年は(雄略没年の翌年で)いいとしても、その清寧の没年から顕宗の即位年と没年、更に仁賢の即位年と没年に何等かのごまかしが必要だったことになる。日本書紀は何らかの隠蔽工作をおこなう為に雄略の没年を一〇年古い方に持っていったのだと思う。日本書紀が隠蔽したのは何だったのだろうか。次はそれを探究してみよう。

古事記は顕宗の在位を八年としている。すると、古事記は己巳から己卯までのわずか一一年間のなかの八年間を顕宗の在位としていることになる。この一一年間を殆ど一人で占めることになる。一方、日本書紀は「顕宗の在位は三年、仁賢の在位は一一年」としており、二人の在位年数の長短が逆転している。ここに真相があるようだ。そして日本書紀がこの部分を改変することになった遠因は、雄略にあると思われる。

古事記・日本書紀の記述によれば、雄略は第二十代の天皇・安康死亡の年に次期天皇として最有力であった市辺押磐皇子を騙し討ちで殺してから天皇に即位している。市辺押磐皇子は履中天皇(仁徳天皇の長子)の皇子である。安康・雄略にとっては本家筋の従兄弟にあたる。日本書紀によれば、安康は自分自身に子がなかったので、この市辺押磐皇子を太子にしたようである。日本書紀・雄略即位前紀十月条に次のように記述されている。

冬十月の癸未の朔に、(雄略)天皇、穴穂天皇の、曾《いむさき》、市辺押磐皇子を以て、国を伝へて遥かに後事を付《ゆだ》に囑《つ》けむと欲《おもほ》ししを恨みて……

日本書紀・雄略紀は、「安康天皇は、市辺押磐皇子を自分自身の後継者にしようとしていた」と記述している。これは控えめな表現であろう。雄略がそのような控えめな表現にさせたのである。実際は、安康は市辺押磐皇子を太子に指定していたのであろう。この記述に引き続いて、雄略による市辺押磐皇子暗殺の件が記述されている。そして暗殺による市辺押磐皇子の死亡後に雄略は天皇に即位している。

日本書紀の記述を続けよう。雄略は安康の没年に即位した。雄略の元年はその翌年（踰年）である。そして雄略は、元年からの二三年在位した。雄略の次の天皇は雄略の皇子の清寧である。雄略没年の翌年、清寧天皇が即位する。そして清寧二年（辛酉の年）の、年も押し詰まった十一月に市辺押磐皇子の遺児である億計王と弘計王の二人が播磨国で発見された。清寧天皇はこれを非常に喜び、宮中に迎え入れた。清寧には子がなかったので、清寧三年に、二人の兄弟のうち、兄の方の億計王を太子とした。日本書紀の記述は大体このような筋である。

しかし古事記では少し違う。古事記では、二王子発見の時期は、二人が「少子《わらは》」の時としている。古事記はその経緯について次のように記載している。

ここに山部連小楯《をたて》を針間国の宰に任《ま》けし時、その国の人民、名は志自牟《しじむ》の新室に到りて楽《うたげ》しき。ここに盛りに楽げて、酒酣《さけたけなは》にして次第に皆儛ひき。故、火焼《ひたき》の少子《わらは》二口、竈の傍に居たる、その少子等に儛はしめき。ここにその一《ひと》りの少子の曰ひけらく、「汝兄《なせ》先に儛へ。」といへば、その兄もまた曰ひけらく、「汝弟《なおと》先に儛へ。」といひき。かく相譲りし時、その会《つど》へる人等、その相譲る状を咲《わら》ひき。ここに遂に兄儛ひ訖《を》へて、次に弟儛はむとする時に、詠《ながめごと》して曰ひしく、

物部の、我が夫子《せこ》の、取り佩ける、太刀の手上に、……。伊邪本和気の、天皇（履中）の御子、市辺の、押歯王の、奴末《やつこすゑ》。

といひき。ここにすなはち小楯連聞き驚きて、床より堕《お》ち転《まろ》びて、その室の人等を追ひ出して、その二柱の王子を、左右の膝の上に坐せて、泣き悲しみて、人民を集へて仮宮を作り、その仮宮に坐せまつり置きて、駅使を貢上りき。ここにその姨《をば》飯豊王、聞き歓ばして、宮に上らしめたまひき。

そしてこの古事記の記述と殆ど同じ内容の説話が播磨国風土記・美嚢《みなぎ》郡の条にもある。一方は天皇家伝承、そしてもう一方は天皇家伝承とは全く無関係の播磨国風土記である。かなり隔たった二つの地に、一方は当事者、他方は第三者としての違いのみで記された同じ説話がある。ここでも日本書紀の記述の方ではなく、古事記の記述の方を真実と考えた方が良いと思う。

古事記の説話では二人は明らかに幼子である。或いは五〜六歳ぐらいなのかもしれない。そうでないと、山部連小楯は左右の膝に二人を乗せることは出来ない。播磨国風土記も古事記と同じように発見された時を「二子（二人の子）」としている。おそらく、二人は雄略による父・市辺押磐皇子暗殺後の間もない頃に山部連小楯により発見された。そして密かに播磨国で育てられた。これは古事記そ

して播磨国風土記に、青年に成長した二人が播磨国にしばしば登場するのでそう考えられる。古事記は、「山部連小楯は発見の地に仮宮を造ってそこに住まわせた」としている。また、播磨国風土記では、伯母・飯豊王に引き合わせた後、再び播磨に戻りこの地に宮を造ったとしている。日本書紀そのものも、二王子は清寧天皇二年に播磨国で発見されたとしている。伯母の飯豊王は葛城の角刺宮（奈良県南部の葛城郡）に居たとされている。《伯母の飯豊王のもとに引き取られて大和の地で育てられた》、とすると非常に危険なのである。雄略が血眼《ちまなこ》になって二人を捜しているはずだからである。

日本書紀の記述を、もう少し辿ろう。雄略は二三年在位して没する。雄略から清寧への皇位継承の際にも争乱があった。日本書紀は以下のように記している。

①雄略没後、雄略の妃の一人である吉備上道臣の娘・稚媛は、自分の幼子《わかご》・星川皇子に、「太子の白髪命を追い落として、星川皇子自身が皇位につく」ことを勧めた。星川皇子の兄・磐城皇子はその計画に反対した。

②星川皇子は兄・磐城皇子の諫めを振り切り、母の勧めに従った。その手始めとして大蔵を占拠した。

③大伴室屋大連《おほとものむろや》は、白髪命を太子とした雄略天皇の遺言に従うべきだとして兵を発《おこ》し、大蔵を囲んで火を放ち、立て籠もっていた星川皇子達を焼き殺した。

このような争乱のあとに白髪命（清寧天皇）は即位している。清寧は即位二年目に嗣子がないことを嘆き、自分の名跡を残すために諸国に白髪部舎人・白髪部膳夫・白髪部靫負を設置させている。日本書紀では、この命令を諸国に伝達する際に、播磨国で億計王と弘計王が発見されたとなっている。

或いは雄略天皇が亡くなったので、二人は安心して堂々と人前に姿を見せるようになっていたのかもしれない。

2 清寧天皇の年齢

それにしても清寧は影の薄い天皇である。日本書紀には、天皇としての在位五年間の事績が記載されているが、日本書紀清寧紀の殆どは造作のような感じがする。子が一人もいないというだけでなく、妃すら一人も記述されていない。また、古事記の清寧記では、清寧のことは全く叙述されていない。全く以て実在感の感じられない天皇である。清寧の年齢についても、日本書紀は一切記述していない。雄略天皇二十二年の条に、「太子に指定された」という記述があるが、その時の年齢は記述されていない。また清寧紀本文における崩御の記述も、

五年の春正月の甲戌の朔己丑に、天皇、宮に崩《かむあが》りましぬ。時に年若干。

となっていて、没年齢も不明である。古事記も清寧の寿命については何も記述していない。この件については坂本太郎他校注『日本古典文学大系・日本書紀（上）』（岩波書店）の解説に、「神皇正統記に三十九歳、水鏡等に四十一歳、皇代記等に四十二歳」とある。しかし、これらは全て間違いであると思う。清寧天皇の年齢を考える前に、雄略天皇の妃及び皇子・皇女を図示しておこう。

図14　雄略天皇の皇子・皇女（日本書紀）

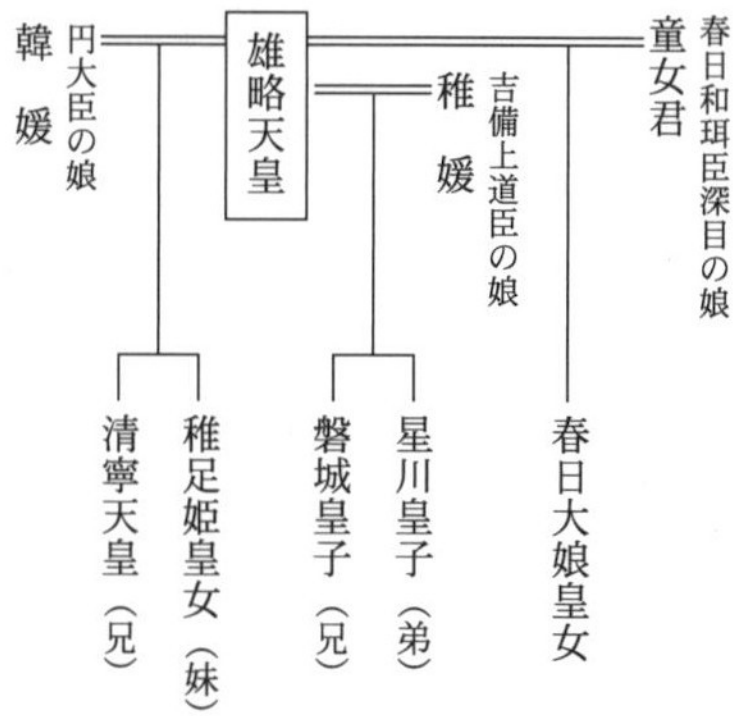

清寧の母は円《つぶら》大臣の娘・韓媛（古事記では訶良比売）である。そして日本書紀は、清寧を雄略の第三子と記している。従って、白髪武尊（清寧天皇）が雄略の第三子になりうるのは

①第一子：磐城皇子、第二子：星川皇子、第三子：白髪武尊
②第一子：磐城皇子、第二子：春日大娘皇女、第三子：白髪武尊
③第一子：春日大娘皇女、第二子：磐城皇子、第三子：白髪武尊

この三つのうちのどちらかである。いずれの場合でも磐城皇子は白髪武尊より先に生まれていなければならない。とすると磐城皇子の年齢は、清寧天皇の年齢の上限である。決して磐城皇子以上ではないことになる。そこで磐城皇子の年齢を探究してみよう。

3　清寧天皇の異母兄・磐城皇子の年齢

普通には、天皇でもなく太子でもない磐城皇子の年齢が日本書紀に記述されるはずはないのだが、偶然にも磐城皇子の年齢を推測させる記述が残されている。それは磐城皇子の母親・稚媛《わかひめ》が雄略の妃となった経緯と、同母弟の星川皇子の皇位簒奪事件に関連した記述である。まず、磐城皇子の母親・

稚媛が雄略の妃となった経緯を見てみよう。日本書紀雄略七年条である。

　是歳、吉備上道臣田狭《きびのかみつみちのおみたさ》、殿《おほとの》の側に侍りて、盛に稚媛を朋友に称《ほめかた》りて曰はく、「天下の麗人は、吾が婦《め》に若くは莫し。茂《こまやか》に綽《きはやか》にして、諸の好備《かほそなは》れり。曄《あからか》に温《にこやか》に、種の相《かたち》足れり。鉛花も御《つくろ》はず、蘭沢も加《そ》ふること無し。曠《ひさ》しき世にも儔罕《たぐひまれ》ならむ。時に当《あた》りては独秀《ひとりすぐ》れたる者なり」といふ。天皇、耳を傾けて遥《はるか》に聴《きこ》しめして、心《みこころ》に悦《よろこ》びたまふ。便ち自ら稚媛を求ぎて女御《みめ》としたまはむと欲《おもほ》す。田狭を拝《ことよさ》して、任那国司《みまなのくにのみこともち》にしたまふ。俄《しばらく》ありて、天皇、稚媛を幸《め》しつ。

雄略は吉備上道臣田狭を任那《みまな》の国司に任命し、田狭が単身で任那に赴任している間に、美貌の誉れ高い田狭の妻・稚媛を自分の妃にした。この稚媛が磐城皇子・星川皇子の母親である。これが雄略七年（日本書紀での雄略七年は癸卯の年）のことであるから、雄略と稚媛の間の長子は、早くてもその翌年の甲辰生まれである。日本書紀雄略紀において、雄略と稚媛の間の長子は磐城皇子と記述されている。とすると雄略天皇の二十三年（則ち雄略の没年。日本書紀では己未の年）には、磐城皇子は一六歳以下である。

日本書紀・清寧即位前紀には、「磐城皇子の同母弟・星川皇子は母親の言葉に従って天皇位を狙い、手始めに大蔵を占拠した」と記述されている。磐城皇子の方が同母の兄であるから、この時、星川皇子は一五歳以下である。普通に考えれば一二～一三歳以下である。この時の星川皇子を、日本書紀清寧天皇即位前紀では、吉備稚媛、陰《ひそか》に幼子《わかご》星川皇子に謂《かた》りて曰くは……

と表現している。星川皇子は「幼子」と表記されているのである。「おさな子」である。武田祐吉・久松潜一編『角川・古語辞典』（一九六九年、改訂一二七版）で「わかご」を見てみよう。

わかご（若児）：わくごに同じ。
わくご（若子・若児・若兒）：①幼子。乳児。幼児。ちご。②年若い男の美称。若様。

「わかご」「わくご」には、乳児・幼児という意味がある。星川皇子は、或いは一〇歳未満だったのかもしれない。とすると、そのような年齢の星川皇子を天皇に据えても、実質的な支配者にはなれない。その場合の事実上の支配者は、その星川皇子の後見人（この場合は母親の吉備の稚媛）ということになる。この争乱は稚媛自身の権力欲から発生したものだと思う。そして星川皇子の兄とされている磐城皇子は、雄略の後継者としては問題外というような記述のされ方、天皇位に就く権利のない人のような記述のされ方に終始している。とすると磐城皇子は、雄略の子ではなく稚媛の連れ子なのかもしれない。或いは稚媛は、吉備上道臣田狭の子を身ごもったままで雄略の妃となったのかもしれない。こちらの方が可能性が高いと思う。稚媛は吉備上道臣田狭の子を身ごもったままで雄略の妃となり、雄略の妃になって間もなく子を出産した。その子が磐城皇子である。そのために磐城皇子は、一応は雄略の子と記述されることとなった。しかし雄略の子にしては月足らずであったからなのか、或いは明らかに雄略の子ではないと確信できる肉体的印があるかして、磐城皇子は「皇位継承の権利のある人物」とは目されていなかった。そのために母親の稚媛は、少なくとも一六歳にはなっていると思われる兄の方の磐城皇子ではなく、幼子の星川皇子の方を天皇にしようと画策したのだと思う。

その磐城皇子は、雄略没年には一六歳以下である。磐城皇子と白髪武尊は異母兄弟なので、白髪武尊は磐城皇子と同じ年生まれの弟ということもあり得る。従って雄略没年には白髪武尊も一六歳以下と考えた方がよい。しかし、まあ、普通に考えれば一五歳以下である。或いは白髪武尊も星川皇子同様、雄略没年には一〇歳前後だったのかもしれない。

しかしここで、「雄略が吉備上道臣田狭の妻・吉備稚媛を奪って妃にしたのは、雄略七年のことではなく、そのずっと前のことなのだ」とする説も成立しうる。しかし、たとえそうだとしても、雄略没年における清寧の年齢は二三歳以下である。何故ならば、清寧の母は円大臣の娘・韓媛だからである。この円大臣の娘・韓媛は、雄略即位前紀に登場する。安康天皇の三年八月、眉輪王は父の仇・安康天皇を殺して円大臣の家に逃げ込んだ。「目弱王の乱」である。安康の弟の大泊瀬幼武皇子（後の雄略）は、その円大臣の家を包囲する。その時、円大臣は次のように言っている。

「……伏して願《ねが》はくは、大王、臣が女韓媛と葛城の宅七区《いへななところ》とを奉献《たてまつり》て、罪《しぬるつみ》を贖《あか》はむことを請《うけたまは》らむ」とまうす。天皇、許したまはずして、火を縦《つ》けて宅を燔《や》きたまふ。是に、大臣と、黒彦皇子と眉輪王と、倶《とも》に燔《や》き殺されぬ。

日本書紀によれば安康没年に、円大臣は罪をあがなうために娘の韓媛を雄略に差し出したのである。それにより、眉輪王ともども許してくれるように雄略に命乞いをした。しかし雄略は、これを許すどころか焼き殺している。また古事記では次のように記述されている。

また軍を興して都夫良意美（日本書紀の円大臣）の家を囲《かく》みたまひき。ここに軍を興して待ち戦ひて、射出づる矢、葦の如く来たり散りき。ここに大長谷王、矛を杖にして、その内を臨みて詔りたまひしく、「我が相言へる嬢子《をとめ》は、もしこの家にありや。」とのりたまひき。ここに都夫良意美、この詔命を聞きて、自ら参出て、佩ける兵を解きて、八度拝《やたびおろが》みして白ししく、「先の日問ひたまひし女子、訶良比売（日本書紀の韓媛）は侍《さもら》はむ。また、五つ処の屯宅《みやけ》を副へて献らむ。

古事記では、この時点では既に雄略が韓媛を妻問《つまどひ》したことになっている。しかし古事記では、雄略は韓媛のことを「嬢子《をとめ》」と言っている。そうするとこの時点の韓媛は、少なくとも子持ちの女性ではない。「子持ちの女性」を「嬢子《をとめ》」と言いはすまい。従って、たとえ雄略が既に韓媛を妻問していたとしても、まだ子は産まれていないのである。はっきりとわかるような妊娠中だった、ということもなかったであろう。すると雄略と韓媛との間の子は、この事件以降に生まれたことになる。日本書紀は、この目弱王の乱を八月と記述している。従って雄略と韓媛の間の子は、早くても安康没年の翌年の六月以降に生まれたことになる。安康没年の翌年は雄略元年である。雄略元年に生まれたとすれば（一歳とすれば）、雄略没年には二三歳である。則ち清寧天皇は、雄略没年には決して二四歳以上ではないことになる。安康の没年は、韓媛の父・円大臣が雄略により攻め滅ぼされた年である。韓媛の心情からすれば、父が殺されたその年に、父を殺した男に身を委ねるようなことはすまい。例えば中大兄皇子（後の天智天皇）の妃・蘇我造媛は父・蘇我倉山田大臣が讒言によって夫の中大兄皇子によって殺されたとき、

造媛、遂に心を傷るに因りて、死ぬるに到りぬ。（日本書紀・孝徳天皇大化五年）

と記述されている。韓媛も父・円大臣が雄略によって殺された時、なかなか雄略を許すことは出来なかったのではなかろうか。そうすると清寧は二二歳以下でなければならない。五～六年経過して漸く許すようになったとすれば、雄略没年における雄略と韓媛の最初の子は、雄略の在位年数二三年から六～七年を引いた年齢でなければならない。則ち一六～一七歳である。安康の没年における韓媛自身の年齢が一七歳くらいだったとしたら、その五～六年後には二二～二三歳である。一〇年後としても二七歳である。充分に出産可能な年齢であるから、実際上の雄略と韓媛の夫婦としての関係が五～六年、或いは一〇年遅く始まったとしても韓媛の年齢には何も問題はない。

以上から雄略没年における清寧の年齢は二三歳以下でなければならないし、更に清寧の母・韓媛の心情、そして「清寧は雄略の第三子である」という日本書紀の記述、更に清寧の異母兄にあたる磐城皇子の年齢とその母・吉備稚媛の説話を合わせて考えれば、雄略没年における清寧は一五歳以下でなければならないのである。そのためにこそ、古事記・日本書紀には「清寧には子はいないし、一人の

妃もいない」と記述されているのである。清寧は雄略没年に一五歳以下でなければならない。そして即位の年には一六歳以下でなければならない。在位五年目に亡くなったのであるならば、亡くなった時の年齢は二〇歳以下でなければならない。

4　清寧暗殺

雄略天皇は、安康没年に履中天皇の皇子・市辺押磐別皇子を暗殺した。その年には、市辺押磐別皇子の二人の王子・億計王と弘計王は五〜六歳であることを述べた。億計王とは第二十四代・仁賢天皇のことであり、弘計王とは第二十三代・顕宗天皇のことである。因みに雄略は二十一代、清寧は二十二代である。雄略天皇は安康天皇の没年の翌年を元年とする二三年間在位して亡くなっている。すると雄略没年には、億計王と弘計王は（5＋23＝28）歳か或いは（6＋23＝29）歳のどちらかである。億計王と弘計王の方が清寧よりもはるかに年上なのである。即位三年目における清寧天皇の年齢は一八歳以下である。日本書紀は、その清寧が三一〜三二歳の億計王を太子に指定したというのである。あり得る話ではない。日本書紀のこの記述は嘘であろう。

日本書紀の清寧紀の記述を、もう一度、順を追って整理してみよう。

①清寧二年の十一月に億計王（仁賢天皇）と弘計王（顕宗天皇）が出現する。

②清寧は、この二人を宮中に暖かく迎え入れる。

③そしてその翌年（清寧三年）に、兄の方の億計王を太子に指定する。

④その二年後、清寧は亡くなる（亡くなった時の清寧の年齢は二〇歳以下である）。

このように経過をおさらいして、日本書紀において雄略の没年が一〇年古い方へ訂正され、雄略没年から武烈即位までの一一年が二一年に引き延ばされた理由がおおよそわかった。清寧は、「億計王を太子に指定した」と記述されている在位三年目に、億計王・弘計王の二人の兄弟に暗殺されたのである。二人にしてみれば「父の仇」を討った、ということであろう。おそらく清寧暗殺を押し進めたのは弟の顕宗であろう。古事記・日本書紀そして播磨国風土記に出てくる兄の億計王（古事記では意祁王。後の仁賢天皇）はいつも内気であり、気弱である。そして、仁の人でもあったのかもしれない。それに引き替え、弟の弘計王（古事記では袁祁王。後の顕宗天皇）は気性の激しい性格として書かれている。地方長官の山部連小楯に、死を覚悟して「自分達は市辺押磐皇子の遺児である」と名乗りをあげた経緯、古事記に記されている即位前の歌垣での女性をめぐる争いから平群臣の祖、志毘臣を攻め滅ぼす経緯、父の恨みを晴らすために雄略の墓を暴き辱めようとした経緯。激情型である。私は、清寧天皇暗殺を押し進めたのは弟の弘計王だったと思う。弘計王は顕宗天皇となった時、父の恨みを晴らすために雄略の墓を暴こうとした。これは兄の億計王の諫めによって実行されることはなかった。しかしそれをしかねないほど雄略を憎んでいたのである。その顕宗が、雄略の子・清寧を黙って放置しておいたはずがない。事実、古事記の清寧記は、清寧のことを伝承すべきであるのに、一切清寧のことは伝承していない。一切清寧には触れていないのである。この伝承を作成したのは清寧の直後の天皇の顕宗である。顕宗は、仇敵である雄略の子・清寧をきれいごとを並べて伝承に加えることはできなかった。その上自分自身で暗殺したのである。顕宗はそのような嘘はつかなかった。なにか清寧のことを伝承として作成すれば、それはすべて嘘になるからである。顕宗は嘘をつかないかわりに黙ったのである。

億計王・弘計王の兄弟が清寧を暗殺して実権を握った時、普通であれば天皇に即位するのは兄の方の億計王であるはずである。しかし実際は弟の方の弘計王が清寧の次の天皇として即位している。これは兄の億計王が天皇位を譲ったからだと記されている。

播磨国で、その地の有力者の馬甘《うまかひ》・牛甘《うしかひ》としてこき使われていた頃、その家の新居のお祝いにやって来た地方長官の山部連小楯に「自分たちは市辺押磐皇子の遺児である」と名乗りをあげたのは弟の弘計王であり、自分は恐れてなにもできなかった。今、自分達がこうしてあるのはその時の弘計王の功《いさをし》があったればこそであり、天皇としては弟のほうが適任だから。

との理由である。この二人はどうも双子だったのではないかと思われる。名前が非常に似ている。古事記では意祁《おけ》と袁祁《をけ》、播磨国風土記では意奚《おけ》と袁奚《をけ》。この二人の他に名前が似ている兄弟としては、景行天皇の皇子の大碓皇子《おほうすのみこ》と小碓尊《をうすのみこと》（別名日本武尊）がいる。大碓皇子と小碓尊の二人も非常に似たような名前であり、双子である。そして億計王・弘計王の二人はいつも一緒である。その上、仲も非常に良いように見える。天皇位をも譲るくらい仲がいい。播磨国風土記を見ると、好きになる女性も同じである。二人が譲り合ったために、どちらもその女性を妃に迎えることができず、結局その女性は未婚のまま亡くなったとされている。二人は双子だったような気がする。播磨国風土記では実際に「二子」と記している。従来はこれを「二人の子」と訳しているようだが、これは「双子」とも読める。後ほど分かるが、亡くなるのも同じ年である。二人は一心同体に近い意識で生きていたのではないかと思われる。

古事記によれば、雄略没年から武烈天皇の即位年まで一一年である。古事記は、そのうちの八年を顕宗天皇の在位としている。そしてこれまでの推理では、清寧は在位三年目に暗殺されている。清寧の在位と顕宗の在位で一一年はすべて埋まることになる。仁賢の在位はゼロとなってしまう。……？そうなのだ。仁賢の在位はゼロ年なのである。則ち、仁賢は顕宗の没年に即位し、そしてその年に亡くなったのである。そして更にこの年に武烈も即位した。日本書紀編纂者はここで困った。踰年元年の建前のため、仁賢の元年を設定できない。このままでは顕宗の没年の翌年は武烈の元年とせざるを得ない。踰年元年の建前を崩さずに、顕宗と武烈の間にどうしても仁賢の在位を入れる必要ができた。そこで雄略の没年を一〇年古い方の己未に訂正した。何故一〇年なのかと言えば、一〇年おきに「己」で始まる干支があるからである。同じごまかすにしても、干支の始まりの部分は同じである方がごまかしやすい。「雄略天皇の没年は己未ですよ。己巳ではありません。あなたの記憶違いでしょう」と言いやすい。雄略の没年を一〇年古い方へ移動し、そして雄略元年も一〇年古い方へ移動した。必然的に安康没年も一〇年古い方へズラされた。そして安康天皇の在位を一〇年短縮することで帳尻を合わせた。

今、①仁賢の在位はゼロ年、②清寧の在位三年、として武烈即位年から遡ってみよう。日本書紀は武烈の即位年を己卯としている。顕宗の在位は八年であるので、もしも武烈の即位が没年即位であるとすると、（仁賢の在位はゼロ年であるので）武烈即位年の己卯は顕宗八年でもある。そうすると顕宗の即位年は己卯の八年前となる。干支表で辿ると己卯の八年前は壬申である。そして顕宗の即位年に

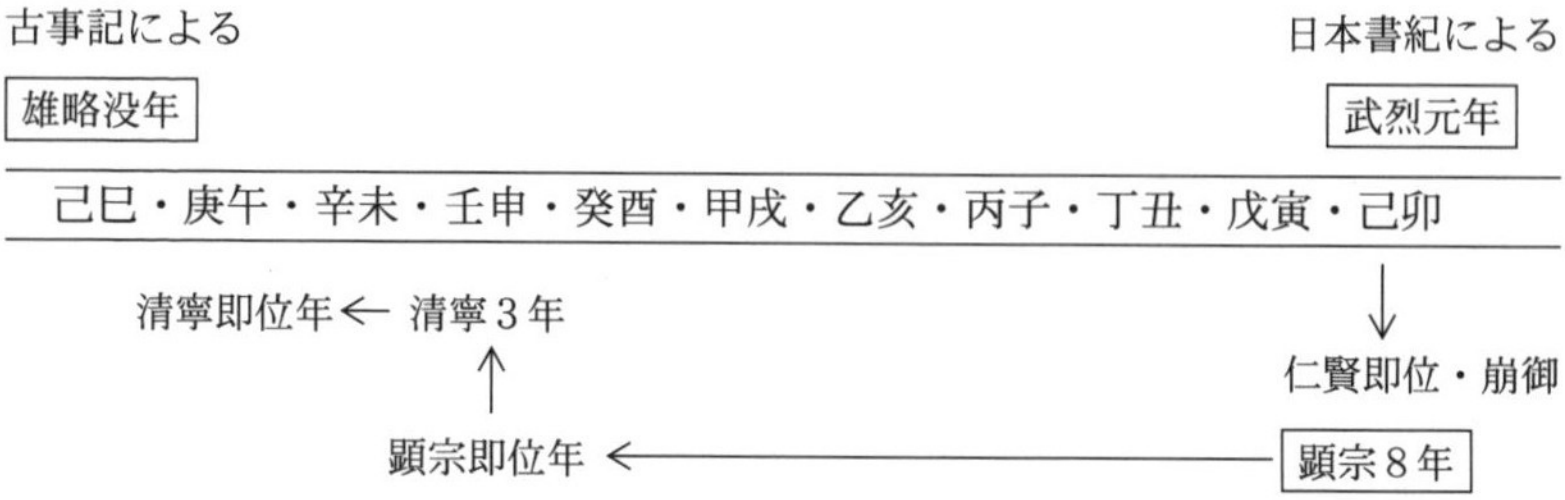

図15　雄略没年から武烈元年までの経過

清寧が暗殺されているとすると、この壬申は清寧の没年でもある。これを清寧三年とすると清寧即位年は庚午となる。この庚午は古事記の記す雄略没年の己巳の翌年なのである。日本書紀は「清寧の即位は雄略没年の翌年である」と記述している。雄略から清寧への皇位継承は、清寧の異母弟・星川皇子が皇位を狙って争乱となった。争乱時の皇位継承であるから、本来ならば没年即位であるはずだが、I部第二章で述べたように、星川皇子・吉備稚媛の反乱の鎮圧に時間を要したために清寧の即位は踰年即位となっていた。ぴったり合致している。やはり清寧は即位三年目に暗殺されているのである。

古事記の中には、

①清寧天皇の在位は三年であること
②即位三年目に清寧は暗殺されたこと
③仁賢の在位はゼロ年であること

この三つのことに対する裏付けとなる記述がある。古事記が「顕宗は在位八年、三八歳で没した」と記述していることである。古事記の「顕宗の在位は八年、三八歳で没した」という記述は、上記の①②③の事項と関連があり、一貫しているのである。それを述べよう。

第二十代安康天皇が眉輪王により弑された後、雄略は二人の兄を殺し、更に市辺押磐皇子を暗殺して、漸く二十一代の天皇として即位することができた。再々述べているように、古事記は雄略の没年を己巳としている。そして日本書紀によれば二十五代武烈の即位年は己卯である。雄略の没年から武烈の即位年まではあしかけ一一年だ。そして古事記の記述様式及び在位年の計算方法は、推古天皇の部分でみたように、即位年が前天皇の没年であってもその年が元年である。従って顕宗八年は武烈即位年である可能性がある。即ち武烈の即位年の己卯年は顕宗の没年でもある可能性がある。そしてこの己卯年に顕宗が三八歳であるとすると、在位年数もかぞえであるから顕宗即位年には顕宗は三一歳となる。

ところで雄略が顕宗の父・市辺押磐皇子を暗殺した時、顕宗は何歳であったのだろうか？　古事記・清寧記は「山部連小楯は播磨の国で二人の皇子を発見した時、喜びのあまり泣きながら左右の膝に二人を乗せた」と記述している。この表現は二人が幼子であることを示している。「竈の傍に居たる火焼《ひたき》の少子《わらは》二口……」とも表現している。二人とも五～六歳或いは六～七歳くらいの感じだ。しかしまた、幼いとはいっても決して三～四歳ではなかろう。播磨国風土記では「志深《しじみ》の村の首、伊等尾《いとみ》の家に役《つか》はれたまひき」となっている。決して保護されているわけではない。使役されているのである。古事記・安康記の末尾には「馬甘牛甘《うまかひうしかひ》に役はえたまひき」と記述されている。だから三～四歳ではない。三～四歳では何の使いみちもない。「志深の村の首、伊等尾の家に役はれたまひき」の頃は、五歳から六歳にかけてのことになる。この年ならばどうにか雑用の小間使いとして使用することはできる。顕宗は山部連小楯に発見された時、六歳くらいであり、その前年の父・横死の年（丙午の年）は五歳くらいだと思われる。そう、五歳なのだ。そして雄略は、即位年の翌年を元年とする二三年目の己巳年に没した。その時、顕宗は二八歳となる。その翌年が清寧の即位年である。すると清寧即位年には顕宗は二九歳、清寧二年には三〇歳、そして清寧三年即ち顕宗即位年には顕宗は三一歳なのである。清寧在位を五年だとすると、その時は顕宗は三三歳となる。逆に、清寧五年の時に顕宗が三一歳であるためには、父横死の時には三歳でなければならない。そして山部連小楯に発見された時には四歳でならねばならない。この三歳そして四歳は数えの年齢である。満では二歳・三歳の時、となる。満三歳では、決して「志深《しじみ》の村の首、伊等尾《いとみ》の家に役《つか》はれたまひき」できる年齢ではない。

日本書紀は、雄略の没年を一〇年古い方にズラし、そうすることで稼いだ一〇年を使用して在位年数ゼロ年の仁賢在位年を捻出した。そして清寧の暗殺を隠蔽するために、清寧在位を三年から五年に改変した。これは何故かというと、「清寧は、仁賢を太子に指定した直後に死亡した」と記述すると、顕宗・仁賢による清寧暗殺の件が露見しかねないからである。更に顕宗の在位を八年から三年に短縮改変し、ますますこの間の真実の姿を不明になるようにした。そして捻出したあしかけ一一年を仁賢の在位としたのである。以上の経過だったたと思う。

古事記の原型と考えられる「帝皇日継」「先代旧辞」は、皇位を継承した天皇が先代の天皇の事績を纏め、それをそれまでの「帝皇日継」「先代旧辞」の最後に追加する……という形で作成されたであろう。その際、先代の天皇は現在の天皇にとって必ずしもいい天皇であったとは限らない。そのために、できあがった先代の説話は事実と少し異なる場合もある。しかし少なくとも「年」については、「嘘の年」にすることはできない。「帝皇日継」「先代旧辞」が作成される時は、その先代の在位中の事績は、いってみれば現代史だからである。嘘をつくことができない。そして「帝皇日継」「先代旧辞」は神聖であるが故に、一旦作成されると改変されることはなかった。それが積み重ねられてできあがったもの、これが古事記の原型（原伝承）である。太安万侶は、それを改変することなく忠実に古事記として撰録した。

しかし日本書紀は、これらの説話の作成された時代からずっと下った後代（四十四代の元正天皇の世、西暦七二〇年）になって、儒教思想に則って編纂されたものである。その内容の大部分は現代史ではない。確かに持統・天武・天智紀あたりは、当時の現代史に近かったであろうが、継体あたりからそれ以前のことは、遥か昔のこととなる。かなり大幅に変飾したり、年（干支）を手直ししたりしても問題にはならなかったはずである。

雄略の没年を一〇年古い方へ持っていったツケは、その先代である安康天皇の在位を短縮することで是正されたのではないかと思う。古事記・日本書紀の崇神から継体までの各天皇の記載量を行数で見てみよう。表19である。日本書紀は『新訂増補國史大系〈普及版〉日本書紀』（吉川弘文館、一九八三年）、古事記は『倉野憲司校注・古事記』（ワイド版岩波文庫、一九九一年）を使用した。古事記では、崇神から継体までの一八名の天皇中、安康は九番目の記載量である。中間に位置する。ところが日本書紀では、一八名中の一五番目となる。一転して最下位グループである。このような大幅な変動は他の天皇には見られない。その上、他の天皇はすべて古事記より日本書紀で記載量が大幅に増えている。唯一の例外が安康である。逆に日本書紀で記載量が少なくなっている。日本書紀は安康の在位年数を短縮するために、安康の伝承の大部分を削除したのである。

従って安康の真の没年は、日本書紀が記述している安康の没年の丙申を一〇年新しい方にズラした

表19　古事記・日本書紀の各天皇の記載量の比較（行数）

	古事記	日本書紀	合計
崇神	42	131	173
垂仁	73	176	249
景行	120	244	364
成務	3	18	21
仲哀	52	61	113
神功		221	221
応神	124	142	262
仁徳	104	245	349
履中	28	82	110
反正	4	9	13
允恭	49	133	182
安康	34	33	67
雄略	87	310	397
清寧	31	40	71
顕宗	23	113	136
仁賢	4	40	44
武烈	4	60	64
継体	11	180	191

年となる。丙申の年を新しい方に一〇年ズラすと、それは丙午の年である。これが安康の真の没年である。

日本書紀は「安康は允恭の没年に即位した」と記述している。一方、古事記の方は允恭の没年を甲午と記述している。とすると古事記における安康の即位年は甲午となる。従って安康の在位は甲午から丙午までの一三年となる。そして安康没年の丙午の年は雄略の即位年でもある。日本書紀は「雄略は安康没年に即位した」と記述しているからである。雄略は丙午の年に即位し、あしかけ二四年在位して己巳の年に没したのである。

しかし、これでもまだ問題がある。それは、顕宗天皇が父・市辺押磐皇子を「天皇」と言っているからである。日本書紀・顕宗天皇即位前紀に記述されている。播磨国赤石郡の縮見屯倉の首《おびと》の新室において、山部連小楯に自分たちの出自を述べる件である。古事記の記述とは少し異なるが次のようになっている。

小楯、是に由りて、深く奇異《あやし》ぶ。更に唱《い》はしむ。天皇、誥《たけ》びて曰はく、
石の上　振の神榲《かむすぎ》、榲、比をば須擬と云ふ。本伐り　末《すゑ》截《おしはら》ひ、伐本截末、比をば謨登岐利須衛於茲波羅比と云ふ。市辺宮に　天下治しし、天万国万押磐尊の御裔、僕《やつこ》らま
小楯、大きに驚きて、席を離れて、悵然《いた》みて再拝《をが》みまつる。

顕宗天皇は、父・市辺押磐皇子を「市辺宮に天下治しし、天万国万押磐尊」と言っているのである。「市辺宮に天下治しし……」という表現は天皇を指すものである。それだけでなく播磨国風土記・美嚢《みなぎ》郡の条でも、同じように市辺押磐皇子を「天皇」と言っている。意奚《おけ》命・袁奚《をけ》命（日本書紀の億計王と弘計王）発見の説話の前段において、

市辺の天皇命、近江の国の摧綿野《くたわたの》に殺されましし時……

と述べられている。播磨国風土記も市辺押磐皇子は天皇であった、と述べているのである。秋本吉郎校注の『日本古典文学大系・風土記』（岩波書店、一九五八年）の解説の二七ページにおいて、播磨国風土記の採録編述は西暦七一五年頃であろうとしている。また、浅田芳朗著『図説・播磨国風土記への招待』（柏書房、一九八一年）の八ページでは播磨国風土記を「日本最古の風土記であり、霊亀元年

表20　安康から安閑までの実年

代	天皇	古事記 即位年 没年	古事記 在位年数	古事記 西暦	日本書紀 元年 没年	日本書紀 在位年数	日本書紀 西暦
19	允恭	甲午		**四五四**	壬子 癸巳	四二	四一二 四五三
20	安康	**甲午 丙午**	**一三**	**四五四 四六六**	甲午 丙申	三	四五四 四五六
	市辺天皇	**丙午 丙午**	**〇**	**四六六 四六六**			
21	雄略	**丙午** 己巳	**二四**	**四六六 四八九**	丁酉 己未	二三	四五七 四七九
22	清寧	**庚午 壬申**	**三**	**四九〇 四九二**	庚申 甲子	五	四八〇 四八四
23	顕宗	**壬申 己卯**	八	**四九二 四九九**	乙丑 丁卯	三	四八五 四八七
24	仁賢	**己卯 己卯**	**〇**	**四九九 四九九**	戊辰 丙寅	一一	四八八 四九八
25	武烈	**己卯 丙戌**	八	**四九九 五〇六**	己卯 丙戌	八	四九九 五〇六
26	継体	丁未			丁亥 辛亥	二五	五〇七 五三一
27	安閑	乙卯		五三五	甲寅 乙卯	二	五三四 五三五

太字は復元したもの。

（七一五年）三月以前の成立」としている。播磨国風土記は七一五年頃までには成立していたとするのが通説のようだ。そうすると、播磨国風土記は七二〇年成立の日本書紀の記述の影響は受けていないということになる。日本書紀成立以前の播磨国で、一般的に流布していた説話を集めたものなのである。その中で「市辺の天皇命、近江の国の摧綿野《くたわたの》に殺されましし時……」と述べられている。市辺押磐皇子は天皇であったと考えられる。雄略は市辺の天皇（市辺押磐皇子）を暗殺し、天皇位を簒奪した。その上で市辺押磐皇子が天皇であった事実を抹殺したということになる。雄略天皇の在位は即位年からでは二四年、元年からでも二三年である。大和国内に限れば事実を抹殺する時間は充分にあった。安康横死の日から雄略即位の日までの短い月日の間に「市辺の天皇」が即位し、そして雄略により暗殺されたということになる。以上から判明した干支に西暦年を振り付けていくと表20のようになる。

第四章　三倍された允恭天皇の在位年数
——木梨軽皇子と衣通王（軽大郎女）の愛の真実

本章は、本来ならば武烈の没年から継体の即位年・継体の没年へと進まなければならない。しかしその前に、どうしても允恭について触れておかなくてはならない。武烈末年における仁徳の血筋の状況を明確にしておかなければならないからである。

本書は日本古代の実年の復元を試みている。そして允恭天皇の在位年数を確定するために、允恭の太子・木梨軽皇子に触れることになった。そしてそこに思いもかけない傷ましい愛の物語が隠されていたことを見出すことになった。実に哀切極まりなく、傷ましいとしか言いようがない恋である。木梨軽皇子と彼の愛した女性、その二人が真実の愛を貫き通したために允恭天皇の在位年数は大幅に改変されることになった。そしてそれを契機として、日本書紀における允恭以前の天皇の在位年数は大幅に増幅・改変されるようになったのではないかと思われる。

日本書紀は允恭天皇の在位を、壬子の年からの四二年としている。四二年という在位年数は、真実か否かが気になるような長さの在位年数である。そして実は、これは三倍された在位年数なのである。反正・允恭・安康の在位について、日本書紀は次のように述べている。

①反正の在位は「丙午の年」を元年とする五年である。

②允恭の在位は「壬子の年」を元年とする四二年である。

③安康の在位は「甲午の年」を元年とする三年である。

表21　古事記と日本書紀の反正・允恭・安康（1）

		古事記		日本書紀		
代	天皇	即位年 没年	西暦	元年 没年	在位年数	西暦
18	反正	丁丑		丙午 庚戌	五	四〇六 四一〇
19	允恭	甲午	**四五四**	壬子 癸巳	四二	四一二 四五三
20	安康	**甲午 丙午**	**四五四 四六六**	甲午 丙申	三	四五四 四五六

太字は復元したもの。

一方、古事記の方は反正の没年を丁丑の年とし、允恭の没年を甲午の年としている。安康の没年は記述していない。なお古事記は即位年については一切記述していない。その上、反正・允恭・安康については、在位年数も記述されていない。しかしII部第三章における論証により、安康の没年は西暦四六六年の丙午であること、その安康の即位年は先代の允恭天皇の没年の甲午と同一年であることが判明している。そして更に允恭の没年であり、安康の即位年でもある甲午は西暦四五四年の甲午であることも判明している。これらを一つにまとめると表21のようになる。

こうしてみれば推古没年から安康の元年までは、古事記と日本書紀の記述は一致していることがわかる。允恭の没年については、古事記と日本書紀とで一年の違いがある。しかしこれは日本書紀が没年即位の年を「在位年数のうち」と勘定せずに、その翌年を元年とする、いわゆる踰年元年に改変したために生じたズレである。今、A天皇はB天皇の没年に即位したとする。そしてB天皇の没年の干支を「α」とする。この事象は、古事記では次のように記述されている。

干支「αの年」にB天皇は没した。そしてA天皇の元年も干支「αの年」である。

古事記において、実際に「A天皇の元年は干支αの年である」と記述されているわけではない。その天皇の即位年を、没年干支から在位年数分を遡ることで求めると「A天皇の元年は干支αの年である」となるように古事記は記述しているのである。

しかし日本書紀では踰年元年であるから、没年と元年（在位一年目）は別の年として記述しなければならない。B天皇の没年は干支「αの年」であり、A天皇の元年も干支「αの年」であるにも拘らず、これを別の年に書き分けなければならないのである。B天皇の没年を干支「αの年」と記述したのであるならば、A天皇の元年は干支「αの年」の翌年と記述することになる。逆にA天皇の元年を干支「αの年」と記述したのであるならば、B天皇の没年は干支「αの年」の前年にしなければならない。前天皇の没年の方をズラすか、或いは次天皇の元年の方をズラすかのどちらかを選択しなければならないのである。そして允恭没年・安康元年の場合は允恭の没年の方をズラしたのである。そういうことであるから推古没年から允恭没年までは古事記と日本書紀とで一致していると言っても良いと思う。

1　允恭の在位年数は何年？

古事記の記す反正の没年の丁丑から、古事記の記す允恭の没年の甲午までは、あしかけ一八年である。従って古事記の記述によれば、允恭の在位は長くても一八年である。允恭が反正の没年に即位したとすれば在位は一八年、或いは反正没年の翌年に即位したとすれば一七年となる。どちらなのか断定はできない。日本書紀は、允恭の即位に関して次のように記述している。

◇最初、允恭は天皇位即位を拒絶した。

◇このため、允恭の即位までに一年間の空白が存在した。

「反正崩御後、允恭の即位までには一年の空白があった」という日本書紀の記述する経緯を古事記に適用すると、允恭の在位は一六年となる。しかるに日本書紀は允恭の在位を四二年としている。一六年と四二年では、その間にはどのような関連性も見いだすことはできない。古事記と日本書紀の、允恭在位年数に関するこの大幅な違いは何故生じたのであろうか？

ここまでで、日本書紀は種々の改変をおこなってあることを見てきた。例えば推古天皇は没年即位であり、即位の年からの三七年の在位であったが、日本書紀はこれを踰年元年に改変し在位年数を一年短縮して三六年と記述していた。また崇峻天皇の在位年数は四年であるが、日本書紀は、これを「用明天皇の没年に即位し、その翌年（踰年）を元年とする五年の在位」と記述している。従って日本書紀での崇峻の在位年数は、没年即位の年の分を勘定すると六年ということになる。また用明の場合は、踰年即位で三年の在位であったものを没年即位に改変し、踰年元年からの二年の在位に短縮していた。在位年数ゼロの仁賢を在位一一年に改変していた。清寧は在位三年目に暗殺されていた。それらの改変や事実の隠蔽を行うために、雄略の在位は一〇年古い方へ移動させられていた。

このような日本書紀の改変の事実を考えた場合には、「日本書紀は允恭の在位年数を大幅に改変してある」と考えた方がよいことになる。則ち、日本書紀は一六年以下の允恭の在位年数を、何故か四二年の在位に改変した。

そして日本書紀の記述から分かることは、反正崩御の年から允恭即位までには、「少なくとも一年間は空白が存在した」ということである。空白期間は一年だったのかも知れないし二年だったのかも知れない。或いは三年だったのかも知れない。「空白は一年だけだった」というのは、日本書紀がそう言っているだけである。これが真実である保証はどこにもない。そうすると允恭の在位年数は一六年かもしれないし、一五年なのかもしれない。或いは一四年なのかもしれないのである。允恭の真の在位年数は何年であろうか？

日本書紀によれば、允恭の先代・反正は太子を指定しないままに在位五年で急逝している。以上のことを念頭におき、允恭の即位について詳しく見てみよう。

日本書紀・允恭即位前紀

五年の春正月に、瑞歯別天皇（反正）崩りましぬ。爰《ここ》に群卿、議《はか》りて曰はく、「方《まさ》に今、大鷦鷯天皇（仁徳）の子は、雄朝津間稚子宿禰皇子《をあさづまわくごのすくねのみこ》（允恭）と、大草香皇子とまします。然《しか》るに雄朝津間稚子宿禰皇子、長《このかみ》にして仁孝まします」といふ。即ち吉日を選びて、跪《ひざまつ》きて天皇の璽を上《たてまつ》る。雄朝津間稚子宿禰皇子、謝《さ》りて曰《のたま》はく、「我が不天《さひはひなきこと》、久しく篤《おも》き疾《やまひ》に離《かか》りて、歩行くこと能はず。且我既に病を除めむとして、独《ひとり》奏言《まう》さずして、而も密に身を破りて病を治むれども、猶差《い》ゆること勿《な》し。是に由りて、先皇（仁徳天皇）、責めて曰はく、『汝患病《やまひ》すと雖も、縦《ほしきまま》に身を破れり。不孝、孰《いづれ》か茲《これ》より甚しからむ。其れ長く生くとも、遂に継業《あまつひつぎしら》すこと得じ』とのたまふ。亦我が兄の二の天皇、我を愚なりとして軽《かろみ》したまふ。群卿の共に知れる所なり。夫れ天下は、大きなる器なり。帝位は、鴻《おほ》きなる業なり。且民の父母は、斯《これ》則ち賢聖の職なり。豈《あに》下愚《おろかひと》任《た》へむや。更に賢しき王を選びて立てまつるべし。寡人《おのれ》、敢へて当らじ」とのたまふ。

反正は太子を指定しないままに在位五年目に急逝した。そのために次期天皇を群臣の協議により決定することになった。そして群臣の考えは、仁徳の皇子として残っている二人の皇子の中で、年長の方の允恭を次期天皇とすることに決定した。そして群臣は允恭に天皇位につくよう要請した。

しかし右の記述を見ると、允恭は群臣の要請を拒絶している。右の記述のあとにも群臣は更に二回に亘り、天皇位即位を要請しているが允恭はそれをも頑強に拒絶している。かなり頑強である。何故か知らないが、よっぽど嫌だったのであろう。病弱ということだけが理由のようではなさそうである。允恭即位前紀はまだ続く。日本書紀は允恭元年（即位年でもある）を壬子と記述している。日本書紀による反正の没年は、本章の冒頭の表でみたように庚戌である。干支は「庚戌・辛亥・壬子」と続くので、允恭元年は反正崩御の年から二年後となる。則ち、この間の皇位の空白期間は一年である。天皇位即位を頑強に拒否していた允恭が遂に天皇に即位するのは次のような経緯からである。

（允恭）元年の冬十有二月に、妃忍坂大中姫命、群臣の憂へ吟《さまよ》ふに苦みて、親《みづか》ら洗手水《おほみてみづ》を執《まゐ》りて、皇子の前に進む。仍りて敬して曰さく、「大王、辞《いさ》ひたまひて位に即きたまはず。位空《みくらゐむな》しくして、既に年月を経ぬ。群臣百寮、愁へて所為知《せむすべ》らず。願はくは、大王、群《もろもろ》の望に従ひたまひて、強《あながち》に帝位に即きたまへ」とまうす。然《しか》るに皇子、聴《ゆる》したまはまく欲《ほり》せずして、背《そむ》き居《ま》して、言《ものもたま》はず。是に、大中姫命、惶《かしこま》りて、退《しりぞ》かむことを知らずして侍《さぶら》ひたまふこと、四五剋《よときいつとき》を経たり。此の時に当りて、季冬《しはす》の節にして、風亦烈しく寒し。大中姫の捧げたる鋺《まり》の水、溢れて腕に凝れり。寒きに堪へずして死せむとす。皇子、顧みて驚きたまふ。則ち扶け起して謂りて曰はく、「嗣位は、重事なり。輙《たはやす》く就《つ》くこと得ず。是を以て、今までに従はず。然るに今群臣の請《こ》ふこと、事理灼然《ことわりいやちこ》なり。何ぞ遂に謝《いな》びむや」とのたまふ。爰《ここ》に大中姫命、仰ぎ歓《よろこ》びて、則ち群卿に謂《かた》りて曰はく、「皇子、群臣の謂《まう》すことを、聴《ゆる》さむとしたまふ。今天皇の璽符を上るべし」といふ。是に、群臣、大きに喜びて、即日に、天皇の璽符を捧げて、再拝みて上《たてまつ》る。皇子の曰はく、「群卿、共に天下の為に寡人《おのれ》を請《こ》ふ。寡人《おのれ》、何ぞ敢へて遂に辞《いな》びむ」とのたまひて、乃ち、帝位に即きたまふ。

反正崩御後の二年目の十二月、允恭の妃・忍坂大中姫命が「親ら洗手水を執りて」（水垢離を行いっつ?）、夫・允恭の天皇位即位を勧めた。しかし允恭はそれをも拒否した。「物も言わずに背中をむけた」という表現が面白い。八〜一〇時間にも亘る説得の中で、妃は寒さのために遂に失神寸前となった。凍死しかねない状況になった。驚いた允恭は、思わず天皇に即位することを承諾した。言ってみれば、允恭は妃の寒中水垢離を止めさせるために天皇になった。妃の、この思い切った行動がなければ允恭は皇位に即くことはなかったのかもしれない。

　漸くにして允恭は帝位に就いた。日本書紀は允恭が天皇に即位するまでの皇位の空白期間を一年間としている。しかし皇位の空白は一年だけではなかったと思う。允恭の妃・忍坂大中姫命は「位空《みくらゐむな》しくして、既に年月を経ぬ」と言っている。「年月」という言葉は「一年」の意味で使用するよりも「数年以上」の意味で使用することの方が多いのではなかろうか。今の我々は、一年間の経過を決して「年月」とは表現しない。その場合は「一年後」と表現する。一年間の経過を「年月」と表現すると、「大げさな表現」と感じる。「年月」という言葉を使用する場合は、少なくとも数年が経過した場合である。違うだろうか。この感覚は古代においても同じなのではなかろうか。允恭の妃の言葉、「位空しくして、既に年月を経ぬ」という表現もそのように感じられる。従って皇位の空白期間は数年間に違いない。すると允恭の在位年数に関する条件は次の三項目である。

表22　古事記と日本書紀の反正・允恭・安康（2）

代	天皇	古事記 即位年 没年	古事記 西暦	日本書紀 元年 没年	日本書紀 在位年数	日本書紀 西暦
18	反正	丁丑	**四三七**	丙午 庚戌	五	四〇六 四一〇
19	允恭	**辛巳** 甲午	**四四一** **四五四**	壬子 癸巳	四二	四一二 四五三
20	安康	**甲午** **丙午**	**四五四** **四六六**	甲午 丙申	三	四五四 四五六

太字は復元したもの。

①允恭の在位年数は一六年以下である。

②更に、一六年から少なくとも二～三年は短い在位年数である。

③それを日本書紀は四二年と改変した。

この①から③の全てを関連づけることのできる年数はと言えば、それは一四年である。一四年を三倍すれば四二年となる。おそらく允恭の在位は一四年であろう。古事記の記す允恭没年の甲午をあしかけで一四年遡れば、それは辛巳である。これが古事記による允恭の即位年である。日本書紀の記述する允恭の在位年数四二年は、真実の在位年数一四年を三倍した年数であろう。

古事記の記す反正の没年の丁丑からの干支の流れは「丁丑―戊寅―己卯―庚辰―辛巳」である。古事記での允恭の即位年は辛巳と分かった。すると反正崩御から允恭即位までの皇位の空白期間は「戊寅―己卯―庚辰」のまるまる三年間となる。

II部第三章における論証で、允恭の没年の甲午は西暦四五四年の甲午ということが判明している。すると允恭の即位年である辛巳は西暦四四一年の辛巳ということになる。また古事記の記す反正の没年の丁丑は西暦四三七年の丁丑となる(表22)。

2 允恭の在位年数が三倍された理由

日本書紀は何故、允恭の在位年数を三倍に延長したのだろうか? これを追究することは少し横道にそれることになるように思われるが、実はそうではない。允恭の次の天皇・安康の即位、そして武烈崩御時点における仁徳の血すじの天皇候補者の有無にも関与しているからである。

允恭の在位が三倍に延長された理由は允恭の太子・木梨軽皇子と同母妹とされる軽大郎女《かるのおほいらつめ》(日本書

紀では軽大娘皇女《かるのおほいらつめのひめみこ》の禁断の恋が関与している。允恭の太子・木梨軽皇子と軽大郎女の悲恋物語は、実の兄と妹のタブーの恋愛とされている。しかしこれは事実ではない。允恭天皇の真実の姿を隠蔽するための醜悪な改変である。木梨軽皇子の禁断の恋について、古事記と日本書紀の記述を箇条書きにしよう。

古事記

①允恭が崩御したあと、太子・木梨軽皇子は天皇位即位の前にタブーを犯した。同母妹の軽大郎女と関係をもったのである。

＊軽大郎女は別名を衣通郎女《そとほしのいらつめ》又は衣通王ともいう。

②群臣百寮及び民衆はタブーを犯した太子・木梨軽皇子を捨てて、弟の穴穂皇子についた。（そのため木梨軽皇子は即位の儀式をあげることができなかった）

③そこで木梨軽皇子は大前小前宿禰の家に逃れ、そこで戦いの準備をした。

④穴穂皇子も軍勢を整え、逆に大前小前宿禰の家を囲んだ。

⑤大前小前宿禰は木梨軽皇子を捕らえて穴穂皇子に引き渡した。

⑥木梨軽皇子は伊予に流された。

⑦衣通王は木梨軽皇子を追って伊予に赴いた。

⑧二人は伊予で心中した。

日本書紀

①允恭二十三年、太子・木梨軽皇子はタブーとされている実の妹・軽大娘皇女《かるのおほいらつめのひめみこ》と関係をもった。
②天皇の知れるところとなり、軽大娘皇女は罰され伊予に流された。木梨軽皇子は太子であるので「咎めなし」となった。
③允恭崩御後、太子（名の記述なし）が暴虐にも婦女を犯した。
④このため国人は太子を非難し、群臣は太子を捨てて弟の穴穂皇子についた。
⑤太子は穴穂皇子を攻め滅ぼそうと思い、戦いの準備を始めた。そのため穴穂皇子も対抗して軍勢を整えた。
⑥しかし太子に加勢する者は誰もいなかった。
⑦そのため太子は物部大前宿禰の家に逃げ込んだ。太子は大前宿禰の家で自殺した。
⑧一説には、太子は伊予の国に流されたとするものもある。
＊①及び②は允恭紀の記述。③以降は安康即位前紀の記述。
＊日本書紀・安康即位前紀には「太子が誰であるか」、名を記述していない。
これが木梨軽皇子事件の基本的な経緯である。これを念頭において考察を進めよう。

3　木梨軽皇子が愛した女性の名

古事記と日本書紀とでは、事件の大筋は同じであるが細部ではかなり異なる。古事記は木梨軽皇子の恋の相手を「軽大郎女」とし、日本書紀は「軽大娘皇女」としている。しかしどちらも読みは「かるのおほいらつめ（のひめみこ）」である。そして古事記・允恭記は「軽大郎女の別名を衣通郎女《そとほしのいらつめ》（衣通王）ともいう」と記述している。

軽大郎女、亦の名は衣通郎女。御名を衣通王と負はせる所以は、その身の光、衣より通り出づればなり……

軽大郎女＝衣通郎女＝衣通王なのである。則ち、木梨軽皇子がタブーを犯してまで愛した女性「軽大郎女」の別名は「衣通郎女＝衣通王」である。

古事記の記述は簡略すぎるので日本書紀の記述を主体にして話しを進めよう。木梨軽皇子事件の発端が允恭紀二十三年条に記述されている。

木梨軽皇子を立てて太子とす。容姿佳麗《きらぎら》し。見る者、自《おの》づからに感《め》でぬ。同母妹軽大娘皇女、亦艶妙《かほよ》し。太子、恒《つね》に大娘皇女と合《みあはし》せむと念《おもほ》す。罪有らむことを畏りて黙《もだ》あり。然《しか》るに感《め》でたまふ情《みこころ》、既に盛りにして、殆《ほどほど》に死するに至りまさむとす。爰《ここ》に以為《おもほ》さく、徒《いたづら》に空しく死なむよりは、刑有りと雖も、何ぞ忍ぶること得むとおもほす。遂に竊《ひそか》に通《たは》けぬ。乃ち、悒《いきどほり》懐《おもひ》少しく息《や》みぬ。

日本書紀は、木梨軽皇子の愛した女性を「軽大娘皇女」としている。皇女《ひめみこ》ならば天皇の娘ということになる。木梨軽皇子は皇子であり、天皇の息子である。允恭紀において一方は皇女、そしてもう一方は皇子と記述されている。二人は、同母か否かは別として兄妹には違いない。木梨軽皇子は容姿佳麗、軽大娘皇女も艶妙と記述されている。美男美女の兄と妹……　よくみうける事象である。更に古事記においても日本書紀においても、木梨皇子とその愛した女性には、共に名前の前に出自を表すと思われる「軽」がついている。同じ出自である。更に日本書紀も古事記も木梨軽皇子と軽大娘皇女（軽大郎女）の二人を、允恭とその后・忍坂大中姫命の子と記述している。疑う余地はない。この二人は実の兄と妹である。

　しかしこれは太安万侶に騙されているのである。太安万侶の撰録した古事記、そしてそれを下敷きにして更なる改変を行った日本書紀の允恭紀の記述に騙されているのである。木梨軽皇子と軽大娘皇女（古事記では軽大郎女）は兄妹ではない。以下、それについて述べよう。まず允恭の系譜記述から。

　日本書紀によれば、允恭と皇后・忍坂大中姫命の間に、三名の大娘皇女《おほいらつめのひめみこ》がいることになる。大娘《おほいらつめ》は、「一番年上の娘」という意味である。大柄の娘という意味ではない。「おほいらつめ」は、古事記では大郎女と記述される。男性の場合は大郎子と表記して「おほいらつこ」と読む。そしてこの大郎子は長子のことである。古事記の継体記に、継体の第一子を大郎子《おほいらつこ》と記述している。舒明天皇の皇子・中大兄皇子（後の天智天皇）の大兄の「大」と同じ意味である。「一番年上の」という意味である。大郎女は「一番年上の娘」であり、大娘も「一番年上の娘」の意味である。従って大娘皇女は「一番年上の皇女」という意味になる。すると、允恭と忍坂大中姫命の間には、「一番年上の皇女」という名の娘が三名もいることになる。そんなことはありえないのである。允恭天皇の娘としてならば、三名の大娘皇女がいてもおかしくはない。天皇には妃が何名いてもよいからである。Aという妃との

図16 古事記による允恭天皇と忍坂大中津比売命の子達

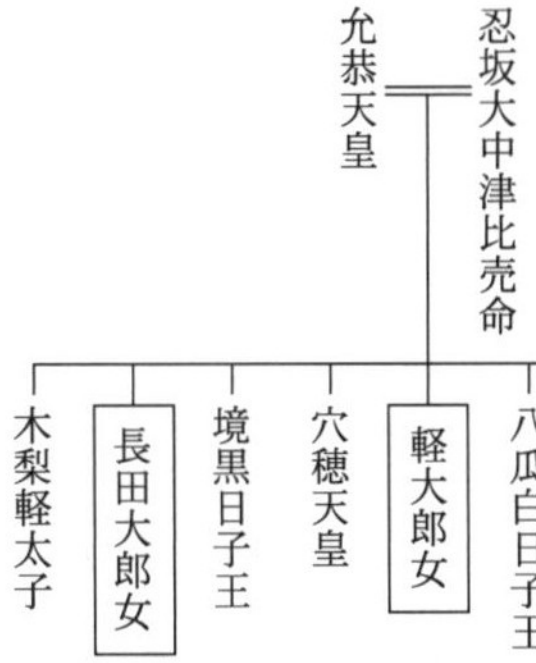

図17 日本書紀による允恭天皇と忍坂大中姫命の子達

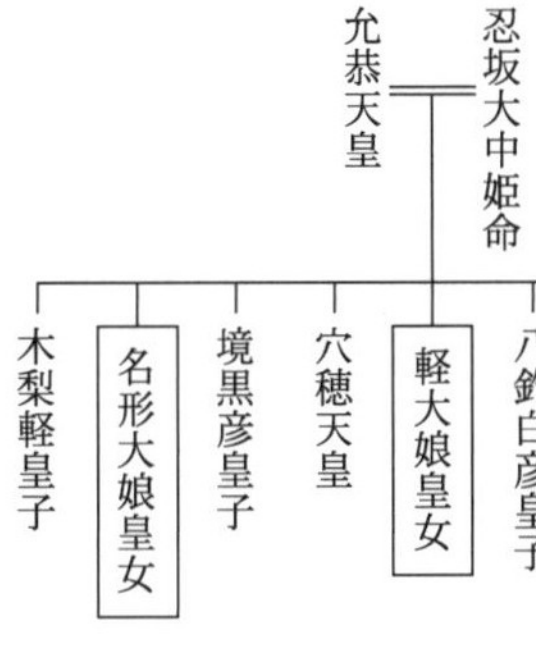

間の最初の娘は「xの大娘皇女」である。またBという妃との間に生まれた最初の娘は「yの大娘皇女」である。このように天皇の娘としてならば、大娘皇女は何名いてもよい。大兄皇子も何名いても良い。実際、天智天皇は「中大兄皇子」であるが、舒明天皇の皇子としては、「中大兄皇子」の他にも「古人大兄皇子」がいる。しかし妃には、「一番年上の息子」だとか、「一番年上の娘」というのはそれぞれ一人だけである。古代の結婚の形態は妻問婚である。妻問婚の世界では、生まれた子は母親

のもとで育てられる。その子の名は母親が付ける。そしてその母親にとっては、「一番年上の娘」と表現されるのは一人だけである。従って忍坂大中姫命の娘と記述されている三名の大娘皇女のうち、二人は忍坂大中姫命の娘ではない。このことから導き出されることは、

忍坂大中姫の娘ではないのに、忍坂大中姫の娘と記述されている二人の皇女は、允恭と他の妃の間に生まれた皇女なのかもしれないし、或いは実在しない皇女、造作された架空の皇女なのかもしれない。

ということである。その二人の皇女とは、名形大娘皇女と軽大娘皇女のことなのかもしれないし、名形大娘皇女と但馬橘大娘皇女の二人なのかもしれない。或いは軽大娘皇女と但馬橘大娘皇女の二人なのかもしれない。則ち古事記・日本書紀の、允恭の系譜記事から読みとれることは、「軽大娘皇女は忍坂大中姫の娘ではない可能性があり、また実在しない架空の人物である可能性もある」ということなのである。

次に、日本書紀允恭紀の記述を別の視点から見てみよう。木梨軽皇子の軽大娘皇女への想いは、突然に始まったような感じを受ける。それは日本書紀の記述する木梨軽皇子の心の動きからそのように思われるのである。木梨軽皇子の心の動きを箇条書きにすると以下のようになる。

①太子、恒《つね》に大娘皇女と合《みあはし》せむと念《おもほ》す。
②罪有らむことを畏りて黙《もだ》あり。
③徒《いたづら》に空しく死なむよりは、刑有りと雖も、何ぞ忍ぶること得むとおもほす。
④遂に竊《ひそ》かに通《たは》けぬ。

木梨軽皇子は大娘皇女に恋心を抱いた。しかし恋人同士となることは罪にあたる。そのためしばらくの間、我慢していた。それが②の「黙あり」という記述である。しかし恋心は抑えれば抑えるほど激しくなるものである。木梨軽皇子の場合も同じ経過をとった。それを我慢し続けた。しかしその結果、死ぬかも知れないと思うほどの苦しさを感じるようになった。身もやせ細っていった。このままではいずれ自分は死ぬだろうと思うようになった。その時、決心した。どうせ死ぬのなら、いっそのこと想いをうち明けよう、そのために罪科を受けて死ぬようなことになっても構わない。そして「遂に通《たは》けた」のである。

「太子、恒《つね》に大娘皇女と合《みあは》せむと念《おもほ》す」の文章の中の「恒に」、これは「いつも」という意味である。問題は、何時からの「いつも……」なのかなのだ。小さい頃からずーっとの意味の「いつも」なのか、或いは明確な或る時点からの「いつも」なのかなのである。軽大娘皇女は木梨軽皇子の同母妹と記述されている。同母の兄と妹ということは、生まれてからずーっと同じ一つ家で生活を共にしていたということである。しかしそのような間柄にあって愛し合うようになった場合、上記のような経過をとるものであろうか？　上記のような表現になるのであろうか？　このような場合（一つ屋根の下で兄と妹として起居をともにしている場合）は、いつの間にかそのようになってしまうものではなかろうか。「死ぬほど恋いこがれた末、遂に想いをとげようと決心した」というようにはならないのではなかろうか。木梨軽皇子の心の動きは、明確な或る一時点から「恒に……念す」ようになったものであると思う。従って木梨軽皇子の心の動きと行動は、以下に述べるような経過であったと思う。

木梨軽皇子は、成人してからの或る日、衣通郎女《そとほしのいらつめ》に出会い、一目惚れして恋いこがれるようになった。このことは衣通郎女は同母妹ではないことを意味する。しかし何故か、この想いは隠さねばならなかった。実行に移してはいけなかった。タブーではないが禁断の恋だからである。そのため、最初はつのる想いを心に秘めて過ごした。しかし秘めれば秘めるほど恋しさは激しくなる。死ぬかも知れないと思うほどの苦しさを感じるようになった。そこで決心した。どうせ死ぬなら想いをうち明けてしまおう。そのために罪科を受けて死ぬようなことになっても構わない。一大決心の末、想いをうち明けたところ、意外にも衣通郎女も同じ想いであった。相思相愛だったのである。そこで二人は結ばれた。しかし間もなくそれが発覚した。

禁断の恋の正体が、実の兄と妹の関係ではないとしたら、それは何だったのであろうか?

4　禁断の恋の結果、伊予に流されたのは誰?

木梨軽皇子と軽大娘皇女の禁断の恋が発覚する経緯と結果を日本書紀・允恭二十四年の条は次のように記述している。

御膳の羹汁《しる》、凝《こ》以作氷《ほ》れり。天皇、異《あやし》びたまひて、其の所由を卜《うら》なはしむ。卜へる者の曰《まう》さく。「内の乱有り。蓋し親《はらから》親《どち》相姧《たは》けたるか」とまうす。時に人有りて曰《まう》さく、「木梨軽太子、同母妹軽大娘皇女を姧《たは》けたまへり」とまうす。因りて、推《かむが》へ問ふ。辞既に実なり。太子は、是儲君《まうけのきみ》たり、加刑《つみ》すること得ず。則ち大娘皇女を伊予に移す。

允恭の御膳に異変が生じた。その理由を卜なわせたところ、その卜に「身内に内乱があるからだ」と出た。そこで調査したところ木梨軽太子と同母妹・軽大娘皇女の関係が露見した。木梨軽太子もそれを認めた。しかし、「太子を罰することはできないので、代わりに大娘皇女を伊予に配流とした」と日本書紀は記述している。しかしこれは嘘である。伊予に流されたのは軽大娘皇女ではない。伊予に流されたのは木梨軽太子である。木梨軽太子が詠んだ歌として、日本書紀がこの直後に記述している歌がそれを証明している。

時に太子、歌《みうたよみ》して曰《のたま》はく

大君を　嶋に放り　船余《ふなあま》り　い還《がえ》り来むぞ　我が畳斎《ゆ》め　言をこそ　畳と言はめ　我が妻を斎《ゆ》め

この木梨軽太子の歌を、坂本太郎他校注『日本古典文学大系・日本書紀（上）』（岩波書店、一九六七年）は次のように解釈している。

大君を四国の島に放逐しても、船に人数が多すぎて乗れずに、きっと帰って来るだろうから、畳を潔斎して待っていなさい。いや、言葉でこそ畳と言うが、実は、我が妻よ、潔斎して待っていなさい。

すると、この歌の意味からすれば、伊予に配流されたのは木梨軽太子である。この件については、古事記は次のように記述している。

ここをもちて百官また天下の人等、軽太子に背きて穴穂御子に帰《よ》りき。

（中略）

故、その軽太子は、伊余の湯に流しき。また流さえむとしたまひし時、歌ひたまひしく、

と記述したあとにこの歌を記述している。木梨軽皇子が伊予に流される時に詠んだ歌として古事記が記述している歌を、日本書紀も木梨軽皇子の歌と記述している。従って伊予に流されたのは木梨軽皇子なのである。日本書紀は嘘をついていることになる。

しかし実は、古事記も嘘をついているのである。推古からここまで、「古事記は伝承を忠実に撰録した」との判断の上で各天皇の実年を復元してきた。しかし、古事記は日本書紀に比べると遥かに原伝承に忠実ではあるが、伝承通りを記述しているわけではないことがこの部分でわかった。一つには允恭の系譜記述で、允恭と忍坂大中津比売命の間の皇女として、日本書紀と同じように三名の大郎女を記述しているからである。この允恭の系譜記述が古事記と日本書紀で殆ど同じであるということは、

允恭の系譜に関しては、先に古事記が改変し、それを日本書紀は踏襲した。

という図式であるということになる。古事記の方が八年も前に作成されているからである。允恭記に関する古事記の改変について続けよう。古事記は、木梨軽皇子事件の経緯を一八八ページの箇条書き

のように記述していた。古事記の記述で明確なことは、

a　木梨軽皇子は、恋愛事件をおこして伊予へ流された。そして伊予で自殺した。

b　允恭崩御後に、武力衝突による皇位継承争いが発生した。その戦いで勝利したのは、允恭の太子ではない方の穴穂皇子（後の安康天皇）であった。

この二点である。そしてこのaとbは、連続した一連の事件ではないこともはっきりしている。則ち、允恭崩御後、穴穂皇子と皇位を争った太子は木梨軽皇子ではない。何故ならば日本書紀の世界では、武力で皇位を争った場合の敗者に残されているのは死のみであるからである。

崇神天皇の時の崇神天皇 vs. 武埴安彦王
垂仁天皇の時の垂仁天皇 vs. 狭穂彦
仲哀天皇崩御後の気長足姫尊（神功皇后） vs. 香坂王・忍熊王
応神天皇崩御後の菟道稚郎子皇子 vs. 大山守皇子
仁徳天皇崩御後の去来穂別皇子（後の履中天皇） vs. 住吉仲皇子
雄略天皇崩御後の白髪武皇子（後の清寧天皇） vs. 星川皇子
用明天皇崩御後の泊瀬部皇子（後の崇峻天皇） vs. 穴穂部皇子
天智天皇崩御後の大海人皇子（後の天武天皇） vs. 大友皇子

皇位を廻って争乱となった際の敗者側（右の記載例では後に記述されている方）はすべて殺されている。またそれが当たり前だと思う。流罪で済むものではない。従って古事記で、「流罪に処された」とされている木梨軽皇子は、皇位争いに敗れた結果、流罪に処されたのではない。古事記・日本書紀

が記述している通りに、衣通郎女との恋愛事件のために流罪に処されたのである。そして古事記は、「木梨軽皇子は伊予国へ流されたあと、後を追ってきた衣通王と伊予で心中した」と記述している。木梨軽皇子は、允恭没年には既に亡くなっているのである。そうすると允恭崩御後に穴穂皇子と天皇位を争い、敗れて物部大前宿禰の家で自殺する允恭の太子なる人物は木梨軽皇子ではない。木梨軽皇子以外の別の誰かである。

更に別の視点からも、古事記の木梨軽皇子事件の記述は嘘であることを証明できる。古事記は、木梨軽皇子の恋愛事件は允恭崩御後に発生したとしている。木梨軽皇子は、前天皇から正式に太子と指定されていた。そうすると、木梨軽皇子の恋愛事件が発覚したその時点には、太子である木梨軽皇子を凌駕するような権威・権力は一切存在しないことになる。未だ即位はしていないとは言っても木梨軽皇子は天皇と同じ存在となる。すると木梨軽皇子の行為は全て「可」となる。もしもそれがタブーに属することであったのならば、その事実を改変するまでのことだ。或いは抹殺するまでのことだ。

例えば木梨軽皇子と同母妹の軽大郎女の場合と同じように、中大兄皇子と同母妹の間人皇女（孝徳天皇の皇后）の場合がある。中大兄皇子と同母妹の間人皇女の関係について、井沢元彦著『逆説の日本史2　古代怨霊編』（小学館、一九九八年）の一三四〜一三五ページに次のように述べている。

大化の改新より八年後の六五三年、孝徳帝と中大兄は遷都の問題で対立する。当時の都は難波にあったが、このままでいいとする孝徳と、大和へ帰るべきだとする中大兄の意見が合わず、結局中大兄は孝徳帝を難波に置き去りにして、強引に大和へ遷都してしまう。

いかに傀儡とはいえ相手は天皇だ。その天皇を皇太子に過ぎない中大兄が置き去りにしたのである。なぜ、こんなことが可能だったかというと、一つは中大兄が実質的な天皇であり全権を掌握していたこと。もう一つは、孝徳の姉であり中大兄の母でもある前 帝《さきのみかど》皇極上皇の支持を得られたからだろう。弟より息子が可愛いというのは、どこの世界でも変わらないらしい。

ところが、この置き去り劇には、もう一つおまけがついた。孝徳帝の妻である間人皇后も、中大兄と一緒に大和へ行ってしまったのである。なぜ、皇后は孝徳帝を見捨てたのか。

孝徳天皇が間人皇后に捨てられた理由として、直木孝次郎氏及び吉永登《よしながみのる》氏の次の説がある（直木孝次郎著『日本の歴史2　古代国家の成立』中公文庫、一九七三年、二二三〜二二五ページ）。

間人皇后は中大兄の同母妹であるが、それは夫をすてる理由にはならぬ。孝徳が皇后を追いだしたのでもないことは、孝徳が大和へ行った皇后につぎのような歌を送っていることからもわかる。

金木《かなき》（鉗）つけわが飼ふ駒は引き出《で》せずわが飼ふ駒を人見つらむか

表面の意味は、「厩《うまや》の中の棒に頸《くび》をつないでわたくしの飼っている駒は、引き出《だ》すこともせずにたいせつに飼っているのであるが、その駒を人が見たことだろうか」（相磯貞三氏訳）であるが、むろん皇后を愛馬にたとえ、自分の意にそむいて宮をでた皇后と、皇后をつれさった中大兄皇子とに恨みをのべた歌だ。

しかし、この歌はただそれだけの意味だろうか。いったい、「見る」ということばは現在でも複雑な内容をもっているが、古代、とくに男女間にもちいるばあいは特殊な意味がある。つまり夫婦の契《ちぎ》りをむすぶという意味である。国文学者の吉永登氏はこれに着眼して、歌の意味は、「だれよりも愛していたお前を他人が奪ってしまったのではないか。お前はわたくしを捨てて他の男のもとに走ったのではないか」と解釈した。

孝徳のいう「人」（他人、他の男）とはだれか。いうまでもなく中大兄である、と吉永氏は考える。中大兄皇子は叔父の孝徳天皇から皇后を奪ったのである。母を同じくする中大兄と間人皇后とのあいだでそのようなことはありえない、というのは現代人の常識にすぎない。はらちがいの兄妹（異母兄妹）間の結婚は、敏達天皇と推古天皇とがそうであったように、堂々とおこなわれているのだから、同母兄妹間の結婚も古代ではありうることであろう。そう考えれば間人皇后が孝徳をすてて大和へはしった疑問はとける。わたくしは吉永氏の洞察にしたがいたいと思う。

中大兄皇子と同母妹の間人皇后は恋人同士だったのではないかという説が存在する。権力者であるならば、このような事実はどのようにでも隠蔽できるのである。

従って天皇と同じ存在の木梨軽皇子の行為を罰し得る人物、或いは権威というものは存在しない。それなのに古事記は「木梨軽皇子は罰された」と記述している。すると木梨軽皇子の恋愛事件が発覚したその時点には、木梨軽皇子を罰し得る人物が存在したと考えねばならない。太子を罰し得る権威が存在したと考えねばならない。太子を罰し得る人物は天皇しかいない。太子を罰し得る権威は天皇のみである。従って木梨軽皇子の恋愛事件は允恭天皇在世中のことだと考えねばならない。

木梨軽皇子を罰したのは允恭天皇その人である。事実、日本書紀は、木梨軽皇子の恋愛事件を允恭在位四十二年の中の二十三年から二十四年の出来事としている。従って真実の木梨軽皇子の恋愛事件は允恭在世中の事件である。そして木梨軽皇子は允恭在世中に伊予に配流されたことになる。父である允恭天皇が、子である木梨軽皇子を罰したのである。その罰の理由は、皇位を狙ったことに起因するものではなかった。そのために木梨軽皇子は死刑にはならなかったのである。流罪で済んだのである。古事記はそれを「允恭崩御後のこと」と記述している。古事記も原伝承を改変しているのである。

5　もう一人の「衣通《そとほしの》……」と形容される女性の存在

日本書紀には、もう一人、「衣通《そとほしの》……」と形容される女性がいる。しかも同じ允恭の時代に、である。日本書紀・允恭七年の条に次の記述がある。

新室に讌《うたげ》す。天皇、親《みみづか》ら琴撫《ひ》きたまふ。皇后、起ちて儛ひたまふ。儛ひたまふこと既に終りて、礼事言《ゐやのことまう》したまはず。当時の風俗、宴会《うたげ》たまふに、儛ふ者、儛ひ終りて、則ち自ら座長《くらかみ》に対《むか》ひて曰さく、「娘子奉る」とまうす。時に天皇、皇后に謂りて曰はく、「何ぞ常の礼を失へる」とのたまふ。皇后、惶《かしこま》りたまひて、復起ちて儛したまふ。儛したまふこと竟《をは》りて言《まう》したまはく、「娘子奉る」とまうしたまふ。天皇、即ち皇后に問ひて曰はく、「奉る娘子は誰ぞ。姓字を知らむと欲《おも》ふ」とのたまふ。皇后、已《や》むことを獲《え》ずして奏して言《まう》したまはく、「妾《やつこ》が弟、名は弟姫」とまうしたまふ。弟姫、容姿絶妙《かほすぐ》れて比《ならび》無し。其の艶《うるは》しき色、衣《そ》より徹《とほ》りて晃《て》れり。是を以て、時人、号けて、衣通郎姫《そとほしのいらつめ》と曰《まう》す。天皇の志《みこころざし》、衣通郎姫に存《か》けたまへり。故、皇后を強ひて進《たてまつ》らしむ。皇后、知《しろ》しめして、輙《たやす》く礼事言したまはず。爰《ここ》に天皇、歓喜《よろこ》びたまひて、則ち明日《くるつひ》、使者を遣《つかは》して弟姫を喚《め》す。

允恭時代には、当時の風習として、新居のお祝いの席において舞いをした人は、その家の主人に夜伽の女性を奉るのが習わしだった、ということであろうか。そして允恭の新居のお祝いの席において后が舞をした。その結果として后は允恭に夜伽の女性を奉ることになった。その女性が「弟姫またの名・衣通郎姫」である。この「弟姫またの名・衣通郎姫」は允恭の后・忍坂の大中姫命の妹とされている。妹ということが真実か否かは不明だ。日本書紀がそう言っているだけである。私は妹ではなかったと思っている。允恭はこの「弟姫またの名・衣通郎姫」の虜になった。允恭が虜になった女性は弟姫であるが、その別名は衣通郎姫なのである。これは木梨軽皇子の愛した女性「軽大郎女」の別名「衣通郎女」と殆ど同じである。「女」の字が「姫」の字に変わっているだけである。

いずれにしてもこの「弟姫またの名・衣通郎姫」は、或る日、突然に允恭の前に出現していることになる。木梨軽皇子も、成人してからの或る日、突然に「弟姫またの名・衣通郎女」に出会ったことになる。既に述べたところの、「木梨軽皇子は、成人してからの或る日、衣通郎女に出会い、一目惚れして恋いこがれるようになった。このことは衣通郎女は同母妹ではないことを意味する」という状況にぴったりである。「弟姫またの名・衣通郎姫」は、允恭の妃の一人に加えられるまでは母と共に近江の坂田（滋賀県坂田郡）にいたと記述されている。因みに允恭の皇后・大中姫命は「忍坂の大中姫命」である。この「忍坂」は大和の城上郡とされている。現在の奈良県桜井市である。允恭の皇后・大中姫命と「弟姫またの名・衣通郎姫」の出身地は別なのである。「弟姫またの名・衣通郎姫」は忍坂の大中姫命の実家の家来の娘だったのではないかと思う。

日本書紀によれば「弟姫またの名・衣通郎姫」は皇后の嫉妬を恐れ、允恭の七度に亘る召喚にも応ぜず、近江の坂田に留まっていた。八度目の允恭の使者・烏賊津使主《いかつのおみ》の巧妙な説得により、漸く「弟姫またの名・衣通郎姫」は允恭天皇の召喚に応じる。しかし允恭も皇后の嫉妬を恐れて「弟姫またの名・衣通郎姫」を宮中には迎え入れず、藤原の地に別殿を建ててそこに住まわせたとしている。そして日本書紀は面白いこと、そして重大なことを記述している。允恭天皇七年冬十二月の条の終末部分である。

大泊瀬天皇（後の雄略天皇）を産《あ》らします夕に適《あた》りて、天皇、始めて藤原宮に幸《いでま》す。皇后、聞《きこ》しめして恨みて曰はく、「妾《やつこ》、初め結髪《かみな》ひしより、後宮に陪《はべ》ること、既に多年を経ぬ。甚しきかな、天皇、今妾産《やつここう》みて、死生、相半なり。何の故にか、今夕に当りても、必ず藤原に幸《いでま》す」とのたまひて、乃《すなは》ち自ら出でて、産殿を焼きて死《みう》せむとす。

大泊瀬皇子（後の雄略天皇）が生まれる日、允恭は「弟姫またの名・衣通郎姫」のいる藤原の宮に出かけようとした。すると后・忍坂の大中姫命は「（自分が）お産で、生きるか死ぬかの時なのに……」と逆上し、産殿に火をつけて自殺しようとしたと記述しているのである。この事件の後、允恭は「弟姫またの名・衣通郎姫」を河内の茅渟に移した。忍坂の大中姫命は気性の激しい女性だったようだ。反正没後、允恭が群臣の再三に亘る天皇位即位への要請を固辞していた時、死を賭して寒中水垢離（日本書紀の記述は「親《みづか》ら洗手水《おほみてみづ》を執《まゐ》りて」）でもって允恭の天皇位即位を促している。また允恭二年には、允恭の妃になる前の若い頃、自分をバカにした闘鶏《つげ》国造を探し出し、これを死刑にしようとしている。この時は闘鶏国造の嘆願を聞き入れて死刑を免除しているが、かわりに姓《かばね》を国造から稲置に降格させている。雄略の、激しいというよりも暴虐な性格は母親譲りなのであろう。この説話で重要なことは、雄略が生まれた時には「弟姫またの名・衣通郎姫」は既に允恭の妃の一人だったということである。

古事記は、允恭を甲午の年に七八歳で没したとしている。その允恭の在位は、古事記の記述を基にした私の復元では一四年であり、即位したのは辛巳の年であった。甲午の年に七八歳ならば、即位した年の辛巳の年には六五歳ということになる。允恭は、かなりの高齢で即位したことになる。このことも、允恭が天皇位即位を頑強に辞退した理由のひとつなのであろう。また古事記は、雄略を己巳の年に一二四歳で没したとしている。しかし雄略の寿命は一二四歳から干支一巡分の六〇を引いた六四歳である。すると雄略の生年は丙寅の年となる。雄略の生まれ年の丙寅は允恭即位年の辛巳の一五年前であり、雄略は允恭五〇歳の時の子となる。

「弟姫またの名・衣通郎姫」が允恭の妃になってから、どれくらいして雄略は生まれたのであろうか。その点を明確にするために、前段の日本書紀の記述をよく読んでみると、「大泊瀬天皇（後の雄略天皇）を産らします夕に適りて、天皇、始めて藤原宮に幸す」とある。雄略天皇が生まれたその日が「弟姫またの名・衣通郎姫」のいる藤原宮への初めてのお出かけの日なのである。従って、雄略の生まれた年と「弟姫またの名・衣通郎姫」が允恭の妃になった年は同じである。すると「弟姫またの名・衣通郎姫」が允恭の妃となってから一五年後に允恭は天皇に即位したということになる。そもそも「弟姫またの名・衣通郎姫」が允恭の妃に加えられるようになった経緯は、

◇允恭の妃・忍坂の大中姫命は出産が近いために允恭の相手をすることを控えた。

◇そのため妃自身が「弟姫またの名・衣通郎姫」をその間の允恭の夜伽の女性として奉った。

ということだったのではなかろうか。ところがその「弟姫またの名・衣通郎姫」に允恭が夢中になってしまった。

　ここで、「弟姫またの名・衣通郎姫」が允恭の妃に迎えられたのは一八歳の時のことと仮定する。この仮定はそれほど問題にはならないと思う。一七歳としても良い。ただし二〇歳を越えていることはないであろう。それから一五年経過した時（允恭即位の年）には「弟姫またの名・衣通郎姫」は三三歳である。一方、木梨軽皇子は允恭の長子である。木梨軽皇子は允恭二〇歳の時に生まれていたとすると、允恭の天皇位即位の年（允恭六五歳）には、木梨軽皇子は四六歳である。しかし允恭は病弱であったとされている。そのために允恭は帝位につくことを固辞していた。允恭は天皇位即位を辞退する際に「我が不天《さひはひなきこと》、久しく篤《おも》き疾《やまひ》に離《かか》りて、歩行くこと能はず」と言っている。歩くこともできないほど衰弱したことがあったのである。このような病弱だったということは、或いは允恭が最初の妃を迎えたのは普通の場合とは異なり、二八〜二九歳前後だった可能性もある。この考えを補強する

記述が日本書紀には存在する。同じ日本書紀・允恭即位前紀である。

天皇、岐嶷《かぶろ》にましますより総角《あげまき》に至るまでに、仁恵ましまして倹下《へりくだ》りたまへり。壮《をとこざかり》に及《いた》りて篤《おも》く病《みやまひ》して、容止《みふるまひ》不便《もやもやもあら》ず。

「壮に及りて重病を患った」と記述されている。「壮」とは、何歳から何歳頃までをいうのかということが問題になる。日本書紀・斉明四年十一月条には、一九歳の有間皇子を次のように記述している。

方《まさ》に今皇子、年始めて十九。未だ成人《ひととなる》に及《いた》らず。成人に至りて、其の徳《いきほひ》を得べし……

日本書紀は一九歳を未成人と表現している。ここで日本書紀の年齢に関する表現を抜き出してみよう。

幼子《わかご》――――？歳（清寧紀）
岐嶷《かぶろ》――――？歳（允恭紀）
束髪於額《ひさごはな》す――一五～一六歳（崇峻紀）
総角《あげまき》――――一七～一八歳（景行紀・崇峻紀）
未成人――――一九歳（斉明紀）
弱冠《じゃっかん》――――二〇歳（仲哀紀）

「壮《をとこざかり》」という記述を日本書紀から拾い上げてみると次のようなものがある。

①綏靖：壮《をとこざかり》に及《いた》りて容貌《みかたち》魁《すぐ》れて偉《たたは》し。……四十八歳に至りて……

これでみると「壮」は四七歳以下である。二〇歳以上が「成人」であるから、「壮」は二一歳以上四七歳以下となる。

②垂仁：壮《をとこざかり》に及《いた》りて倜儻《すぐ》れて大度《おほきなるみこころ》います。……二十四歳にして、夢の祥《さが》に因りて、立ちて皇太子と為りたまふ。

この垂仁紀の記述からは、「壮」は二一～二三歳頃を指すということになる。

①と②からは、二一歳以上を「壮」と言ったのではないかということが推測される。

允恭は二一歳になってから大病を患ったのである。その結果、暫くの期間「歩行くこと能はず」という状態になった。従って允恭が健康を回復したのは、その後かなり経ってからと考えた方が良いであろう。すると允恭が妃を迎えたのは二八～二九歳前後の頃と考えた方がよい。もしもそうだとすると、木梨軽皇子が生まれたのは允恭二九～三〇歳頃の事となる。そうすると允恭が天皇に即位した時（允恭六五歳の時）の木梨軽皇子の年齢は三六～三七歳前後となる。

木梨軽皇子は、允恭三〇歳の頃に生まれたのではないかということについては、もう一つ根拠がある。前章において、安康の没年は丙午であることが判明している。古事記は允恭を甲午の年に七八歳で亡くなったと記述している。すると安康の誕生年は辛亥となる。一方、古事記は安康を五六歳で亡くなったと記述している。すると允恭の誕生年は丁丑である。允恭の誕生年の丁丑から、その息子の安康の誕生年の辛亥までは、あしかけ三五年である。則ち安康天皇は、允恭天皇三五歳の時の子である。木梨軽皇子は安康の同母の兄であり、允恭の長子であった。安康は同母の第四子である。すると木梨軽皇子は、允恭の三〇歳頃に生まれた子である可能性が高いことになる。従って木梨軽皇子は、父・允恭が天皇に即位する年（六五歳の年）には三六歳くらいなのである。允恭の熱愛した「弟姫またの名・衣通郎姫」と木梨軽皇子は年齢的には非常に接近していることになる。

その後、「皇后の嫉妬が激しいから」という理由で、「弟姫またの名・衣通郎姫」の宮は藤原から河内の茅渟へ移された。日本書紀は、允恭の茅渟への行幸を五回記述している。行幸という言葉は天皇にしか使用しない。天皇位即位以前の允恭の行動を行幸とは言いはすまい。すると允恭は天皇となってからも「弟姫またの名・衣通郎姫」のもとへ通ったことになる。允恭は、天皇即位後も「弟姫またの名・衣通郎姫」を熱愛していたのである。允恭が天皇位即位を頑強に拒んでいたのは、天皇に即位してしまうと「弟姫またの名・衣通郎姫」との愛の生活を過ごすことができなくなると思ったからだったのではなかろうか。天皇がむやみやたらと大和（の遠つ飛鳥の宮殿）から河内の茅渟へ行幸するわけにもいかないであろう。

日本書紀・允恭紀の記述を略記しよう。

七年：「弟姫またの名・衣通郎姫」出現、藤原宮を造りそこへ迎え入れる。雄略誕生。
八年：「弟姫またの名・衣通郎姫」を河内の茅渟に移す。
九年：河内の茅渟への行幸（二月、八月、十月）。
十年：河内の茅渟への行幸（正月）。
皇后・忍坂大中姫命が「茅渟への行幸を減らすように」と懇願する。

この後、茅渟への行幸が稀になったと記述されている。

十一年：河内の茅渟への行幸（三月）

衣通郎姫の詠んだ歌に対して、「この歌を聞いたら皇后が恨むから人には聞かせるな」と允恭が注意する説話がある。

十四年：天皇の淡路島での狩りの説話。四国・阿波国の説話。

二十三年：木梨軽皇子と同母妹・軽大娘皇女のタブーの恋愛事件。

二十四年：軽大娘皇女を伊予に流す（木梨軽皇子には咎めなし）。

四十二年：正月に允恭崩御。

十二年・十三年、そして十五年から二十二年までの期間、二十五年から四十一年までの期間の説話は私がカットした訳ではない。これらの年には日本書紀の記述が全くないのである。古事記による復元では、允恭の在位は十四年までであった。すると「十五年〜二十二年：説話なし」及び「二十五年〜四十一年：説話なし」は当たり前のこととなる。このような允恭の在位年は存在しない。在位年そのものがないのであるから説話もある訳はない。木梨軽皇子事件があったと記述されている二十三年・二十四年という允恭在位年も存在しない。従って、これは十四年以前の出来事を二十三年・二十四年に持ってきて記述したということになる。するとこの一連の経緯は、允恭が河内の茅渟の「弟姫またの名・衣通郎姫」のもとへ屢々行幸している最中に、木梨軽皇子と同母妹・軽大娘皇女のタブーの恋愛事件が発覚したことを示している。そして日本書紀の記す「同母妹軽大娘皇女」を古事記は「軽大郎女またの名・衣通郎女」と記述している。日本書紀は允恭の妃・弟姫の別名を「衣通郎姫」

としている。この二人は全く同じ時代の人物であり、その別名も殆ど同じなのである。この二人は同一人物と考えたほうが良いのではなかろうか。

木梨軽皇子は父・允恭天皇の熱愛している女性に恋してしまった。木梨軽皇子が悩みに悩んだのもそこなのだ。父でもあり、冒すことの絶対に許されない天皇、その天皇の熱愛している女性を愛してしまった。他のことであるならば、規則を変えるとか、習慣を変えるとか、或いは父・天皇に願い出て古いしきたりを反故にして貰うということもできる。しかしこれは父でもある天皇そのものを冒瀆することなのである。父・天皇も「弟姫またの名・衣通郎姫」を熱愛している。これこそ、どうしようもない禁断の恋ではなかろうか。しかし「弟姫またの名・衣通郎姫」への想いをどうしても抑えることが出来なかった。死ぬほど愛してしまった。そして憔悴したあげく、決心した。このままだとどうせ死んでしまうことになる。バレて死ぬようなことになってもかまわない。愛をうち明けてみよう。

允恭は、熱愛している「弟姫またの名・衣通郎姫」を奪われて怒った。そして木梨軽皇子を罰した。則ち木梨軽皇子を廃嫡とし、更に伊予に流した。しかし、おそらくそこで終われば木梨軽皇子は死ぬことはなかったと思う。允恭も自分の子を殺すつもりはなかったと思う。木梨軽皇子を伊予に配流とし、「弟姫またの名・衣通郎姫」から引き離せばそれで充分と考えたと思う。しかし……それでは終わらなかった。

伊予に流される時、木梨軽皇子の詠んだ歌、

大君を　嶋に放り　船余《ふなあま》り　い還《がえ》り来むぞ　我が畳斎《ゆ》め　言をこそ　畳と言はめ　我が妻を斎《ゆ》め

最後の「我が妻を斎《ゆ》め」、この部分については坂本太郎他校注『日本古典文学大系・日本書紀(上)』(岩波書店、一九六七年)の訳では「我が妻よ、潔斎して待っていなさい」となっている。それはそれでいいのだが、この歌の真の意味は「私への操を守って待っていてください」の意味なのではなかろうか。そして更には、「天皇と復縁することなく、私への操を守って待っていてください」という意味が込められているのではなかろうか。

衣通郎姫もまた、木梨軽皇子の愛にしっかりと応えた。そのため衣通郎姫は伊予に流された木梨軽皇子の後を追って河内の茅渟を出奔した。それを知った時の允恭の反応、実はこれがわからない。激怒して死刑に処すための追っ手を差し向けたのか? 或いは単に、衣通郎姫を引き戻すための追っ手を差し向けたのか? 最初は「激怒した」と考えた。しかしそれよりも「単に、衣通郎姫を引き戻すための追っ手を差し向けた」ということの方が真実であるように思われる。

しかし二人は「仲を引き裂かれるくらいなら……」と思った。そのために二人にできることは、伊予で心中することしかなかった。しかし二人は本望であったのかもしれない。木梨軽皇子と軽大郎女(衣通郎女、別名衣通王。日本書紀では弟姫、別名衣通郎姫)の恋は、タブーの同母の兄妹の関係というものではなく、血筋の全く異なる者同士の恋であり、哀切極まりない恋であると思う。ただ、その衣通王に六五歳或いは六六歳の允恭天皇も執着していたというだけである。二人が生きている頃、或いは亡くなって暫くの頃までは、今、見るような実の兄と妹の禁断の愛とは思われてはいなかったであろう。このような醜悪な形に改変されたのは、後代になってからである。二人が生きている頃には、今、私が復元したように、地位も権力も命さえも捨てて愛を選んだ木梨軽皇子と、その愛に応えた衣通郎女の悲恋の物語として認識されていたはずである。そのことがせめてもの救いである。木梨軽皇子を追って衣通王が伊予に辿り着いた時、その衣通王を「思ひ妻あはれ」と詠んだ木梨軽皇子の歌を紹介して、この段を終わろう。

故、追ひ到りましし時、待ち懐《おも》ひて歌ひたまひしく、
隠《こも》り国《く》の　泊瀬の山の　大峡《おほを》には　幡張《はたは》り立て　さ小峡《をを》には　幡張り立て　大峡《おほを》にし　なかさだめる　思ひ妻あはれ　槻《つく》弓の　臥《こ》やる臥《こ》やりも　梓弓　起てり起てりも　後も取り見る　思ひ妻あはれ

6　允恭の在位年数が三倍に延長されたもう一つの理由

允恭天皇の尊厳は、息子であり太子でもある木梨軽皇子と允恭の妃の一人・衣通郎姫によって著しく損なわれることになった。儒教の立場からすると、天皇の尊厳がおかされるということは許されない。そのため日本書記編纂者は、これを隠蔽すべく木梨軽皇子事件の改変をおこなった。木梨軽皇子が愛した女性の別名は衣通郎女（衣通王）である。これは既に巷間にも広く伝わっている。そしてまた、允恭の熱愛した妃・弟姫の別名も衣通郎姫として広まっている。この別名そのものは改変できない。そこで木梨軽皇子の愛した衣通郎女（衣通王）と、允恭の愛した衣通郎姫は別の時代の人である、と思わせるように改変することになった。そのために允恭の在位は大幅に延長されねばならなかった

のである。

最初、太安万侶が允恭と皇后の忍坂の大中姫命の皇女として軽大郎女《かるのおほいらつめ》を新たに造作し、これを木梨軽皇子の恋の相手とした。このために木梨軽皇子と衣通郎女（衣通王）の恋は、同母の兄と妹の恋と改変された。その後、日本書紀編纂者は、允恭の在位を最初二倍に増幅・改変した。そうすることで允恭の愛した女性と木梨軽皇子の愛した女性は世代が異なる人物であると思わせるようにした。これらの二重の改変により、純粋な愛であったものが、太安万侶と日本書紀編纂者の思惑通り、実の兄と妹の禁断の関係へと認識して語り継がれるようになった。

古事記成立から千三百年の時を経て、漸く木梨軽皇子と衣通郎女の愛は、その真実の姿を現すことになった。「弟姫またの名・衣通郎姫」は允恭天皇が即位した年には三三歳前後である。従って木梨軽皇子と衣通郎女の禁断の恋を允恭在位中の中頃以降のことだとすると、その頃には「弟姫またの名・衣通郎姫」は四〇歳を過ぎることになる。当時の四〇歳過ぎの女性に、このような激しく切ない愛の行動を期待するのは無理なような気がする。木梨軽皇子と衣通郎女の禁断の恋は允恭在位中の早い頃の出来事と考えた方がよい。日本書紀はこの事件を允恭二十三年から二十四年にかけての事としている。そこから考えられることは、この事件は允恭三年から四年にかけてのことだったのではないかということである。ちょうど二〇年、後ろにズラしたのである。その頃ならば、「弟姫またの名・衣通郎姫」は三五歳頃である。

しかし、允恭の在位が三倍に延長された理由はそれだけではない。日本書紀は、木梨軽皇子と軽大娘皇女の禁断の恋事件を允恭二十三年から二十四年のことと記述している。真実の允恭在位は一四年であるから、それを二倍すれば二八年となる。木梨軽皇子と「弟姫またの名衣通郎姫」事件を隠蔽するためだけであったのであるならば、允恭在位を二倍にするだけで充分なのである。ところが允恭在位は三倍されている。「允恭の在位が増幅されたことには、更にもう一つ、別の理由があった」と考えねばならない。そのもう一つの理由とは、やはりこれも儒教思想によるものである。

履中・反正・允恭の年齢について見てみよう。ここでは履中の誕生年の把握は必要ないのであるが、応神天皇の項において履中と允恭の年齢差が必要になるので、ここで一緒に明らかにしておく。古事記は第十七代の履中天皇を壬申の年に六四歳で亡くなったと言っている。すると履中の誕生年は己巳となる。また、古事記は反正天皇を丁丑の年に六〇歳で亡くなったと記述している。すると反正の誕生年は戊寅である。三番目の允恭については甲午の年に七八歳で亡くなったと記述している。すると允恭の生年は丁丑である。これを干支表で確認してみると良い。允恭の生年の丁丑は、反正の生年の戊寅の前年なのである。允恭は反正の一歳年上の兄なのである。なお履中は允恭の八歳年上の兄となる。

表23　古事記による履中・反正・允恭の没年と寿命

代	天皇	没年	寿命	没年と寿命から得られる誕生年
17	履中	壬申	六四	己巳
18	反正	丁丑	六〇	戊寅
19	允恭	甲午	七八	丁丑

允恭は病弱なことを理由に皇位に就くことを再三固辞したとある。履中天皇が自分自身の太子として指定したのは允恭ではなく、同母の兄弟の中で一番年下の弟の反正であったのもそれが理由であったのであろう。

反正天皇が急逝した時、群臣は、仁徳の子で残っている二人の皇子（允恭とその異母兄弟の大草香皇子）のうち、反正天皇の兄にあたる允恭の方を次の天皇として選択した。反正・允恭の時代の近畿天皇家には、儒教思想はまだ存在しなかったのであろう。しかし日本書紀編纂の時代には、この反正から允恭への皇位継承、即ち弟から兄への皇位継承は儒教思想の長幼の序に明確に反している。儒教思想の尊ぶ長幼の序に合致しないこの事実を隠蔽し、允恭の寿命を不明なものにするために允恭の在位は三倍されたのだと思う。

　顕宗─仁賢の場合も、弟の方が先に天皇に即位しており、その意味では長幼の序に反している。しかし顕宗と仁賢の場合は、二人の兄弟愛による譲り合いからそうなったと賛美されて記述されている。それだから許されるのである。

　日本書紀は、允恭の部分で在位を三倍にするという改変をおこなった。そして日本書紀においては、神武以降允恭以前に在位六〇年を越える天皇が頻出する。これらはあり得ない在位年数である。犯罪者は同じ手口の犯行を繰り返すという。そうすると、允恭以前に見られるあり得ない在位年数は三倍在位年数の可能性があることになる。允恭以前については、「干支操作による改変・在位年数の増幅なのか、或いは三倍在位年数なのか」のどちらであるのかを検討しながら進めなければならない。

　日本書紀は「允恭天皇の部分で在位年数を三倍する」という改変を行っている。そこで改めてその目で清寧天皇の寿命について考えてみよう。古事記・日本書紀ともに清寧の寿命は記述していない。しかしその清寧の寿命について、神皇正統記には三九歳と記述されており、皇代記には四二歳と記述されているとのことである。私は、II部第三章で「清寧は即位した時、一六歳以下でなければならない」と述べた。神皇正統記や皇代記が記述している清寧の寿命は三倍された年齢だと思う。清寧は一三歳か一四歳で亡くなったのである。これらを三倍すれば三九歳、或いは四二歳となる。その清寧の在位年数は、古事記による私の復元では三年であった。すると清寧は一一歳か一二歳で即位したのである。清寧は雄略十三年か十四年に生まれたことになる。

第五章　継体天皇と暗殺された武烈天皇

1　武烈天皇の暗殺と継体天皇の即位

大きな謎の秘められていた允恭天皇の在世中のことが明らかになった。允恭の太子・木梨軽皇子は允恭在世中の早い時期に亡くなっていた。従って允恭崩御後に穴穂皇子（後の安康天皇）と天皇位を争ったのは木梨軽皇子ではない。木梨軽皇子以外の誰かである。

II部第三章において、武烈の即位年は日本書紀が記述している通りの己卯であり、その没年も日本書紀が武烈没年としている丙戌であることを述べた。いよいよ次は継体即位年とその没年である。

ところで継体と武烈は、継体から五代前の応神まで遡らなければ繋がらない。一旦、応神まで戻り、その応神から更に仁徳―履中―市辺押磐皇子―仁賢と五代下って、漸く武烈に到達する。現代で言えば、傍系の十親等の間柄である。普通であれば、武烈からこのように非常に遠い続柄の継体は、武烈の後継者とはなりえなかったはずである。それにも拘らず何故、武烈の次の天皇として継体は即位することができたのであろうか？　継体の即位にも謎が多い。従って継体に取りかかる前に、継体の直前の天皇・武烈を分析し、何故そうなったのかを明確にしておく必要がある。

表24　武烈・継体・安閑の即位年・元年・没年及び在位年数

代	天皇	古事記 即位年／没年	古事記 在位年数	古事記 西暦	日本書紀 元年／没年	日本書紀 在位年数	日本書紀 西暦
25	武烈	**己卯／丙戌**	八	**四九九／五〇六**	己卯／丙戌	八	四九九／五〇六
26	継体	丁未			丁亥／辛亥	二五	五〇七／五三一
27	安閑	乙卯		五三五	甲寅／乙卯	二	五三四／五三五

太字は復元したもの。

日本書紀の記述により武烈天皇即位前紀から継体天皇の即位までを見てみよう。

武烈太子時代

長じて刑理を好む。頻に、諸悪を造したまふ。国内居人皆震怖。

父・仁賢天皇が在位一一年で崩御する。

この後しばらく大臣・平群の真鳥臣が国政を専断する。

大伴金村連が太子・小泊瀬稚鷦鷯命に平群真鳥臣の討伐を請願して、これを打ち滅ぼす。その後、大伴金村は、仁賢天皇の唯一の男の子である小泊瀬稚鷦鷯命に帝位につくよう要請し、小泊瀬稚鷦鷯命は武烈として即位する。この功によって、大伴金村は大連に昇進する。

武烈天皇時代

二年、妊婦の腹を割いて胎児を見る。

三年、人の生爪を剝いで、その指で芋を掘らせる。

四年、人の頭の髪の毛を抜いて樹上に登らせておいて、その樹を切り倒し落ちて死ぬのを見て楽しむ。

五年、人をイケノヒに入らせて流れ出てくるところを三刃の矛で刺し殺すことを楽しむ。

七年、人を樹に登らせて、それを弓で射落とす。

八年、女を裸にし平板の上に坐らせておいて、その前で馬を交合させ、その時女陰の湿れるものは殺し、そうでないものは官婢とし、これを楽しみとした。

八年、十二月、天皇崩ず。

継体即位前紀

有名な武烈天皇の悪逆非道ぶりが、これでもかこれでもかと記述されたあと、突然に武烈天皇は死亡する。武烈天皇には嗣子がなかった。そのため、その十二月中に大連・大伴金村は諸大臣と協議して足仲彦天皇（仲哀天皇）五世の孫である丹波の倭彦王を天皇候補に立て、兵仗を押し立てて倭彦王を迎えに行った。それをみた倭彦王は自分を殺しに来たと勘違いして逃げてしまった。そこで今度は、応神天皇五世の孫である越前・三国の男大迹《おほどのおほきみ》王を候補とし、大連・物部麁鹿火《あらかひ》、大臣・許勢男人らを迎えにやらせた。これが武烈天皇没年の翌年の一月である（翌年とは言っても武烈崩御後ひと月目にすぎない）。男大迹王は天皇になることに最初難色を示したが、大臣・大連の再三に亘る要請でようやく願いを聞き入れて承諾した。そして二月朔日に即位した。

以上が武烈天皇即位前紀から継体天皇即位までの経過である。この武烈天皇の悪逆非道ぶりについては、古田武彦氏はその著『古代は輝いていたII』（朝日新聞社、一九八五年）の三五六ページで「帝位を武烈から簒奪した継体の正統性を納得させるために作成された偽りの説話である」としている。

中国の伝説では、夏王朝最後の王である桀王や殷王朝最後の王の紂王も悪逆非道の王とされている。しかしこれは夏王朝を滅ぼした殷王朝、或いは殷王朝を滅ぼした周王朝の方にこそ正統性があるのだということを信じさせるために、前王朝の最後の王を悪逆非道の王にしたてあげた偽りの説話だった可能性が高いとし、武烈天皇の説話もそれと同じであるという理論である。

しかし私は、この説話は事実であると思う。それは武烈天皇が、暴虐・残虐な雄略天皇の孫であることに加えて、何よりも武烈天皇の年齢から、そう考えられるのである。武烈天皇はいったい何歳で天皇に即位したのだろうか？　これを検討してみよう。日本書紀では、雄略は、安康死亡の年に次期天皇として最有力であった市辺押磐皇子を騙し討ちで殺し、天皇に即位したと記されている。日本書紀顕宗即位前紀によれば、この時、市辺押磐皇子の二人の皇子（兄の億計王と弟の弘計王）は、家来の日下部連《くさかべのむらじ》使主《おみ》及びその子の吾田彦に付き添われて播磨国に逃れ、その地の有力者の家に下僕用の子としてまぎれ込み難を逃れたとされている。

今、雄略の没年を古事記の記す「己巳の年」とすると、雄略没年「己巳の年」から、日本書紀の記す武烈即位年「己卯の年」までは十一年である。ところで武烈は、仁賢天皇と雄略の娘である春日大娘皇女との間に生まれた子である。仁賢は雄略存命中は決して雄略の娘である春日大娘皇女とは結婚できない。雄略は市辺押磐皇子の遺児が見つかったら、いつでも殺すつもりでいたはずだからだ。この間の愛憎はものすごく強烈なものがある。市辺押磐皇子の子の一人、弟の方の弘計王は顕宗天皇となった時、父の恨みを晴らすために雄略の墓暴きさえ行おうとしたほどである。雄略存命中は億計王（仁賢）と弘計王（顕宗）は潜伏していなければならなかった。その仁賢が雄略の娘を妻にできたのは

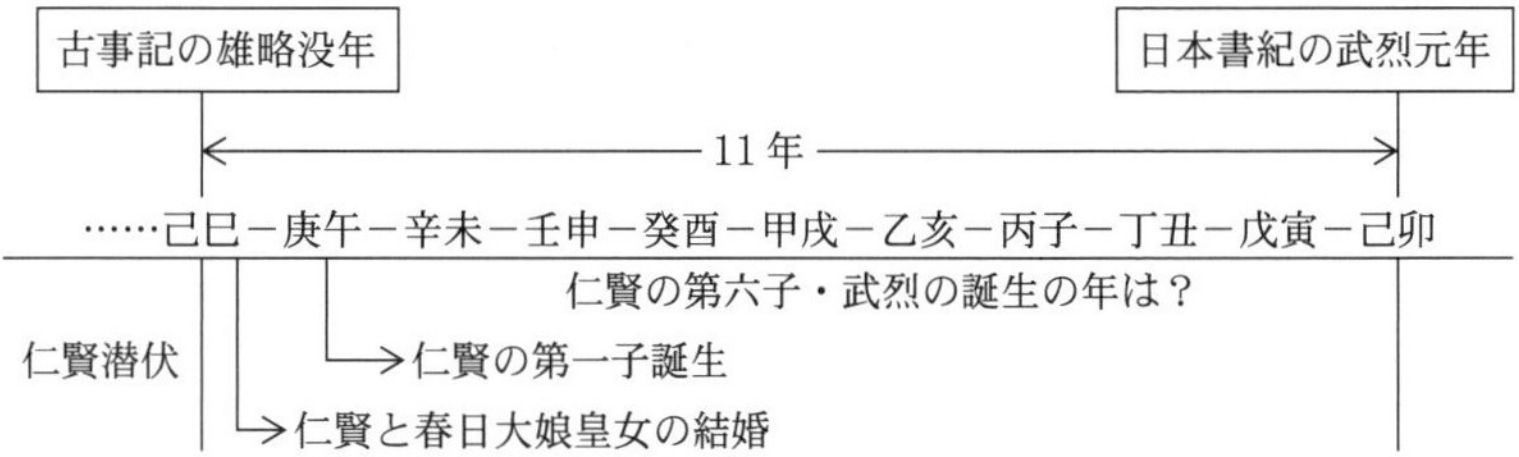

図18　雄略没年から武烈元年までの経過と武烈誕生年

雄略が亡くなってからのこととなる。そうすると武烈は、雄略没年から武烈即位までの一一年間の間に父親である仁賢が雄略の娘を妻に迎え生まれた子ということになる。絶対に一〇歳以上ということはない。

武烈は仁賢と春日大娘皇女との間の第六子であるとも記されている。上の五名がすべて双子で生まれ、そしてすべて年子であったとしても七歳である。普通に考えれば二～三歳、かなり勉強して五～六歳であろうか。恐らく、武烈天皇は即位した時、五歳くらいであったと思う。大伴金村連は、その守り役だったのではなかろうか。そして太子が幼年であることをいいことにして国政を専断する大臣・平群真鳥臣を討ち滅ぼし、むずかる小泊瀬稚鷦鷯命を天皇として即位させたのである。或いは逆に、大臣・平群真鳥臣の方が忠臣なのかもしれない。平群真鳥臣は、ただ単純に忠実に幼帝の代理を務めていただけなのかもしれない。それを権力欲から、大伴金村連が打ち倒して代わりに実権を握ったのかもしれない。この件についてはどちらとも言えない。

いずれにしろ五歳の子が天皇になったのである。何が良くて何が悪いことかわかる年齢ではない。わがまましほうだいである。天皇となって二年目の事として記載されている「妊婦の腹を割いて胎児を見る」ということも、その年齢（五～六歳）の子供が妊婦に対して抱く普通の感情ではなかろうか。「あの中はどうなっているのだろうか？」。武烈天皇は、そのために妊婦の腹を割くことを命じたのである。或いは「武烈が命令した」というよりも、「妊婦のお腹の中はどうなっているのか見てみたい」と言ったら部下が実際に実行した、ということだったのではなかろうか。言えば実行されるので、欲することをドンドン言うようになった。それが全て言うがままに実行された。その結果、ドンドン悪くなってしまったのではなかろうか。周囲も悪かったのである。

武烈三年から七年に至る残虐な仕打ちも、小児的残虐性である。普通の子供の場合は、昆虫や小動物でこれをおこなう。武烈は天皇であったために、「人」でおこなったのである。その残虐性の内容も年齢相応に変化している。三年、四年の説話は、家来にさせてそれを見て楽しむ内容である。五年、七年の説話は、武烈自身に腕力がついてきたので自分でやった（三刃の矛で刺し殺す、弓で射落とす）内容の説話である。そして武烈八年には、一二～一三歳である。性に関することがそろそろ最大の関心事となる年頃である。少し早熟であれば充分に可能性のあることだ。そのために武烈八年の記述があるのである。

しかし、群臣たちはたまりかねた。「長じて刑理を好む」と記されている。成長するにつれて、ますます度合いがひどくなっていっているのである。もうこれ以上は見て見ぬ振りはできない。

そう考えた上で、この武烈天皇の一二～一三歳での突然の死を、群臣共謀による暗殺であったと考えればどうだろうか。それも武烈八年の一月である。計画はその前年の乙酉の秋頃あたりから進行していた。最初、次期天皇には足仲彦天皇（仲哀天皇）五世の孫である丹波の倭彦王が候補にあがり、最初は本人も承知して計画はすすめられた。乙酉の年の十二月の下旬に暗殺を決行し、年明けそうそうに倭彦王を即位させる、計画はこの手順で進行していたと思う。ところがいざという時になって、倭彦王は恐ろしくなり、逃げ出して行方をくらませてしまった、そのために計画が狂ってしまった。あわてて二番目の候補に挙げてあった応神天皇五世の孫である越前・三国の男大迹王《おほどのおほきみ》に話を持っていった。男大迹王（後の継体天皇）は、その話に乗ったのである。

2　允恭天皇の後年の太子は高部皇子（反正天皇の王子）である

なぜ、仲哀天皇五世の孫とか応神天皇五世の孫に話しがいくことになるのであろうか？　古田武彦氏は、そのことを不審としている（古田武彦著『古代は輝いていたII』朝日新聞社、一九八五年、三六〇ページ）。それは仁徳の血筋は武烈が死ぬと一人も残っていないからである。これを系図で示そう。

図19から、允恭没年における允恭の太子が誰であるのかを考えてみよう。なお、允恭は十九代の天皇であり、第二十代は安康である。その安康は、日本書紀安康即位前紀において、「允恭の太子を攻め滅ぼして天皇に即位した」と記述されている。従って安康は允恭の太子ではない。

日本書紀安康即位前紀

四十二年の春正月に、（允恭）天皇崩《かむあが》りましぬ。

冬十月に、葬礼《みはぶりのことをは》畢りぬ。是の時に、太子、暴虐行て、婦女《をみな》に淫《たは》けたまふ。国人《ひと》謗《そし》りまつる。群臣従《つか》へまつらず。悉《ふつく》に穴穂皇子に隷《つ》きぬ。爰《ここ》に太子、穴穂皇子を襲はむとして、密《しのび》に兵を設《まう》け

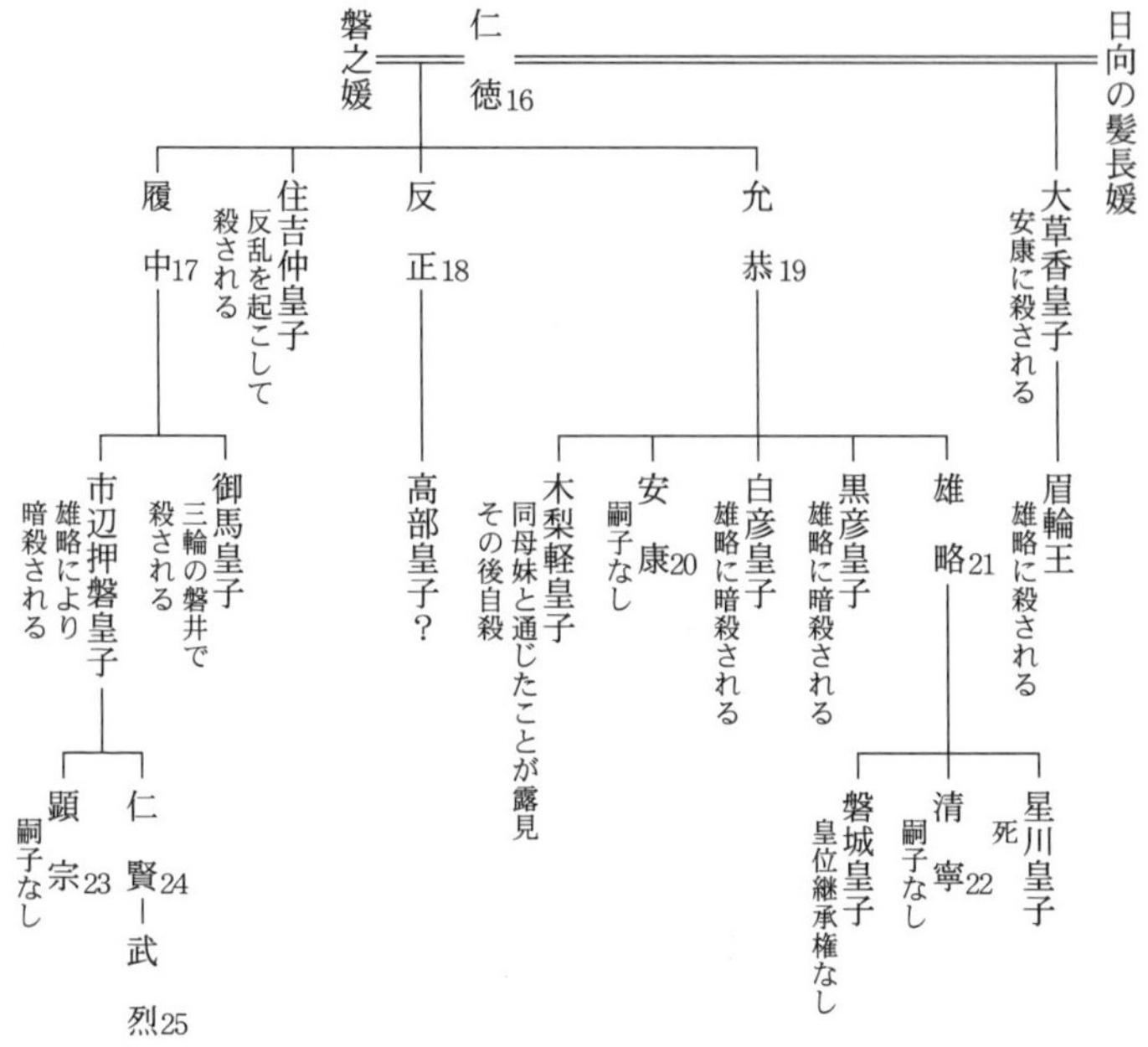

図19　仁徳天皇から武烈天皇にいたる系譜

たまふ。……。時に太子、群臣従《つか》へまつらず、百姓《おほみたから》乖《そむ》き違《たが》へることを知りて、乃ち出《い》でて、物部大前宿禰の家に匿《かく》れたまふ。……。是《これ》に由りて、太子、自ら大前宿禰の家に死《う》せましぬ。一《ある》に云はく、伊予国に流しまつるといふ。

この部分には允恭の太子が誰であるのか全く記述されていない。しかし安康でないことだけは確かである。日本書紀・允恭紀（在位四二年）では、允恭二十四年に、允恭の太子であった木梨軽皇子と、その同母妹・軽大娘皇女との肉体関係が露見した、しかし太子を罰するわけにはいかないので軽大娘皇女のみを伊予国に流したとしている。その後、一気に允恭四十二年となり、允恭崩御の記述となる。

従って日本書紀の記述では、允恭没年には依然として木梨軽皇子が允恭の太子なのである。その允恭紀に引き続く安康即位前紀であるから、そこに名が記述されていなくても、太子は木梨軽皇子であるということになる。しかし、前章において「允恭末年の允恭の太子は木梨軽皇子ではないこと」を論証した。允恭末年は、木梨軽皇子が亡くなってから約一〇年後なのである。それを念頭に置き、允恭末年において允恭の太子となり得る人物を考えてみよう。

①市辺押磐皇子は、安康死亡の年に雄略により暗殺された。
②市辺押磐皇子の弟・御馬皇子も、市辺押磐皇子が雄略により暗殺された月に横死している。
③反正の遺児・高部皇子の消息は不明である。
④木梨軽皇子は、允恭在位中に、衣通王との恋愛事件により廃嫡・流罪に処され、伊予で自殺している。
⑤白彦皇子は、安康が眉輪王により弑された後、雄略により攻め殺されている。
⑥黒彦皇子も、安康が眉輪王により弑された後、雄略により攻め殺されている。
⑦大草香皇子は、安康天皇により攻め滅ぼされている。
⑧眉輪王は、父の仇・安康天皇を弑した後、雄略により殺されている。

允恭末年における允恭の太子となり得る人物は、反正の遺児・高部皇子しかいない。その高部皇子は、おそらく允恭崩御後、皇位継承に関して安康と争いとなり、敗れて物部大前宿禰の家に逃げ込んだが結局自害に追い込まれた。

3　武烈が亡くなった時には、仁徳の血統は一人も残っていない

そのような経過であったとして、武烈没年における仁徳の血筋を見てみると良い。武烈以外で残っているのは、雄略系統の磐城皇子のみである。そしてこの磐城皇子は、日本書紀清寧即位前紀及びその後の日本書紀の記述を見る限り、天皇位を継承する資格がなかったかのような記述のされ方である。磐城皇子は、母（吉備稚媛）とその前夫・吉備上道臣田狭の子だった可能性が高い。則ち、磐城皇子の母・吉備稚媛は前夫・吉備上道臣田狭の子種を宿したままで雄略の妃となり、その後に既に身ごもっていた子を磐城皇子として出産したと考えられる。

允恭の血筋は清寧で断絶している。反正の血統も、その子の高部皇子が従兄弟の安康に殺されて断絶した。清寧が亡くなった時には、仁徳の血統は顕宗と仁賢のみなのである。そして顕宗には嗣子がなかった。顕宗に嗣子がなかったことは古事記・日本書紀ともに記している。仁賢の子・武烈が子を残さないままに死ぬと、男の皇位継承者候補は殆どいないのである。そしてその武烈はまだ一二〜一三歳でしかない。子がいる訳はない。仁徳の前の代（応神）まで遡らなければ天皇家の血統を見いだすことはできないのである。従ってその時には、仲哀天皇五世の孫或いは応神天皇五世の孫は最も血筋のよい候補者だったのである。何々天皇の五世の孫とはいっても、決して平将門の場合と同じような状況ではなかった。

そこで男大迹王《おほどのおほきみ》の天皇即位への準備を進めておいて、やむなく年が明けて丙戌になってから武烈

天皇暗殺が決行された。このために武烈天皇の没年は丙戌である。そして混乱を避けるために、その年の二月には男大迹王を継体天皇として即位させた。そのために継体の即位の月は、正月ではなく二月なのである。日本書紀は継体の即位の月を二月と記述している。そしてこのために、継体天皇の即位年は丙戌であると記憶された。これが日本書紀継体天皇二十五年（日本書紀での継体没年）の条の末尾に記された「或本」の言う継体元年である。しかし日本書紀は、「前天皇の没年の翌年を元年とする」という儒教思想により、日本書紀編纂時に継体天皇の元年を武烈天皇の没年の翌年（丁亥年）に設定した。そしてこの場合は、「即位も踰年である」と改変した。これが日本書紀と「或本」の間に一年のズレが生じた理由であると思う。武烈の没年は丙戌であり、継体の真の即位年も丙戌なのである。

武烈は本来ならば丙戌の前年の乙酉の年の十二月に暗殺されて死亡するはずであった。倭彦王がいよいよとなってから、恐怖に取り憑かれて行方をくらませてしまったので、計画に狂いが生じ丙戌の一月に暗殺された。日本書紀はこれを「十二月に没した」と改変したのである。武烈暗殺を計画し、実行した主要人物、そして継体を天皇として担ぎ出した人物は、武烈の守り役であり武烈擁立の最大の功労者でもあった大伴金村であると思う。大伴金村は、このあとも継体・安閑・宣化・欽明と五代の天皇のもとで大連として勢力を維持し続けるからである。

これらの解釈で問題になることが一つある。それは《「或本」が踰年元年の思想で記述されていたとするならば、何故、継体元年は武烈没年を犯しているのか？》という点である。この件については、《「或本」は何天皇の時から記述されていたのか》ということで解決できるのではないかと思う。即ち、

「或本」は継体を始祖とし、その上で踰年元年の思想で記述されていた、と考えるのである。継体以降については、継体王朝という呼び方もある。現代の解釈でも、継体系統はそれまでの天皇家の系統とは異なる、と理解されているわけである。事実、継体と武烈は、一旦五代前の応神まで遡り、そこから再び五代くだらないと繫がらない。現代で言えば傍系の十親等の関係にすぎない。従って充分に「継体を始祖として記述された本」があっても良いわけである。「或本」には武烈以前の記載はなかったと考えれば、継体元年は武烈没年を犯すことにはならない。その武烈以前が記述されていない「或本」の「(継体)二十八年、歳次甲寅に崩ず」だったのではなかろうか。「継体を始祖として記述された本」の存在は、II部の第二章で述べた「継体から推古までの期間の日本書紀の改変は、継体を起点にしているようにみえる」という事象と軌を一にしており、符合する。

4 妻問婚という風習――継体の大和入りが遅れた理由

継体に対する疑問として、古田武彦氏は更に続ける。

武烈没後、継体は奇怪な行動をとっている。

(中略)

(継体元年)天皇、樟葉宮(河内)に行き至る。

(五年)都を山背《やましろ》の筒城《つつき》に遷す。

（十二年）遷《うつ》りて弟国《おとくに》（山城）に都す。

（二十年）遷りて磐余《いはれ》（大和）の玉穂に都す。一本《あるふみ》に云はく、七年なりといふ。

（いずれも『日本書紀』より）

継体は二十年にわたって大和盆地周辺（北・西部）をうろうろしている。そのあと、やっと大和に入れたのだ。

（中略）

このような長期の大和空白、それは何を意味するか。

（中略）

〝大和盆地は二十年間、皇位継承戦争、すなわち大和大乱のさ中にあった。その（いずれかの勢力の）応援部隊のごときものとして近畿圏に入りきたった地方武将の継体は、長期間大和周辺に蟠踞し、……〟

（古田武彦著『古代は輝いていたII　日本列島の大王たち』朝日新聞社、一九八五年、三六二〜三六三ページ）

しかし継体の、この不審に思える行動にも理由がある。男大迹王（後の継体天皇）は三国の王ではあったが、近畿天皇家の天皇にはなっても大和には領地がなかった。生まれたところも三国である。生家も三国である。寝る家も大和にはなかったのである。当時は妻問婚である。男性が女性の家（生まれ育った家）に通う。そこで生まれた子はその家で育てられる。その子が天皇になればその地が宮所である。継体にはそのような家が大和にはなかった。そのため、妻問婚の女性の家を転々としなければならなかった。武烈天皇の家屋敷（長谷《はつせ》の列木《なみき》の宮）を使用すれば使用できたのかもしれないが、まさか暗殺などという忌まわしい出来事のあったそのような家を自分の家とはすまい。最後に手白髪皇女を皇后とすることができて、漸く大和の地に落ち着くことができたのである。ここで手白髪皇女の系譜をみてみよう。

図20　継体の皇后・手白髪皇女の系譜

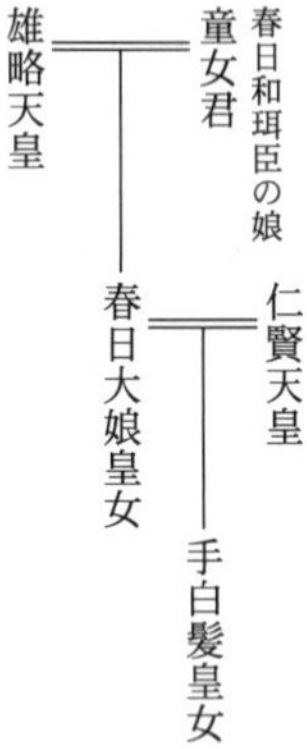

春日大娘皇女は、春日和珥臣の娘・童女君《をみなぎみ》が采女《うねめ》として宮中で奉仕していた際に雄略の手がついて生まれた娘である。従って雄略のもとで育てられている。日本書紀雄略元年三月条に次の様な記述がある。

次に春日和珥臣深目が女有り《はべ》。童女君《をみなぎみ》と曰ふ。春日大娘皇女更の名は、高橋皇女。を生めり。童女君は、本是采女なり。天皇、一夜与《あた》はして脹《はら》めり。遂に女子を生めり。天皇、疑ひたまひて養《ひだ》したまはず。女子の行歩《ありき》するに及《いた》りて、天皇、大殿《おほ》に御します。物部目大連侍《さぶら》ふ。女子、庭を過《わた》る。目大連、顧みて群臣に謂《かた》りて曰《い》はく、「麗《かほよ》きかな、女子。古《いにしへ》の人、云へること有り、娜毗騰耶皤《なひとやは》麼珥《ばに》。此の古語、未だ詳ならず。清《いさぎよ》き庭に徐《しめやか》に歩《あり》く者は、誰が女子とか言ふ」といふ。天皇の曰《のたま》はく、「何の故に問ふや」とのたまふ。目大連、対《こた》へて曰《まう》さく、……

この文より、春日大娘皇女は雄略の宮殿で育てられていることは確実である。そして雄略の宮は長谷の朝倉である。仁賢天皇はこの春日大娘皇女を妃に迎えたのであるが、長谷の朝倉には通わなかったと考えられる。長谷の朝倉は憎んでもなお余りある仇敵・雄略の地だからである。おそらく仁賢自身の家（古事記が仁賢の宮と記す石上の広高宮）に春日大娘皇女を迎えいれたであろう。従って、仁賢の娘・手白髪皇女は仁賢の石上の広高宮で育てられた。倉野憲司校注『古事記』（岩波書店、一九九一年）は、仁賢の石上の広高宮の所在地を磯城郡としている。そして継体後年の伊波礼の玉穂宮の所在地も磯城郡としている。継体の後年の宮は、この手白髪皇女が育てられた「石上の広高」と同じ磯城郡なのである。継体後年の「磐余《いはれ》の宮」とは手白髪皇女の家のことであろう。

このような事情もあったので、大和に本拠地のない（寝る家もない）第一候補の丹波の倭彦王は途中で辞退し、三国の男大迹王も最初は天皇即位に難色を示したのではなかろうか。日本書紀は大連・物部麁鹿火、大臣・巨勢男人さらには重鎮大連・大伴金村など総出での再三に亘る要請で、継体は漸く天皇即位を受諾したと記述している。

5　継体没年の追究——二つの推理

継体問題はまだ終わらない。それは、まだ継体の没年が不明のままだからだ。継体の没年に関連して日本書紀に不思議な記述がある。安閑即位前紀から安閑元年にかけての部分である。

（継体天皇）二十五年の春二月の辛丑の朔丁未に、男大迹天皇、大兄《おほえ》を立てて天皇としたまふ。即日に、男大迹天皇崩《かむあが》りましぬ。

（中略）

（安閑天皇）元年……。（中略）是年、太歳《おほどし》甲寅。

この部分には、神武から持統までの皇位継承において、他には見られないことが二つある。その一つは、前天皇が次の天皇を即位させてから崩じていること。日本書紀には、前天皇が次天皇を即位させてから崩じたという例は、ここ以外では皆無である。皇極・持統の場合は、あくまでも譲位である。しかも譲位後も数年存命している。継体の場合は「継体天皇が安閑を天皇としたまふ」である。そして継体は安閑を即位させたその日に亡くなったと記述されている。これはここ以外ではみられない特異な即位形態である。何らかの異常な事態があったのではないかということを窺わせるものである。

二つ目は安閑の即位から安閑元年が設定されるまでに、理由不明の二年間の空白が介在していること。これもまた此処以外では皆無である。古事記は即位年元年である。日本書紀でさえもここ以外では踰年元年である。年が明けさえすれば充分なのである。それなのに安閑の場合は即位後三年目に漸く元年が設置されている。ここだけに存在する例外なのである。これはおかしいと考えたほうが良い。ここには何かが隠されている。

継体没年の同定は非常に困難である。私はそれに対して一つの結論に到達したが、その結論に到る前には、もう一つの別の結論が存在した。これを私の「第一の推理」と呼ぶことにする。最終結論に到達するまでの途中の思考過程（第一の推理）を省いて一気に最終結論を述べても、「何でそうなるの？」と思われるのがおちである。煩雑のように思われるが、継体没年の同定のための思考過程を理解していただくために、誤りではあったが「第一の推理」に至った経緯から入りたい。

6　継体没年に関する「第一の推理」

継体の没年に関して、古事記は「継体は丁未の年の四月九日に四三歳で亡くなった」と記述している。ところが日本書紀は、「（古事記が継体の没年としている）丁未の年に筑紫の国造・磐井の乱が勃発した」と記述している。すると継体は「磐井の乱に出陣し、その戦いで戦死したのではないのか？」という疑いが出てくる。

日本書紀では、この「筑紫の国造・磐井の乱」は近畿天皇家側が圧倒的な勝利を収めたとなっている。日本書紀は以下のように記している。

> 二十二年（戊申年）の冬十一月……大将軍物部大連麁鹿火、親ら賊《あた》の帥《ひとごのかみ》磐井と、筑紫の御井郡に交戦《あひたたか》ふ。……遂に磐井を斬りて、果して疆場《さかひ》を定む。

筑紫の君・磐井は乱勃発の翌年（戊申の年）に敗れて死ぬ。それは日本書紀だけでなく、筑後国風土記・逸文でも「筑紫の君・磐井」は死ぬとあるので確かである。筑後国風土記・逸文は次のように

表25　磐井の乱勃発から安閑崩御までの経過

干支（西暦）	古事記	日本書紀
丁未（五二七年）	継体崩御（四三歳）	磐井の乱勃発
戊申（五二八年）		麁鹿火、磐井を斬る
己酉（五二九年）		
庚戌（五三〇年）		
辛亥（五三一年）		継体崩御、安閑即位
壬子（五三二年）		
癸丑（五三三年）		
甲寅（五三四年）		安閑元年
乙卯（五三五年）	安閑崩御	安閑崩御

描写している。

俄《にはか》にして官軍（天皇家軍）動発《おこ》りて襲《う》たむとする間《ほど》に、勢の勝つまじきを知りて、独自（磐井一人で）、豊前の国上膳《かみつみけ》の県に遁れて、南の山の峻《さか》しき嶺の曲《くま》に終《みう》せき。

従って磐井はこの戦いで討ち取られて死んだ。それは間違いない。

しかし、古事記の記述を信じれば、近畿天皇家側も継体天皇を失うのである。この時の戦いの緒戦かそれに近いところで継体は戦死した。だから古事記は「継体は丁未の年の四月九日に死んだ」と伝承しているのである。「磐井の乱」に際して、継体は大将軍・物部麁鹿火を引き連れて戦いに赴いた。そして緒戦は大勝利となった。筑紫の君・磐井を討ち取ることに成功したのである。しかし後がいけなかった。「筑紫の君・磐井」の後継者は態勢を立て直し、継体軍を撃破したのである。このために百済本記に記されるように「日本天皇、太子・皇子倶に死ぬ」という状況になった。このために古事記は継体を「丁未年崩」と記述したのである。百済本記はこの部分を「又聞く……」として述べている。百済本記編纂者が確認したことではなく、伝聞を記述しているのである。そこに丁未の年であることを辛亥の年と誤った理由があるように思われる。

古事記は、「継体は丁未年に四三歳で亡くなった」と記述している。すると継体の誕生年は乙丑年である。すると日本書紀の記す継体即位年の丁亥年には、継体は二二歳である。既に子がいてもおかしくない年齢である。三尾角折君《みをのつのをりのきみ》の妹・稚子媛との間に生まれた王子・大郎皇子《おほいらつこのみこ》がこれであろう。或いは三尾君堅楲《みをのきみかたひ》の娘・倭媛との間の皇子・椀子皇子《まろこのみこ》も既に生まれていたのかもしれない。これらの二皇子も継体とともに「磐井の乱」に出陣し、三人そろって戦死したのである。

「これを証明するようなことが何かないか?」と考えているうちに、《磐井の乱が、近畿大和軍の天皇・太子・皇子が共に戦死したり捕虜になったりするような大敗北であったならば、天皇家側の大将軍として従軍した大連・物部麁鹿火も、磐井を敗死させた後に戦死しているはずだ》と思いついた。そうだとすると、その後の日本書紀には物部麁鹿火は一切出現しないはずである。もしも、そうであるならば（その後の日本書紀には物部麁鹿火は一切出現しないならば）、これが磐井の乱において近畿天皇家側が勝ったとする日本書紀の記述が嘘であることの一つの証拠になる。

7 「磐井の乱」において、大将軍・物部麁鹿火は戦死している

そこで「物部麁鹿火が筑紫の君・磐井を斬ったとする戊申の年」以降において、日本書紀の中に物部麁鹿火が出ているかどうか調べてみた。すると……残念なことに物部麁鹿火はその後も出現している。戊申の年からあしかけ九年目の宣化天皇元年条の《秋七月、物部麁鹿火大連薨》という麁鹿火死

亡の記事までに、合計四回出現していた。
ところが、よく読んでみると、その記述のされ方がおかしいのである。それを全部抜き出してみよう。

a　安閑天皇即位前紀
継体二十五年の春二月の辛丑の朔丁未に、男大迹天皇（継体天皇）、大兄を立てて天皇となしたまふ。即日《そのひ》に、男大迹天皇崩《かむあが》りましぬ。
是の月に、大伴（金村）大連を以て大連とし、物部麁鹿火大連をもて大連とすること、並びに故《もと》の如し。

b　宣化天皇元年二月
大伴金村大連を以て大連とし、物部麁鹿火の大連をもて大連とすること、並びに故《もと》の如し。

c　宣化天皇元年五月
故《かれ》、朕、阿蘇仍君 未だ詳ならず。を遣《つかは》して、加《また》、河内国の茨田郡の屯倉の穀を運ばしむ。蘇我大臣稲目宿禰は、尾張連を遣して、尾張国の屯倉の穀を運ばしむべし、物部大連麁鹿火は、新家連《にひのみのむらじ》を遣して、新家屯倉の穀を運ばしむべし……

d　宣化天皇元年七月
物部麁鹿火大連薨《みう》せぬ。

以上である。物部麁鹿火は「筑紫の君・磐井」を敗死させ、その結果として磐井の乱が平定された訳であるから、磐井の乱平定の最大の功労者でなければならない。従って、その後の天皇家では最も一目置かれねばならない存在である。ところが物部麁鹿火が「筑紫の君・磐井」を斬ったとする戊申以降、死亡する丙辰までの物部麁鹿火は、非常に存在感のない形でしか記述されていない。この間を含む欽明天皇の時代までの最大の人物は大連・大伴金村である。戊申の年以降には、継体・安閑・宣化そして欽明も、何かと問題があるときは大連・大伴金村に相談している。それだけではない。継体時代の最も戦いに秀でた大将軍・物部麁鹿火は、その後の頻繁におこる新羅との戦いにも一切出現しない。戦いに出てくるのは近江毛野臣、毛野臣である。これは同一人物と思われる。物部麁鹿火が筑紫の君・磐井を斬ったとする戊申以降には、政治は大連・大伴金村、戦いは近江毛野臣の領分なのである。物部麁鹿火はそのどちらにも出てこない。不思議ではないだろうか。物部麁鹿火が出現するのは、安閑の即位に際して、大連を本の如く許されたということ、同じく宣化即位に際して大連を本の如く許されたということ、そして最後に宣化元年の秋に薨した、これだけである。いや一つあった。宣化元年五月の条である。亡くなる二カ月前のことである。宣化天皇は飢饉の時の備えとして、食料の備蓄をおこなうことを決めた。そして各国の屯倉の収蔵穀を大和に運搬させた。その時の一人として登場している。前掲のcである。しかし、これは「その他大勢」の中の一人でしかない。しかも亡くなる二カ月前に仕事を命じられたことになる。この時の物部麁鹿火は七五歳前後である。それは日本書紀武烈天皇即位前紀の次の記述から、そのように判断される。

十一年の八月に、億計天皇崩りましぬ。……是に、太子、物部麁鹿火大連の女《むすめ》影媛を聘《あと》へむと思《おも》ほして、媒人《なかだち》を遣《つかは》して、影媛が宅に向《むか》はしめて会《あ》はむことを期《ちぎ》る。

物部麁鹿火の娘・影媛は、仁賢十一年（戊寅年）に結婚適齢期（一七〜一八歳）である。物部麁鹿火が二一歳で影媛をもうけていたとすれば、物部麁鹿火は戊寅年には三七〜三八歳となる。すると宣化元年の丙辰年には七五〜七六歳である。高齢である。高齢にも拘らず物部麁鹿火は使役されており、しかもその二カ月後には亡くなるのである。「磐井の乱」平定の最大の功労者・物部麁鹿火に対する扱いとはとても思えない。更にしかも……である。これをさせられた者の中には大伴金村大連は入っていない。大伴金村大連だけが別格なのである。別格なのは「磐井の乱」平定の最大の功労者・物部麁鹿火ではない。

「磐井の乱」が実際に近畿天皇家の大勝利であったのであるならば、物部麁鹿火は天皇に次ぐくらいの実力者になっていなければならないはずである。しかし、前掲cの宣化元年五月の条に出現する物部麁鹿火には、その片鱗さえも窺えない。ただただこき使われるだけである。磐井の乱平定の最大の功労者はどうなってしまったのだろう。

実は、前掲cの宣化元年五月条に記述されているのは大連・物部麁鹿火ではないと思う。宣化元年五月条の大連・物部麁鹿火は、本来は物部尾輿であったものを麁鹿火と書き変えたものではないかとおもう。というのも、この二年前にあたる「安閑元年秋時の条」に、麁鹿火の息子・尾輿が大連として登場しているからである。その部分の日本書紀の記述を掲載しよう。

是の月に、廬城部連枳莒喩《いほきべのむらじきこゆ》が女幡媛《むすめはたひめ》、物部大連尾輿が瓔珞《くびたま》を偸《ぬす》み取りて、春日皇后に献る。事発覚《あらは》るるに至りて、枳莒喩、女幡媛を以て、采女丁《うねめのよほろ》に献り 是春日部の采女なり。 幷《あはせ》て安芸国の過戸《あまるべ》の廬城部屯倉を献りて、女の罪を贖《あが》ふ。物部大連尾輿、事の己に由《よ》ることを恐りて、自ら安きことを得ず。乃《すなは》ち、十市部、伊勢国の来狭狭《くささ》、登伊 来狭狭・登伊は、二つの邑の名なり。 の贄土師部《にへのはじべ》、筑紫国の胆狭山部《いさやまべ》を献る。

これは麁鹿火が没したとされる宣化元年の二年前の説話である。そしてここでは麁鹿火の息子・尾輿は大連と記述されている。すると、おかしなことになる。物部大連が二人いることになるからだ。親子二人が同時に大連であるはずがない。親子が同時に出現する似たような状況に、大化の改新の頃の蘇我蝦夷・入鹿親子の場合がある。この頃の蘇我蝦夷・入鹿親子は天皇をないがしろにするほどの権勢を誇っている。日本書紀・皇極紀に記されている。

①元年の春正月の丁巳の朔辛未に、皇后、即天皇位す。蘇我臣蝦夷を以て大臣とすること、故の如し。大臣の児入鹿、又の名は鞍作。自ら国の政を執りて、威《いきほひ》父より勝れり。

②是歳（皇極元年）、蘇我大臣蝦夷、己が祖廟を葛城の高宮に立てて、八佾《やつら》の舞をす。

③又盡《ふつく》に国挙る民、幷て百八十部曲を発して、預め双墓を今来に造る。一つをば大陵と曰ふ。大臣の墓とす。一つをば小陵と曰ふ。入鹿臣の墓とす。

④更に悉《ことごとく》に上宮の乳部《みぶ》の民を聚めて、乳部、此をば美父《みぶ》といふ。塋兆所《はかどころ》に役使《つか》ふ。是に、上宮大娘姫王、発憤《むつか》りて歎《なげ》きて曰はく、「蘇我臣、専国の政を擅《ほしきまま》にして、多《さは》に行無礼《ゐやなきわざ》す。天に二つの日無く、国に二の王無し。何に由りてか意の任《まま》に悉《ことごとく》に封《よさ》せる民を役《つか》ふ」といふ。

⑤（皇極天皇二年十月）私《ひそか》に紫冠を子入鹿に授けて、大臣の位に擬《なずら》ふ。……蘇我臣入鹿、独り謀《はか》りて、上宮の王等を癈てて、古人大兄を立てて天皇とせむとす。

⑥（皇極三年十一月）蘇我大臣蝦夷・児入鹿、家を甘檮岡《うまかしのをか》に双《なら》べ起つ。大臣の家を呼びて、上の宮門《みかど》と曰ふ。入鹿が家をば、谷の宮門と曰ふ。

②にみられる「八佾《やつら》の舞」については、坂本太郎他校注『日本古典文学大系・日本書紀（下）』（岩波書店）の説明に由れば、「祖廟も八佾の舞も中国風の習俗。八佾は八列の意。八佾舞は六十四人の方形の群舞で、これを行うのは天子の特権とされ、論語、八佾に、卿大夫の季子がこれを行ったことを責めている」としている。従って、この頃の蘇我親子は、「自分たちは大王（天皇）と同じだ」という意識なのである。それを隠そうともしていない。そして子の入鹿は「父親の大臣である蝦夷以上に威勢がよかった」と記述されている。⑤では、内輪では入鹿は大臣と呼ばれていたが、表向きは臣であることを示している。⑥では、蘇我親子は自分の家を天皇の宮殿と同じ呼称「宮」と呼ばせている。かくの如く、この頃の蘇我一族は天皇をもないがしろにするような傍若無人の振る舞いをしている。それ故に皇極四年の乙巳の変により入鹿は暗殺されるのである。入鹿暗殺を知った蝦夷は居館に火をかけ自殺する。しかし最後まで、入鹿は臣と記述されている。大臣は、入鹿暗殺の直後に自殺す

る入鹿の父・蝦夷だけなのである。

この蘇我親子の図式を物部親子にあてはめれば、物部親子の場合にも二人が同時に大連であるはずがない。従って、安閑元年の時点で尾輿が大連であるならば、麁鹿火はその時点では亡くなっていなければならない。

そして「安閑元年秋時」の条に出てくる尾輿は、自分は何も悪くないのに、ただただ、ひたすら恐れ怖じている。自分に咎がふりかかるのではないかとおそれている。もしも、父・麁鹿火が磐井の乱平定の最大の功労者であるならば、そしてその父が生きているのであるならば、その息子の尾輿は大いばりでいるはずである。傲岸不遜であってもおかしくない。それが全く逆である。わずかの落ち度さえをも恐れている。むしろ罪人のような感じを受ける。そう、この時の尾輿は罪人に近い存在なのだ。何故ならば、父親の麁鹿火が継体の大将軍として従軍しながら、継体を戦死させてしまったからなのだ。その麁鹿火の息子・尾輿は肩身が狭かったはずなのだ。わずかの落ち度も許されなかった。そんな状況であったに違いない。この間の経緯を箇条書きにしてみよう。日本書紀が継体没年と記述している安閑即位年の「辛亥の年」は西暦五三一年である。

①継体二十五年　辛亥（五三一年）二月　麁鹿火、本の如く「大連」を許される
②安閑元年　甲寅（五三四年）秋時　尾輿、「大連」として登場
③宣化元年　丙辰（五三六年）二月　麁鹿火、本の如く「大連」を許される
④　〃　〃　五月　麁鹿火、屯倉の穀の運搬作業に従事
⑤　〃　〃　七月　麁鹿火薨去

おそらく、四番目の宣化元年五月の条に出ている麁鹿火は、息子の方の尾輿なのである。麁鹿火がまだ生きているかのように思わせるために尾輿を麁鹿火と書き直したのである。安閑元年秋時の条の尾輿を麁鹿火と書き直していないのは、この場合には、関連する人物として「春日の皇后」が出ているので、さすがにこれを麁鹿火とは書き直せなかった。宣化元年五月の条の場合は、ただ尾輿の部分を麁鹿火と書き直せばそれで終わりである。他には何の影響も出ない。そして安閑即位年・宣化元年の「物部麁鹿火を本の如く大連とした」という記述も、ただ一行それを加筆するだけで済むことである。そして宣化元年・七月の条に「秋七月、物部麁鹿火大連薨」と記述すれば、他には何の影響も与えずに麁鹿火は宣化元年七月まで生きていたことになる。これで磐井の乱は近畿天皇家が勝利したのであり、継体も大将軍・物部大連麁鹿火も戦死してはいないことになる。

物部麁鹿火は、磐井の乱で磐井を斬った後、戦死しているのである。そうでなければ、安閑元年に、麁鹿火の息子・尾輿が大連であるはずがない。そしてその時、継体も戦死した。継体は磐井の乱の緒戦の間もない頃に戦死した。それが古事記の記す継体天皇の死亡の日「丁未の年の四月九日」なのである。これが継体没年に関する私の「第一の推理」である。

8　物部尾輿は麁鹿火の息子である

私は継体紀から安閑・宣化紀へと日本書紀を読み進む中で、物部尾輿は物部麁鹿火の息子であるとばかり思っていた。しかし通説・定説ではそうでもないようである。『日本歴史大辞典』(日本歴史大辞典編集委員会編、河出書房新社、一九七九年）の物部大連尾輿の項に次のように記述されている。

尾輿の登場によって、こののち物部大連家は麁鹿火の系統から尾輿の系統に移る。

麁鹿火と尾輿は同族だが親子ではない、とある。坂本太郎ほか四名の校注による『日本古典文学大系・日本書紀（下）』（岩波書店）の安閑天皇元年閏十二月条の物部尾輿の初出記事の解説でも次のようになっている。

尾輿はここが初見。旧事紀に荒山大連の子とある。守屋の父。大連となった時は不明。宣化紀には見えていないが、欽明朝にも大連であり、仏教伝来に際して排仏を唱えた。

確かに、尾輿を麁鹿火の息子とは記述していない。尾輿と守屋については親子と明確に記述しているのであるから、麁鹿火と尾輿の関係について無言なのは「尾輿は麁鹿火の息子ではない」といっているように感じられる。なお、「物部尾輿は荒山大連の子」と記述している旧事紀とは、旧事本紀（または先代旧事本紀）のことである。

門脇禎二氏はその著『新版　飛鳥——その古代史と風土』（ＮＨＫブックス、一九七七年）の一一八ページで次のように述べている。

それでなくても、大臣物部守屋は、父尾輿《おこし》の時代から同族物部麁鹿火《あらかび》の遠征大敗北の経験をうけとめていたし、……。

門脇禎二氏も、物部麁鹿火と尾輿については、二人を同族とするだけで親子とは認めていない。井上光貞氏は中公文庫『日本の歴史1　神話から歴史へ』（一九七三年）を担当され、その四四五ページで物部氏の系図を次のように記述している。

物部氏

伊莒弗─┬─布都久留──木蓮子──麻佐良──麁鹿火
　　　　└─目──荒山──尾輿──守屋

麁鹿火と尾輿は別系統と明記されている。このことからすると、「物部尾輿は麁鹿火の息子ではない」ということの方が定説のようである。井上光貞氏の記述するこの物部氏の系譜では、尾輿は荒山連の子となっている。これは旧事本紀（または先代旧事本紀）による系譜である。麁鹿火と尾輿を別系統とする説の淵源は旧事本紀のようである。従って麁鹿火―尾輿は別系統か否かを論じるためには最終的には旧事本紀に当たらねばならない。しかしその前に、本書の常道である古事記・日本書紀の記述に一応あたっておくことにしよう。

まず、古事記。古事記に登場する物部氏は二人だけである。継体記に物部荒甲大連が記述されている。通説・定説は、古事記の記述する物部荒甲大連を日本書紀の記述する物部麁鹿火のこととしている。古事記の記述するもう一人の物部氏は、允恭記に登場する「大前小前宿禰」である。「物部の」とは記述されていないが、日本書紀の物部大前宿禰と考えてよいであろう。古事記に登場する物部氏はこの二人だけであるので、古事記からは物部氏の系譜を云々することはできない。

次に日本書紀における物部氏。崇神以降敏達元年までの「物部氏」を次ページの表26にすべて列挙する。四角枠で囲ってあるのは「大連」である。

この表から読みとれることは、日本書紀においては麁鹿火と尾輿の時以外には「物部大連」が同時に二人存在する記述は存在しないということである。従って親子であるなしに拘らず「同時に二人の物部大連」はやはり疑ってかからねばならないのである。

日本書紀武烈即位前紀の記述から、宣化元年（丙辰年）には麁鹿火は七五歳くらいであることは述べた。従って日本書紀に尾輿が初めて登場する安閑元年には、麁鹿火は七三歳くらいである。一方、尾輿は安閑元年（甲寅年）に初めて登場し、欽明十三年（壬申年）の記述が最後である。甲寅年から壬申年まではあしかけ一九年であるから、尾輿は最低でも一九年間は大連を勤めたことになる。麁鹿火が七五歳の高齢で亡くなったとされている宣化元年からでも少なくとも一七年は大連を勤めている。もしも麁鹿火と尾輿を同世代の人物とすると、尾輿は九二、三歳までは生きていたことになる。これはあもそのような高齢でいて、崇仏を唱える蘇我氏との廃仏闘争に明け暮れていたことになる。しかりえないと考えてよいであろう。むしろ麁鹿火は尾輿の父の世代に属する人物である。その麁鹿火を「尾輿の子の世代」とする前ページの井上光貞氏による物部氏の系譜には、重大な矛盾が内蔵されて

表26　日本書紀の物部氏

時代	年月日	氏名
崇神	七年八月	物部連の祖・伊香色雄
垂仁	二十五年二月	物部連の祖・十千根
	二十六年八月	物部十千根大連
	三十九年十月	物部首の始祖
	八十七年二月	物部十千根大連、物部連
景行	十二年九月	物部君の祖・夏花
	十二年十月	直入物部神
仲哀	九年二月	物部胆咋（いくひ）連
履中	前紀正月	物部大前宿禰
	二年正月	物部伊莒弗（いこふつ）大連
	三年十一月	物部長真胆連（若桜部造）
安康	前紀	物部大前宿禰
雄略	前紀十一月	物部連目
	元年三月	物部目大連
	十三年三月	物部目大連
	十八年八月	物部菟代（うしろ）宿禰、物部目連
	〃	筑紫の聞物部大斧手
武烈	前紀八月	物部麁鹿火大連
継体	元年正月	物部麁鹿火大連

いるのである。

さていよいよ旧事本紀の物部氏を吟味しよう。麁鹿火－尾輿別系統説のもととなった旧事本紀について、『大日本百科事典』（小学館、一九六九年、担当黛弘道）は次のように記述している。

旧事本紀：先代旧事本紀とも、また略して旧事紀ともいう。一〇巻。蘇我馬子らの撰したという序文はあるが、撰者は不明。平安初期につくられた偽書というのが定説である。神代から推古天皇にいたるまでの事跡を述べたもので、古代末期から中世にかけて神道関係で重んじられたが、近世初頭に偽書説が生まれ、今日ではそれが定説となった。全巻を通じて記紀から

	六年十二月	物部麁鹿火大連
	九年二月	物部連（百済本紀では物部至至〈ちち〉連）
	十年五月	物部連（朝鮮）
	二十一年六月	物部大連麁鹿火
	二十二年十一月	物部大連麁鹿火
	二十三年三月	物部伊勢連父根
安閑	継体二十五年	物部麁鹿火大連
	元年閏十二月	物部大連尾輿
宣化	元年二月	物部麁鹿火大連
	元年五月	物部麁鹿火大連
	元年七月	物部麁鹿火大連（薨去記事）
欽明	前紀十二月	物部尾輿大連
	元年九月	物部大連尾輿
	十三年十月	物部大連尾輿
	十五年十二月	竹斯物部莫奇委沙奇（まがわさか）
敏達	元年四月	物部弓削守屋大連

の引用が多く、独自の記事が少ないが、ただ、尾張・物部両氏の家記によったとされている両氏の系譜がしるされてある巻五「天孫本紀」と、後世の加筆部分を除く巻一〇「国造本紀」は、古代史の貴重な史料とされている。いずれにしても、さらに厳密な本文批判のおこなわれることが期待されている。

旧事本紀の巻五には神武天皇と同時代の饒速日命を初代とする物部氏の系譜が記述されている。荒山連は饒速日命の十二世の孫の世代に属し、宣化天皇の時代の大連と記述されている。尾輿は十三世の孫の世代に属し、欽明天皇の時代の大連、麁鹿大連は十四世の孫の世代に属し、宣化天皇の時代の大連と記述されている。旧事本紀の巻五に記述されている物部氏の中で、十一世の孫の世代から十五世の孫の世代までの間で大連を勤めた人物と、「麁鹿火と尾輿は親子か否か」について、関連のある人物に限定して次ページの表27に記載する。

表27　先代旧事本紀の物部氏の系譜（抜粋）

十一世孫物部真椋連公
弟物部布都久留連公　此連公大長谷朝御世為大連奉斎神宮
弟物部目大連公　此連公磐余甕栗宮御宇天皇御世為大連奉斎神宮
孫物部大前宿禰連公〈水連等祖〉麦入宿禰之子
此連公石上穴穂宮御宇天皇御世元為大連次為宿禰奉斎神宮
弟物部小前宿禰連公〈田部連等祖〉
此連公近飛鳥八釣宮御宇天皇御世元為大連次為大宿禰奉斎神宮

十二世孫物部木連子連公　布都久留大連之子　此連公石上広高宮御宇天皇御世為大連奉斎神宮
孫物部荒山連公〈日大連之子〉此連公檜前盧入宮御宇天皇御世為大連奉斎神宮
弟物部麻作連公〈借馬連、笑原連等祖〉

十三世孫物部尾輿連公　荒山大連之子　此連公磯城嶋金判宮御宇天皇御世為大連奉斎神宮
弟物部麻佐良連公　木筵大連之子　此連公泊瀬列城宮御宇天皇御世為大連奉斎神宮
弟物部目連公　此連公継体天皇御世為大連奉斎神宮
弟物部長目連公〈軽馬連等祖〉
弟物部金連公〈借馬連、野間連等祖〉
弟物部呉足尼連公〈依羅連等祖〉此連公磯城嶋宮　御宇天皇御世為宿尼

十四世孫物部大市御狩連公尾輿大連之子　此連公訳語田宮　御宇天皇御世為大連奉斎神宮
弟贄古大連女宮　古郎為妻生二児
弟物部守屋大連公子　日弓削大連　此連公池辺双槻宮御宇天皇御世為大連奉斎神宮
弟物部麻□古連公　屋形連等祖
孫物部麁鹿大連公　麻佐良大連之子　此連公勾金橋宮　御宇天皇御世為大連奉斎神宮
弟物部押甲連公　此連公檜前盧入宮　御宇天皇御世為大連奉斎神宮

孫物部金連公〈野間連、借馬連等祖、目大連之子〉
十五世孫物部大人連公〈御狩大連之子〉
弟物部目連公〈大真連等祖〉　此連公磯城嶋宮　御宇天皇御世為大連奉斎神宮
孫内太紫位物部雄君連公　守屋大連之子
孫物部石弓若子連公　今木連等祖麁甲大連之子
孫物部奈西連公　葛野連等祖押甲大連之子

『天理図書館　善本叢書　和書之部　第四十一巻　先代旧事本紀』（一九七八年）より。

旧事本紀の記述する物部氏の系譜の説明は簡略すぎて、その上、不十分である。はっきりしないところがある。二世代の両方に重複して記述されている人物も数名いるようにみえる。この表だけでは分かりにくい。そこでこれを詳しく分析できるようにするために、親子関係が明確なものを線で繋げると図21のようになる。

この図の中には、諸処に繋がりの不明な部分がある。物部氏には複数の系列があるとされているわけであるが、実際に複数の系列があるようにもみえる。そこでこれらを分析するために、それぞれをグループに分けよう。十一世の孫の布都久留連とその子の木連子連をA系列とする。以下、図の点線で分けることとし、「目大連―荒山連」系列をB系列、「木筵大連」系列をC系列、「麁甲大連」系列をD系列、「押甲大連」をE系列、「目大連―金連」系列をF系列、十三世の孫の世代で継体時代の大連である目連をG系列と呼ぶことにする。旧事本紀の記述では、A系列とB系列はどのような関係なのか不明である。またA系列とC系列の関係も不明である。そしてB系列とC系列はどのような関係なのかも不明である。

図21　先代旧事本紀による物部氏の系譜（1）

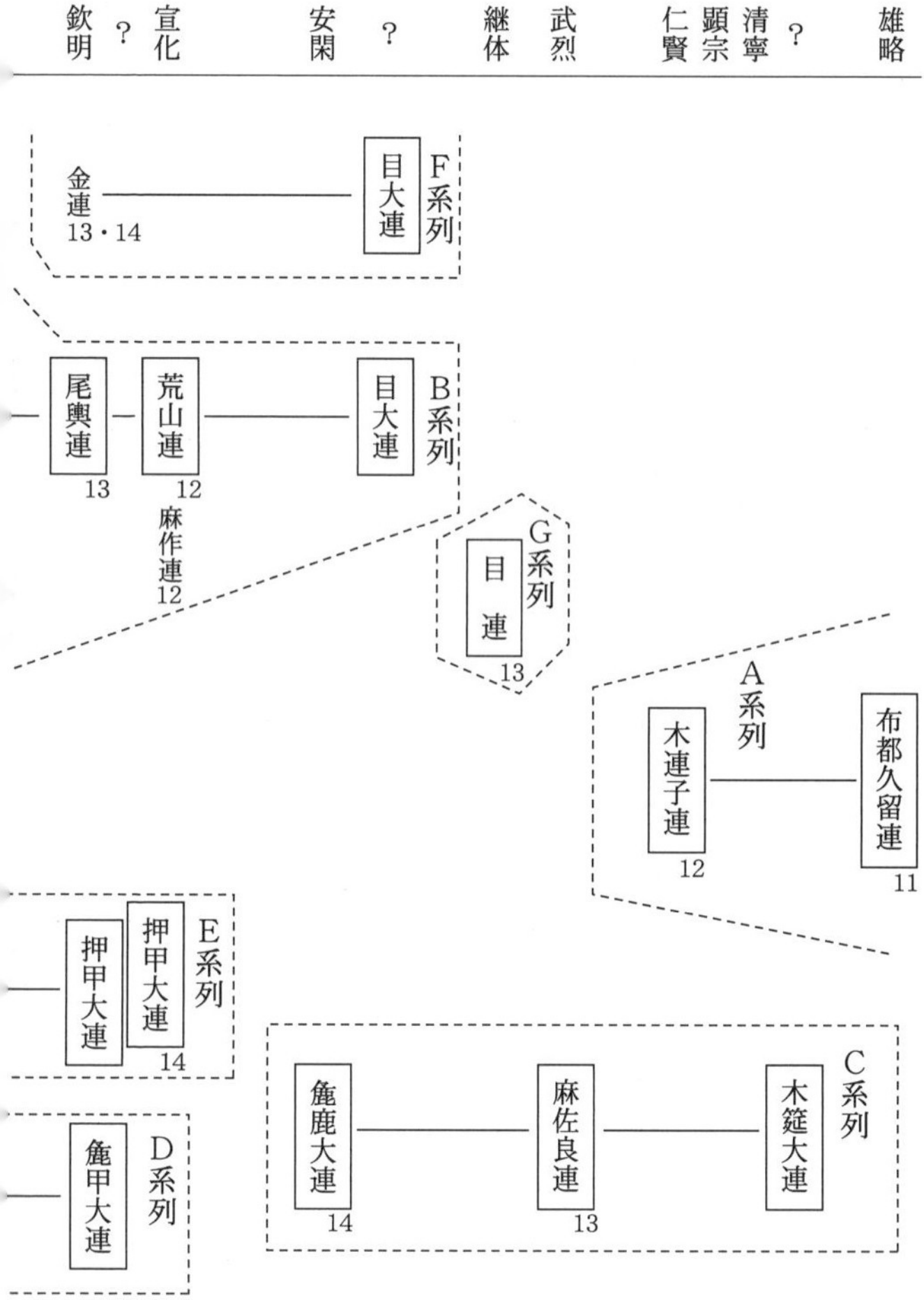

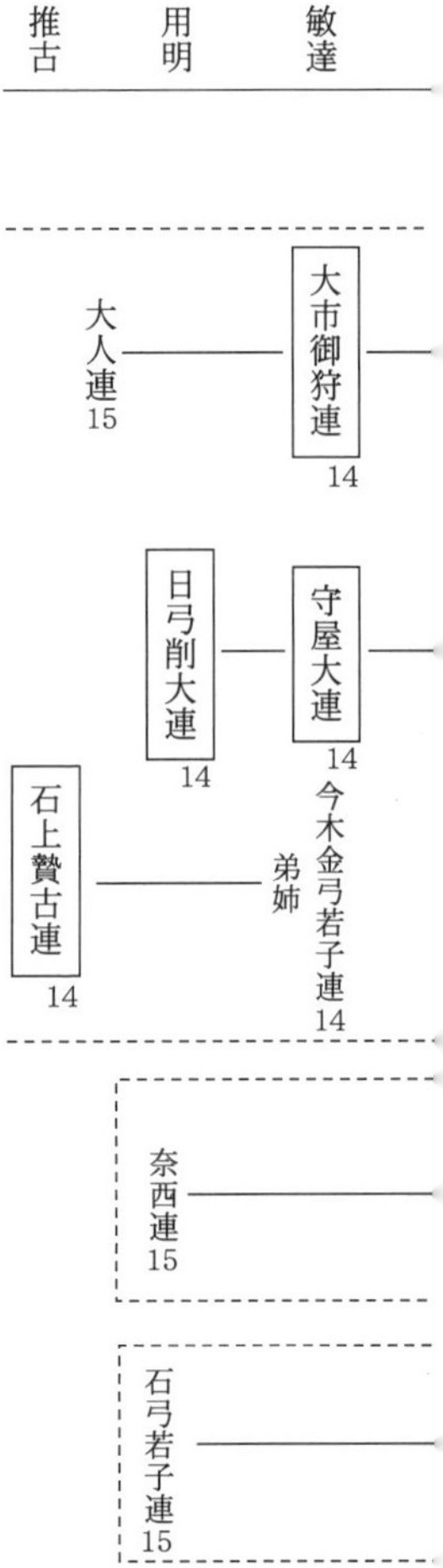

注：末尾に付いている数字は世代数。例えば「布都久留連 11」は「十一世の孫」のこと。

まずB系列とF系列をみてみよう。両系列に目大連がいる。B系列の目大連は「宣化時代の大連・荒山連」の父親である。従ってB系列の目大連の活躍時代は安閑時代か継体時代である。安閑在位年数は、安閑元年からでは僅かに二年、安閑即位年からでもあしかけ五年でしかない。従ってB系列の目大連（荒山大連の父親の目大連）の主たる活躍時代は継体時代と考えて良いであろう。一方、F系列の目大連は、金連の父親と記述されている。そしてその金連は饒速日命十四世の孫の世代として記述されている。しかしまた十三世の孫の世代にも金連が記述されている。そして両者とも「野間連、借馬連等祖」と記述されている。これは同一人物であろう。そして十三世の孫の世代に属する呉足《くれたち》尼連公は欽明の時代の宿禰であると記述されているから、この金連も欽明時代の人物と考えて良いのではなかろうか。するとその父親であるF系列の目大連は宣化・安閑時代に活躍した人物である。日本書紀による安閑即位年は辛亥年、そして宣化没年は己未年である。辛亥年から己未年までは、あしかけ九年でしかない。するとF系列の目大連は、安閑の前代、即ち継体時代にも活躍していた可能性が十

図22　B系列とG系列の整理

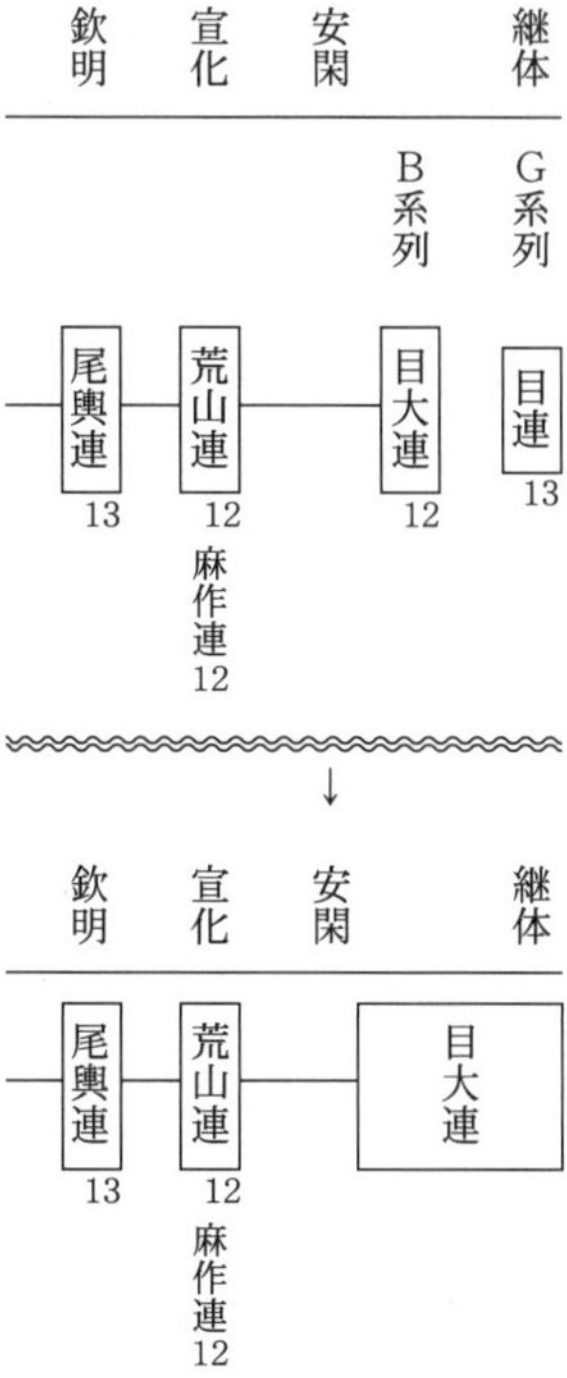

分にある。そうするとB系列の目大連とF系列の目大連は同時代の人物となる。二人は殆ど同時代の人物であり同じ名前である。従ってこれは同一人物である。F系列はB系列に吸収してよい。

　次はB系列の「目大連」とG系列の「目連」の関係。前段で論証したように、B系列の目大連（荒山大連の父親の目大連）の主たる活躍時代は継体時代である。一方、G系列の「目連」は、継体時代の大連であると記述されている。するとB系列の「目大連」と、G系列の「目連」とは同時期の人物となる。従ってこれも同一人物である。するとB系列とG系列は図22のように整理される。

　次にC系列とD系列をみてみよう。C系列に麁鹿大連がおりD系列には麁甲大連がいる。C系列の麁鹿大連は麁鹿火大連と考えて良いであろう。すると先代旧事本紀では、麁鹿火《あらかひ》の「ひ」音は表記されていないことになる。先代旧事本紀では、最末尾の音の表記は省略される場合があるようにみえる。

　ところで物部麁鹿火は、古事記の継体記には物部荒甲大連と表記されている。即ち麁鹿火＝荒甲である。すると麁＝荒であり、鹿火＝甲である。そうするとD系列の麁甲大連は麁鹿火大連と考えて良い。するとC系列とD系列は図23のように整理される。

なお古事記は「甲」の文字を麁鹿火の「カヒ」の音に使用している。藤堂明保編『学研・漢和大字典』（学習研究社、一九七八年）で「甲」を見てみよう。

「甲」　キョウ（ケフ）呉音・コウ（カフ）漢音

kāp-kāp-kia-tšia(jiā)（上古音―中古音―唐宋音―慣用音）

古訓　コフ・ヨロヒ・カサナル・キノエ・スクレタリ・ツメ・ナラヘリ・ナレタリ・マサル

図23　C系列とD系列の整理

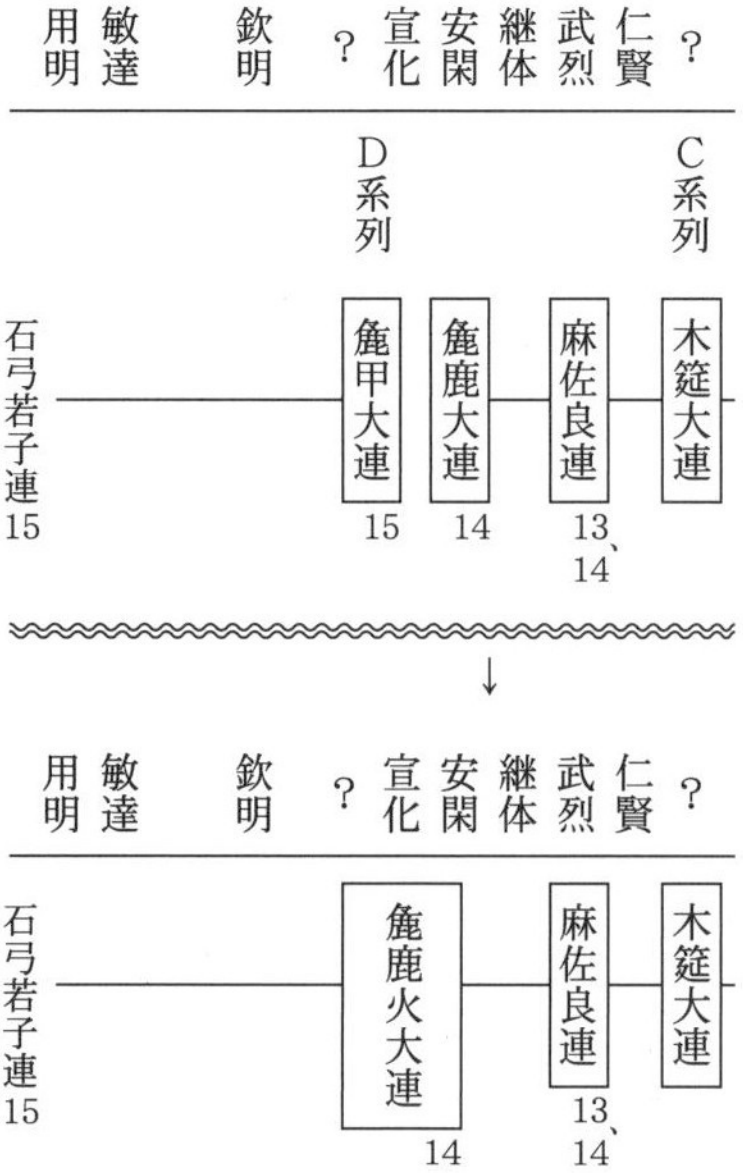

「甲」を「カヒ」と発音するのは、「キョウ（ケフ）」音の呉音よりも、「コウ（カフ）」音の漢音の可能性の方が高いと思う。従って古事記の「荒甲」の表記は漢音表記と思われる。

次はE系列。E系列には二人の押甲大連がいる。一人は饒速日命十四世の孫の世代に属し、宣化天皇の時代に大連であったと記述されている。もう一人の押甲大連は「十五世の孫の奈西連」の父親とされている。従ってこの二人は同世代である。この

図24　E系列の整理

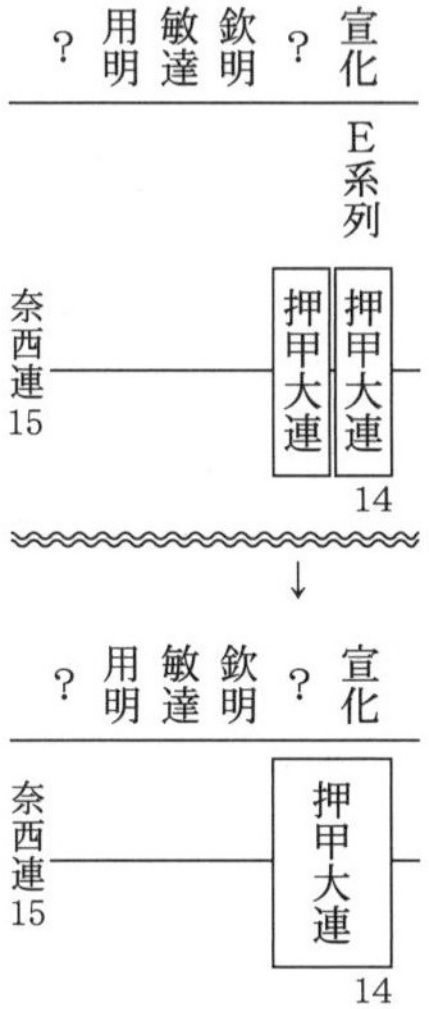

二人を同一人物と考えることに異論のある人はいないであろう。従ってE系列は図24のように整理されることになる。

このE系列に登場する押甲大連についてもう少し考察を進めよう。これをB系列やC系列とはまったく別の独立した系列の人物だとすると、押甲大連の活躍した宣化時代には物部大連が三名いたことになってしまう。いかになんでもそんなことはないであろう。押甲大連とは、B系列かC系列の人物と考えた方がよいであろう。そのような目で、表や図をみていると、疑わしい人物が二人浮かび上がってくる。麁鹿火と尾輿である。

押甲大連が麁鹿火である可能性について考察しよう。先代旧事本紀は押甲大連を宣化天皇時代の大連と記述している。そして日本書紀は麁鹿火を宣化元年二月に「本の如く大連とす」とし、更に宣化元年の七月に亡くなったと記述している。従って押甲大連が大連である宣化元年には、麁鹿火も大連なのである。ところで麁鹿火は古事記では荒甲と表記されていた。古事記の表記する「あらかひ」と先代旧辞本紀の記述する押甲大連を比べてみよう。

荒甲（古事記の麁鹿火）

押甲（先代旧事本紀の記述する宣化天皇時代の物部大連）

麁鹿火と押甲は二人とも物部氏であり、そして同時代の人物である。麁鹿火＝荒甲であるから、二人が異なるのは「荒」と「押」の違いだけである。そこで藤堂明保編『学研・漢和大字典』で両者をみてみよう。

「荒」　コウ（クワウ）呉音・漢音
　　mụaŋ-huaŋ-huaŋ-huaŋ(huāng)（上古音—中古音—唐宋音—慣用音）
　　古訓 アラシ・アル・オホキナリ・オホフ・スサヒ・スサフ・スツ・タモツマトフ・ムナシ

「押」　一　ヨウ（エフ）呉音・オウ（アフ）漢音
　　　　•ăp-•ăp-ia-ia（上古音—中古音—唐宋音—慣用音）
　　　二　キョウ（ケフ）呉音・コウ（カフ）漢音
　　　　kăp-kăp-kia-tšia(jiă)（上古音—中古音—唐宋音—慣用音）
　　古訓 オス・アツム・ウツ・オシハラフ・カムカフ・クタク・サシハサム・シホル・シルス・タル・ハサム

「押」には、漢音で「コウ」の音がある。そしてこれは「荒」の音と同じである。「荒甲」は勿論、「アラカヒ」であるが「コウコウ」でもある。そして「押甲」も同じく「コウコウ」なのである。「荒甲」と「押甲」は同じ音なのである。とすると「押甲」とは「荒甲」のことなのではないのか。これは次のようには考えられないだろうか。「アラカヒ」の表記に「荒甲」という漢字を使用した。漢字には当然のことながら音読みがある。「荒甲」は「アラカヒ」であるが、音読みでは「コウコウ」なのである。そして音読みの方も「アラカヒ」の意味に通用された。そのうちに音読みの「コウコウ」に対して今度は別字を使用して表記するようになった。このように考えれば「押甲大連」とは「麁鹿火」のことになる。「押」を「コウ（カフ）」と発音するのは漢音である。古事記の記述の「荒甲」も漢音系の表記のようであった。麁鹿火の時代は西暦四八〇年～五三〇年あたりである。その麁鹿火の表記に、隋・唐時代の音である漢音が使用されていることになる。従って先代旧事本紀のこの部分は、漢音が日本に伝来してからの記述、即ち、隋・唐時代以降に記述された（或いは書き直された）ものである。

次は押甲大連が尾輿である可能性について。先代旧事本紀は押甲大連を宣化時代の大連と記述している。そして日本書紀は尾輿を安閑元年の閏十二月には大連であると記述している。従って押甲大連が大連である宣化時代には、尾輿も大連なのである。つまり押甲大連と尾輿大連は、まったく同時代の人物なのである。従って、この押甲大連は尾輿大連のことだと考えることが可能である。

藤堂明保編『学研・漢和大字典』で「尾」「輿」をみてみよう。

「尾」　ミ　呉音・ビ　漢音

古訓　ツルヒ・ヲ・ツルフ・ヤウヤク・ヲハル

「輿」　ヨ　呉音・漢音

尾輿を「をこし」と読むのは訓読みであることがわかる。一方、「押」には音読みでもそして古訓でも「お」音が含まれており、「甲」には音読みでも古訓でも「こ」音が含まれている。従って「押甲」は、万葉仮名では「おこ」と読むことができる。ただし「おこし」とするには「し」音が足りない。しかし日本書紀の麁鹿火《あらかひ》が先代旧事本紀では略されて麁鹿《あらか》と表記されていた。最末尾の「ひ」が省略されている。尾輿《をこし》の場合も、末尾の音の「し」音の表記が略されて「おこ」という表記になった可能性がある。尾輿《をこし》の最末尾の「し」音を考慮外とすれば、「おこ」と「をこ」であり、似ていることになる。現代では区別はつけられない。ただし、「お」と「を」は古代においてはまったく別の音である。従って別人ということになる。これはどうなるのであろうか。

確かに現在知られている万葉仮名では、「お」音表記用の漢字と「を」音表記用の漢字は厳密に区別されている。従って別の語のように思える。しかし万葉仮名は日本に漢字が入って来たその瞬間から使用法が確定していたわけではあるまい。いろいろな使用法、いろいろな表記法が試された中で、次第に万葉仮名としての使用法が統一され、それが奈良時代には現在見られる万葉仮名として確立したものである。漢字が万葉仮名として統一使用される前には、いろいろな表記法があったはずなのである。その一つがこの「押甲」という可能性もある。「お」音表記用の漢字と「を」音表記用の漢字が峻別される前の使用法による表記の可能性がある。また、古代の「お」音と「を」音について、安本美典氏は次のように述べておられる。

『魏志倭人伝』は、記している。

「下戸（しもじもの者）が、大人《たいじん》（身分の高い人）と道路にあい逢《あ》えば……。うけこたえの声には、『噫』という。（それは、中国の）然諾《ぜんだく》（よし。同意、賛成の意）のごときものにくらべられる。」

（中略）

すなわち、うけこたえの声を、「噫」といったというのだ。

（中略）

問題は、「噫」が、どのような音をうつしたのかである。

（中略）

三木太郎は、「全訳　魏志倭人伝」（『歴史読本』一九八四年九月号）で、つぎのように記している。

「『噫』は、『御覧魏志』に『噫噫』とある。『日本書紀』神武即位前紀には返答の際の辞として『雄雄《おお》』が使われている。『おお』の発音が正しいであろう。」

（中略）

『日本書紀』の神武天皇即位前紀に、承諾のさいの言葉として、「高倉《たかくらじ》、『唯唯《をを》』と曰《もう》す」の「唯唯《をを》」がある。

（中略）

これでみると、奈良時代から、「お」と「を」とは、近い音であったようである。

（安本美典著『「倭人語」の解読』勉誠出版、二〇〇三年、六〜一四ページ）

先代旧事本紀の巻五は物部氏の家記によったとされている。かなり古い時代の万葉仮名の表記法で記述されていた可能性がある。一般名詞や助詞などは万葉仮名の確立した後代に書写されるなかで、現在知られている万葉仮名としての文字使いに書き改められたと思われるが、固有名詞や人名は訂正されることは滅多になかったのではなかろうか。宣化時代は万葉仮名の確立する奈良時代（古事記・日本書紀の成立時期）のおよそ二百年前なのである。以上の考察に立脚すれば、「押甲連」と「尾輿連」は同時期の人物であるという事実がある以上、「押甲《おこ》連」とは「尾輿《をこし》連」のことと考えてもよいように思える。

押甲大連については、以上のように二通りの可能性が成立する。そして物部大連が同時に三名いたということはありえないであろう。従ってこのE系列のグループは、B系列かC系列のどちらかに吸収してしまっても良いであろう。つまり無視してよい。

以上を纏めると先代旧事本紀による物部氏の系譜は、二六二ページの図25のようにA系列とB系列とC系列の三つの系列に整理される。なお物部守屋の世代以降は考察には不要なので省略する。

整理されたこの物部氏の系図は、二四六ページの井上光貞氏による物部氏の系図に類似している。井上光貞氏はA系列の木連子連とC系列の木筵大連を同一人物と見ているわけである。私もそう思う。A系列とC系列の関係について考察しよう。C系列の木筵連は、武烈天皇の時代の大連の麻佐良連の父親と記述されている。そうするとその活躍時期はその前代、即ち仁賢或いは顕宗の時代である。一方、A系列の木連子連は仁賢天皇の時代の大連と記述されている。すると木連子連と木筵連の時代は重なり合うことになる。木筵連という表記も、麁鹿火の最末尾の「火」が省略されて麁鹿と表記され

図25　先代旧事本紀による物部氏の系譜（2）

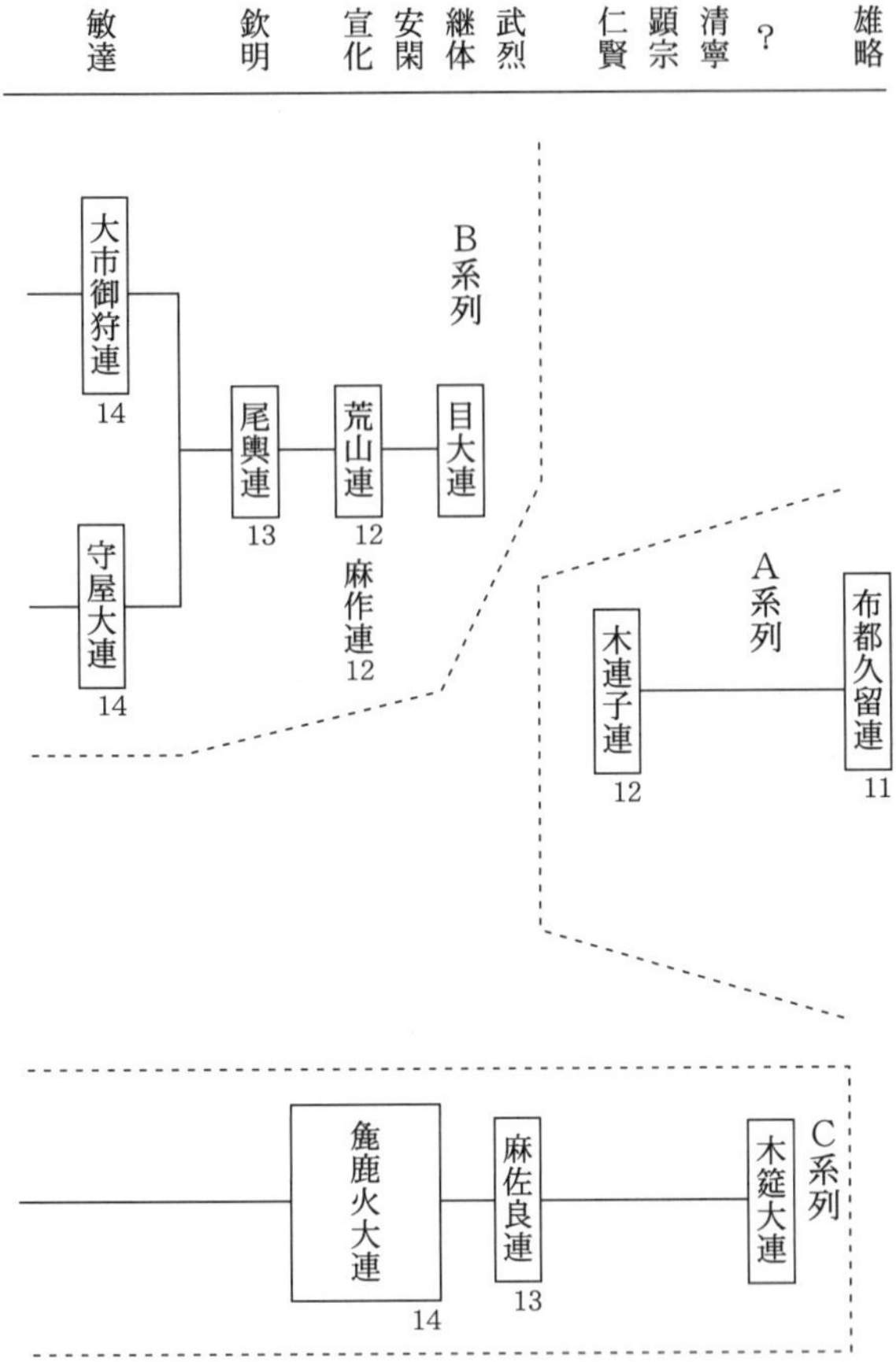

図26　A系列とC系列の整理

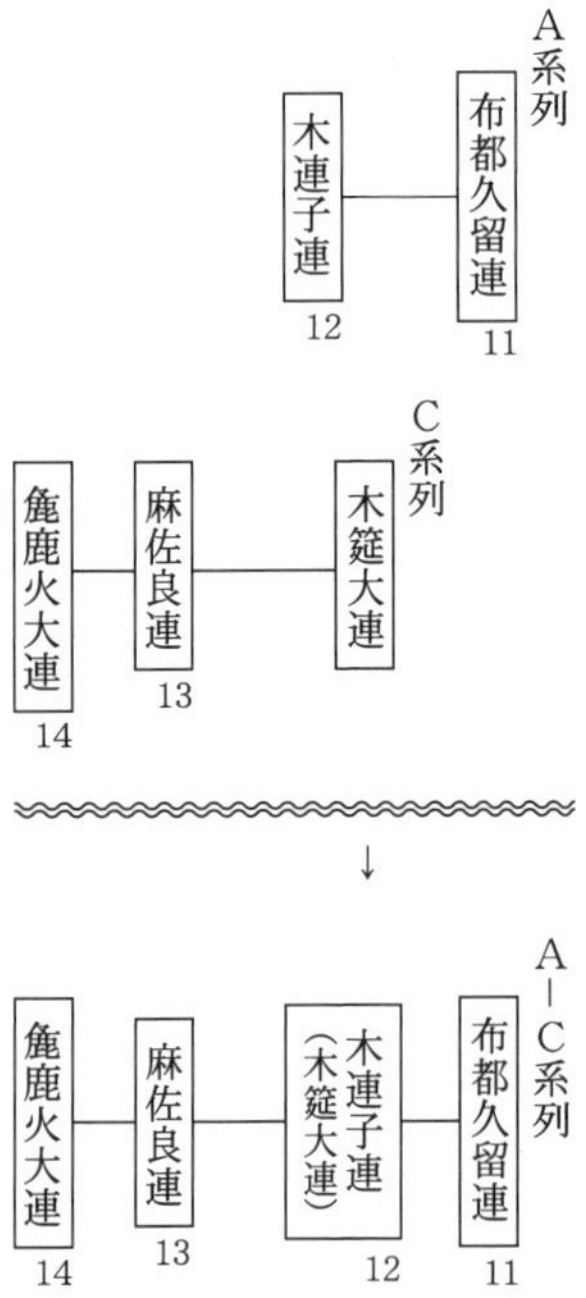

表28　A—C系列とB系列の大連が活躍した時代

	先代旧事本紀 A—C系列	先代旧事本紀 B系列	日本書紀
武烈時代	麻佐良		麁鹿火
継体時代		目	麁鹿火
安閑時代	麁鹿火		麁鹿火、尾輿
宣化時代		荒山	麁鹿火
欽明時代		尾輿	尾輿

たのと同じで、木連子の最末尾の「子」音の表記が略されたもののように見える。先代旧事本紀には、そのほかにも麁鹿大連の父親を麻佐良連と記述しているが、十二世の孫の時代に麻作連が記述されている。「麻作」も「麻佐良」の最末尾の「良」の表記が省略されたもののように思われる。従って木筵連は木筵子連と考えて良いのではなかろうか。木連子連は「きれんこ連」であり、木筵子連の方は「きえんこ連」である。発音は似ている。或いは発音の類似なのではなくて、漢字そのものの類似（「連」と「筵」）からの誤記・誤写なのかもしれない。従ってA系列とC系列は図26のように整理される。

さて次は、A—C系列とB系列の比較である。先代旧事本紀によるA—C系列とB系列のそれぞれの大連が活躍した時代を纏めると表28のようになる。

先代旧事本紀ではB系列の物部大連・尾輿は欽明時代の大連とされている。しかし日本書紀では尾輿は安閑元年の閏十二月には既に大連である。すると尾輿の父親の荒山連は、先代旧事本紀では宣化天皇の時代に大連であると記述されてはいるが、主たる活躍時期は、安閑時代の前代（継体或いは武烈時代）と考えてよいであろう。即ち荒山連の主たる活躍時代は継体時代である。

古事記・日本書紀における継体時代の物部大連は麁鹿火である。とすると麁鹿火と尾輿の父・荒山連は同時代の人物ということになる。一体、麁鹿火大連と荒山連とはどう異なるのか？

麁鹿火 ──→ 古事記での麁鹿火の表記 ──→ 荒甲
荒山 ─────────────────→ 荒山

こう並べてみると、麁鹿火連と荒山連との違いは、「甲」と「山」のちがいだけとなる。「甲」という文字の発音は既に述べた通り、漢音に「コウ（カフ）」があった。従って「荒甲」は「アラカヒ」であるが「アラコウ」でもある。それでは「山」の方はどうであろうか。藤堂明保編『学研・漢和辞典』で「山」をみてみよう。

「山」 セン 呉音・サン 漢音
sǎn-ṣʌn-ṣan-ṣan(shān) （上古音―中古音―唐宋音―慣用音）
[古訓] ウム・コウム・ヤマ

図27　先代旧事本紀の物部氏の系譜

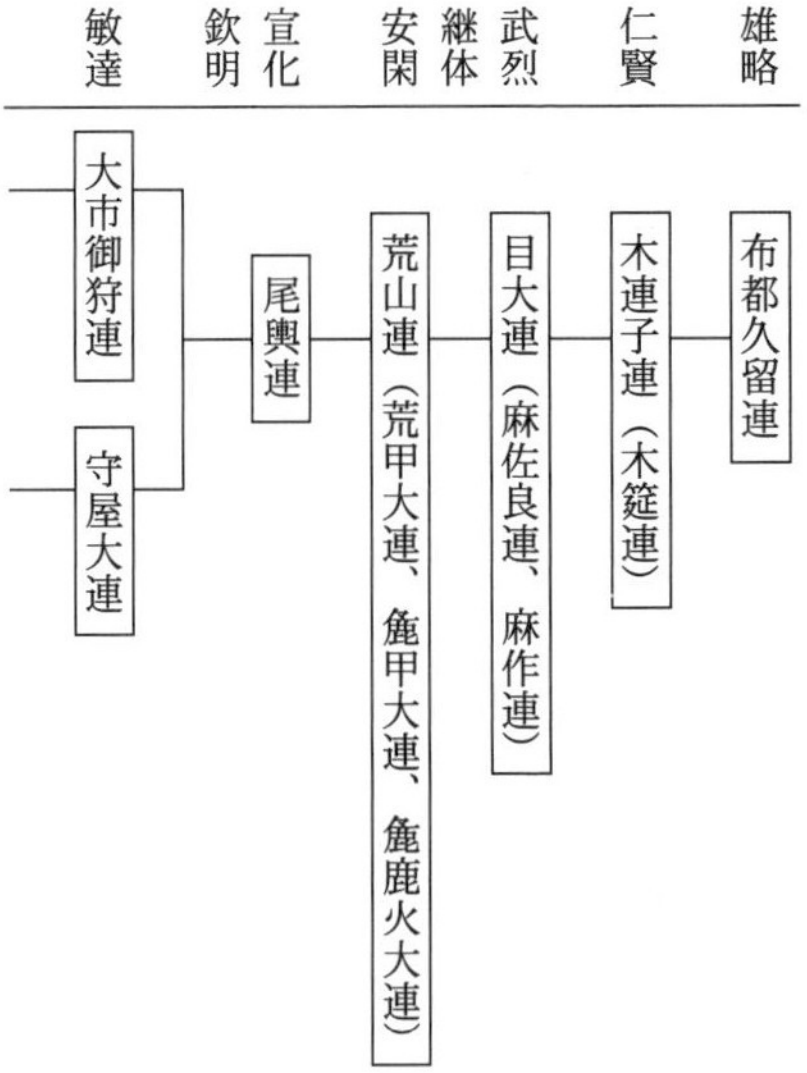

「山」には、その古訓に「コウム」という訓がある。とすると物部尾輿の父「荒山」は「アラコウ（ム）」と発音した可能性がある。すると物部麁鹿火の別表記である「荒甲（アラコウ）」とは発音上、非常に似ていることになる。二人の活躍した時代は同じである。別名と思われた名前も発音上からは同じ音になりうる。そして「同時期の二人の物部大連」は有りにくいものである。以上から、尾輿の父・荒山連とは麁鹿火のことだということになる。

　やはり物部尾輿は麁鹿火の息子なのである。親子二人が同時に大連であるはずはない。従って日本書紀において尾輿が大連として登場する安閑元年には麁鹿火は死亡しているのである。日本書紀は、近畿大和軍の磐井の乱における大敗北を隠蔽するために、磐井の乱で戦死した麁鹿火を宣化元年七月まで生きていたように改変したのである。継体も磐井の乱において戦死しているであろう。

　なお、物部一族の系譜についていえば、先代旧事本紀には雄略時代の布都久留連以降には物部大連家は一系列しか記述されていないことになる（図27）。

9　継体没年に関する「第二の推理」

——安閑即位年と元年の間には、何故、二年間の空白があるのか？

漸く継体天皇の謎が終了した……と思ったが、実は継体問題はまだ終わっていない。このままでは「何故、安閑は辛亥の年に即位したのに、その元年は三年後の甲寅なのか」という問題がまだ解決していないからだ。前にも述べたように古事記は即位年元年である。儒教思想により体裁を繕った日本書紀でさえも踰年元年でいいのである。それにも拘らず安閑の場合のみ、元年は即位後三年目に設置されている。これはおかしいのである。何故、そうなったのであろうか。それを究明するために、もう一度日本書紀・継体紀を読み返してみよう。

日本書紀によれば、継体は「二十年（丙午年）の九月、都を磐余《いはれ》の玉穂に遷す」と記述されている。この年、継体は漸く手白髪皇女の妻問婚に成功し、手白髪皇女の家に入り込むことができたのである。則ち、「都を磐余の玉穂に遷す」の年は、「継体と手白髪皇女が夫と妻になった年＝結婚した年」である。すると、欽明はその翌年に生まれたということになる。丙午の翌年は丁未である。古事記による継体の没年だ。しかし、これはおかしい。日本書紀欽明即位前紀には、次の様に記述されている。

（継体）天皇、（欽明を）愛《うつくし》びたまひて、常に左右に置きたまふ。

「継体は欽明を可愛がり、常に左右に置きたもうた」と記述されている。欽明は継体存命中に生まれているのは明らかだ。継体が手白髪皇女の家に入り込むことができた（手白髪皇女と夫婦の関係を持った）のが、日本書紀本文に記述するように「二十年（丙午）の九月」とすると、欽明が生まれるのは早くても翌年（丁未年）の七月となる。しかしこれでは継体は欽明を可愛がることはできない。古事記は継体を「丁未の年の四月に亡くなった」としているからである。継体は欽明が生まれるときには死亡していることになる。従って、継体と手白髪皇女の夫婦の関係が成立したのは継体二十年の丙午年ではない。それ以前でなければならない。

それでは欽明の生年は何時なのか？　もう一度日本書紀継体二十年条を見てみよう。そこには、

二十年（丙午年）の秋九月の丁酉の朔己酉に、遷りて磐余の玉穂に都す。一本に云はく、七年なりといふ。

となっている。継体の「磐余の玉穂遷都は継体七年である」という別伝があるのである。「磐余玉穂遷都」の年は「継体と手白髪皇女が結婚した年」である。そして本文で言っている「継体二十年、磐余玉穂遷都」は成立しない。一方、別伝の「継体七年、磐余玉穂遷都」ならば、継体が欽明を可愛がることには何も問題はない。この場合の「一本に七年と云ふ」の七年は、勿論、「或本」の言う継体元年、則ち丙戌を元年とする七年のことである。丙戌を元年とする七年は、西暦五一二年の壬辰である。この年に継体と手白髪皇女が結婚したのであるならば、欽明が生まれるのはその翌年、癸巳の

年となる。これならば、継体は丁未の年までのあしかけ一五年間、欽明を可愛がることができる。別伝の方が正しいのである。

この「丙戌を継体元年とする七年」の意味を別の視点から考えてみよう。「丙戌を継体元年とする七年」は壬辰である。古事記の記す雄略没年の己巳から勘定すると、この壬辰はあしかけ二十四年目となる。日本書紀は、手白髪皇女を、雄略の娘・春日大娘皇女と億計王（後の仁賢天皇）の間の第三子としている。億計王は、雄略崩御後でなければ雄略の娘・春日大娘皇女と結婚することはできなかったということについては既に述べた。そうすると、この壬辰年は雄略崩御後二四年目であるから、「仁賢の第三子である手白髪皇女は、ちょうどこの頃、結婚適齢期（一七〜一八歳）に達した」可能性が高いのである。そのために、継体は漸く手白髪皇女の妻問いをおこなうことができたのである。継体元年（丙戌の年）には、手白髪皇女は一〇歳そこそこでしかない。そのために継体元年或いは継体二年などという年には、手白髪皇女との間に嗣子をつくりたくてもつくれなかった。「継体と手白髪皇女の結婚＝磐余の玉穂遷都」は継体七年以降でなければならなかったのである。

日本書紀・継体二十年条の「一本云」は正しい。そういえば日本書紀は儒教思想を根幹として、近畿天皇家を唯一絶対とする思想で記述されている。そして天皇及び天皇家を貶めるような事実はカットしたり改変したりしている。都合の悪いことはカットするか或いは本文では述べない。そうすると……。真実は、この「一本云」とか「或本云」の形式で述べられていることの方なのかもしれない。これはひょっとしたら、日本書紀の「一本云」とか「或本云」等という「注」は、その実、「これが真実ですヨ」というサインなのかもしれない。安康即位前紀でも、「注」の方で真実を記述していた。

大前宿禰、答歌して曰《まう》さく、

宮人の　足結《あゆひ》の小鈴　落ちにきと　宮人動《とよ》む　里人もゆめ

乃ち皇子に（穴穂皇子、後の安康天皇）啓《まう》して曰《まう》さく、「願はくは、太子をな害《ころ》したまひそ。臣《やつかれ》、議《はか》らむ」とまうす。是に由りて、太子、自ら大前宿禰の家に死《う》せましぬ。一《ある》に云はく、伊予国に流しまつるといふ。

この文の場合は、必ずしも本文が嘘であるというわけではない。本文で「太子」と言っているのは、実は「允恭の後年の太子・高部皇子」のことである。そして「太子（高部皇子）」は日本書紀・安康即位前紀が言うように「穴穂皇子に攻められて、自ら大前宿禰の家で死んだ」のである。そういう意味で嘘は言ってはいない。ただ、この太子の名を明記しないことで、これは木梨軽皇子のことであると錯誤させるようにした。そして「注」の方で、「允恭の最初の太子・木梨軽皇子」の真実の処遇を記述した。それが「一に云はく、伊予国に流しまつるといふ」である。天智の即位年についても、「或本云」として、「注」の方で天智の真実の即位年を記述していた。

そうすると、日本書紀の継体天皇二十五年（日本書紀での継体没年）の末尾に、「或本云」として記述されている「注」の内容も、再検討が必要となる。

或本に云はく、（継体）天皇、二十八年歳次甲寅に崩りましぬといふ。而るを此に（本文に）二十五年歳次辛亥に崩りましぬと云へるは……

もしもこの記述が真実を暴露したものであるとすると、I部第一章で述べたように、継体は安閑元年（甲寅）の前年、即ち癸丑の年に亡くなったということになる。これを真実とし、更に日本書紀・安閑即位前紀に見られる安閑即位に際しての異常な皇位継承の記述を重ね合わせると、以下に述べる実に不思議な経過が浮かびあがってくる。継体没年に関する私の「第二の推理」であり、結論である。

継体は「筑紫の国造・磐井の乱」に出陣し、緒戦は大勝利となった。「筑紫の王者・磐井」を討ち取ることに成功したのである。しかし、継体軍はその後、勢いを盛り返した「磐井の後継者」に打ち破られた。継体軍は壊滅状態となり、継体は行方不明となった。このため、継体は戦死したと思われていた。しかし、その実、継体は捕虜として生き延びていた。近畿天皇家では、敗戦と天皇の戦死という混乱のために、天皇位に三年間の空白が続いた。その混乱が漸く終息し、留守を預かっていた安閑が西暦五三一年の辛亥の年に即位した。そして安閑は、「継体は丁未の年に亡くなった」と継体の「帝紀」を作成して伝承に追加した。ところが西暦五三三年の癸丑の年に、戦死したと思われていた継体が虜囚を許されて生還した。それが日本書紀の安閑即位前紀に記述されている以下の記述なのではなかろうか？

（継体天皇）二十五年の春二月の辛丑の朔丁未に、男大迹天皇、大兄《おほえ》を立てて天皇としたまふ。即日に、男大迹天皇崩《かむあが》りましぬ。

（中略）

（安閑天皇）元年……（中略）是年、太歳《おほどし》甲寅。

表29　安康即位年から安閑没年までの経過

代	天皇	古事記 即位年	古事記 没年	古事記 在位年数	古事記 西暦	日本書紀 元年	日本書紀 没年	日本書紀 在位年数	日本書紀 西暦
20	安康	**甲午**	**丙午**	**一三**	**四五四** **四六六**	甲午	丙申	三	四五四 四五六
	市辺天皇	**丙午**	**丙午**	**〇**	**四六六** **四六六**				
21	雄略	**丙午**	己巳	**二四**	**四六六** **四八九**	丁酉	己未	二三	四五七 四七九
22	清寧	**庚午**	**壬申**	**三**	**四九〇** **四九二**	庚申	甲子	五	四八〇 四八四
23	顕宗	**壬申**	**己卯**	八	**四九二** **四九九**	乙丑	丁卯	三	四八五 四八七
24	仁賢	**己卯**	**己卯**	**〇**	**四九九** **四九九**	戊辰	戊寅	一一	四八八 四九八
25	武烈	**己卯**	**丙戌**	八	**四九九** **五〇六**	己卯	丙戌	八	四九九 五〇六
26	継体	**丙戌**	**癸丑**	**二八**	**五〇六** **五三三**	丁亥	辛亥	二五	五〇七 五三一
27	安閑	**辛亥**	乙卯	**五**	**五三一** 五三五	甲寅	乙卯	二	五三四 五三五

＊西暦五三一年から西暦五三三年までは、継体と安閑の二人の天皇となる。太字は復元したもの。

日本書紀の中に唯一存在する、《前天皇が次天皇を即位させた直後に崩ずる》という異常な皇位継承の記述である。これは戦死したと思われていた継体が生還したことにより生じた継体と安閑の「二人の天皇」という齟齬を繕うために、苦心して考え出された記述なのではなかろうか。日本書紀は安閑の即位を辛亥年としている。すると日本書紀の編述方針からすれば、安閑の元年は辛亥年か或いはその翌年の壬子年でいいはずなのである。ところが安閑の元年は、即位した辛亥年の三年後の甲寅年とされている。この《即位してから元年が設置されるまでに理由不明の数年間が存在する》という状況は、日本書紀ではここ以外には存在しない。それを説明するには、安閑が即位した数年後に、死亡したと思われていた継体が復活した（生還した）からと考えなければ説明できない。虜囚生活の中で衰弱していた継体は、送還されて間もない癸丑の年に死亡した、このために安閑の元年は、日本書紀編纂の時に辛亥から癸丑の翌年の甲寅に訂正された。これが真実なのではなかろうか。

以上を纏めると、安康即位年から安閑没年までの経過は二七一ページの表29のようになる。

10 「帝皇日継」「先代旧辞」の作成された時期

古事記の継体記の原伝承は、安閑即位年（辛亥の年）後の間もない頃に安閑によって「継体は丁未年に死亡した」と作成された。しかし、死亡したと思われていた継体が癸丑の年に生還した。それにも拘らず古事記の原伝承はそれを訂正していないということになる。ということは古事記の原伝承である「帝紀」「先代旧辞」は一旦作成されると決して改訂されることはなかった、という事を意味するのではなかろうか。そのために継体が生還しても、古事記の原伝承では依然として「継体は丁未年に死亡した」という姿のまま伝承された。

古事記序文によれば、近畿天皇家の「帝紀」「先代旧辞」は、古事記撰録の直前までは口伝で伝えられたとされている。私は、最初、「帝紀・先代旧辞は神聖であるが故に、一旦、作成されると決して改変されることはなかったであろう」と考えていた。しかし「神聖であるから改変されなかった」というのではなく、「口伝」であったから改変は許されなかったということなのではなかろうか。「口伝」では、暗記・記憶が頼りである。この場合、一つのリズムみたいなものがあって、語りを旋律にのせるような具合で記憶するのではなかろうか。一旦、覚え込んだものを訂正するとなると記憶に混乱を生じやすくなる。このような混乱は「記憶による伝承」の世界では禁物であろう。リズムが乱れると記憶することが困難になる。記憶を正しく呼び覚ますことも困難になる。「帝紀」や「先代旧辞」の改変は口伝担当者が拒否したのかもしれない。

これが真実であるとすると、古事記の原伝承である「帝皇日継」「先代旧辞」の作成された時期が限定されてくる。安閑は西暦五三一年の辛亥の年に即位し、即位後間もなく「継体は丁未の年に没した」と先代の伝承を作成した。これは継体が生還する西暦五三三年の癸丑の年までには作成され、それまでの「帝皇日継」「先代旧辞」に追加されていたことになる。則ち安閑即位から継体の生還までの間に継体の伝承は作成され、「帝皇日継」に追加されたことになる。追加されたあとは、決して訂正されることはなかったということになる。この間は二四カ月である。従って継体の伝承が作成され、「帝皇日継」「先代旧辞」に追加されたのは、《安閑が即位した時点から一年～一年半までの間》、と考えた方が良いと思われる。

11　用明在位年数が短縮された理由——儒教思想による天皇の格付け

日本書紀は、敏達即位年以降の実年からのズレを、何故、用明の踰年即位を没年即位に改変し、用明在位三年を二年に短縮することで是正したのか？　この数カ月、疑問に思っていたことに漸く説明をつけることができた。日本書紀は何故、敏達の在位を一四年から一三年に短縮せずに、それでなくても在位が三年でしかない用明の在位を二年に短縮してまで敏達の在位年数を一四年と記述するような改変をおこなったのか？　という疑問である。

この件については次のようには考えられないだろうか。日本書紀編纂者は、各天皇に対して儒教思想による格付けをおこなっていた――順位をつけていた、と。

没年即位のこともあれば踰年即位のこともある皇位継承の原伝承を、日本書紀は踰年元年に改変した。すべての皇位継承が没年即位であったならば、それを踰年元年に改変したとしても、それぞれの天皇の在位年数の表記には差は生じない。どの天皇も、没年即位の年の分は在位年数には計算されないからである。しかし、実際には没年即位の天皇もいれば踰年即位の天皇もいる。踰年即位の天皇の在位年数は、当然、即位の年から崩御の年までの年数として記述される。実数通りである。しかし、没年即位の天皇の場合は、即位の年は在位年数には計算されない。その翌年（踰年）を「在位一年目＝元年」と勘定する。従って表記上は、実際の即位の年から崩御の年までの年数よりも一年短く記述されることになる。踰年元年に改変したために、在位年数の表記に差別が生じることになったのである。この「差別」を日本書紀編纂者がどのように考え、どのように処理したのか、ということなのである。

欽明・敏達・用明について、日本書紀の在位年数の記述の仕方から格付けをするとすれば、どのような順になるであろうか？　日本書紀の記述している欽明在位年数「三二年」は、即位の年から没年までの実数としての在位年数「三三年」よりも一年短縮されて記述されている。従って少し粗略に扱われていることになる。敏達の場合は実数通りである。しかも没年即位であったものを踰年即位に改変してあった。ものすごく優遇されていることになる。それに反して、用明の場合は、実際は踰年即位での三年在位であったものを、没年即位に改変され、元年からの在位年数は二年と表記されている。用明の在位年数は短縮されていることになる。用明が一番粗略に扱われている。これらから考えると、格付けの一番は敏達である。その次は欽明である。最後が用明である。用明は一番格が低いと判断されている。それは何故だろうか？

用明は群臣の協議によって即位することができた天皇である。日本書紀では、敏達は太子を指定していない。しかし古事記は、敏達の皇子の一人を「忍坂の日子人の太子」と記述している。この「忍坂の日子人王」は舒明天皇の父である。古事記は、「忍坂の日子人王」を太子と記述しているが、日本書紀・敏達紀は「押坂彦人大兄皇子」を太子とは記述していない。そして太子未定のまま敏達が崩御し、群臣の協議により用明が擁立されて天皇に即位したとしている。

しかし古事記が「忍坂の日子人王は敏達の太子である」と記述しているのであるから、「忍坂の日子人王」は敏達の太子だったのである。「忍坂の日子人の太子」は何故、太子でありながら天皇になれなかったのであろうか？　押坂彦人大兄皇子（古事記の忍坂の日子人の太子）は日本書紀では、敏達の次の天皇である用明の二年条に出現しており、敏達崩御後も存命しているように記述されている。そしてその用明紀（用明二年）において「太子彦人皇子」と記述されている。押坂彦人大兄皇子は、日本書紀では用明紀において太子なのである。しかし押坂彦人大兄皇子は日本書紀・用明二年で太子と記述されながら、その後一切出現しない。太子と記述しておきながら、何時亡くなったのかの記述すらない。日本書紀においては、この押坂彦人大兄皇子以外はすべて、ひとたび「太子」と記述された人物は、たとえ天皇に即位することはなかったにせよ、その薨去についての記述がある。応神の太子の宇治稚郎子皇子、允恭の太子の木梨軽皇子、推古の太子の廐戸皇子（聖徳太子）、天武の太子の草壁皇子、いずれも薨去のことが記述されている。しかるに押坂彦人皇子のみ、用明二年条で「太子」と記述されていながら、その薨去に関してまったく無言である。これもおかしいのである。用明二年は丁未年である。日本書紀の述べる通りに用明二年（丁未年）の出来事を箇条書きにしてみよう。

（一）四月二日　用明、病に倒れる
（二）四月　「太子彦人皇子」の記述
（三）四月九日　用明崩御
（四）六月七日　穴穂部皇子の変
（五）七月　物部守屋の乱
（六）八月二日　泊瀬部皇子が崇峻天皇として即位

日本書紀の記述に沿って考えても、用明崩御の時点には、押坂彦人皇子は太子である。従って用明崩御後は、当然、押坂彦人皇子が天皇になるべきなのである。皇位継承に関して争乱となるのであるならば、押坂彦人皇子対誰それであるべきである。しかし実際は太子の押坂彦人皇子をまったく無視して、泊瀬部皇子と穴穂部皇子の二人が皇位争奪戦を演じている。ここには、用明崩御後においては主人公であるべき太子彦人皇子がまったく登場しない。この経緯からすれば、「用明崩御後の皇位争奪戦の時点には、押坂彦人皇子は既に死亡している」と考えねばならない。

それでは押坂彦人皇子が亡くなったのは何時なのか？　用明二年条には、物部と蘇我を頂点とする「崇仏か在来の神か」の闘争と、押坂彦人皇子の居館における群臣間の〝暗殺事件〟が記述されている。押坂彦人皇子の周辺で殺し合いがあったのである。しかし、「崇仏か在来の神か」の争いは、既に敏達時代に発生している。忍坂の日子人の太子は、この「崇仏か在来の神か」に形を借りた物部と蘇我の権力闘争に巻き込まれて敏達崩御直前に暗殺されて死亡したのだと思う。敏達崩御直前であったために、敏達は改めて太子を指定することができなかったのではなかろうか。しかし日本書紀編纂者は「忍坂の日子人の太子」が暗殺されたことを隠蔽したかった。そのため忍坂の日子人の太子は用明二年まで生存していたかのように記述することで、忍坂の日子人の太子が暗殺されたことを隠蔽したのだと思う。

敏達天皇の系譜をみてみよう。敏達の父・欽明の誕生年は、前節で癸巳と確定した。欽明紀は「欽明十五年（甲戌の年）、渟中倉太珠敷尊（後の敏達）を太子と為す」と記述している。そして敏達即位前紀では、敏達の太子就任時の年齢を二九歳としている。なお日本書紀は、欽明十三年に敏達の同母の兄・箭田珠勝大兄皇子が亡くなったと記述している。これを表にすると表30のようになる。

敏達は甲戌の年に二九歳である。とすると、敏達は丙午の年の生まれということになる。敏達の父・欽明の誕生年の癸巳（西暦五一三年）の直近の丙午の年は、西暦五二六年の丙午（継体二十年）であ

表30　欽明誕生年から敏達立太子までの経過（1）

	干支	西暦	
継体八年	癸巳	五一三	欽明誕生
欽明十三年	壬申	五五二	敏達の兄・箭田珠勝大兄皇子没
欽明十五年	甲戌	五五四	敏達立太子（二九歳）

表31　欽明誕生年から敏達立太子までの経過（2）

	干支	西暦	
継体八年	癸巳	五一三	欽明誕生
継体二十年	丙午	五二六	敏達誕生
欽明十三年	壬申	五五二	敏達の兄・箭田珠勝大兄皇子没
欽明十五年	甲戌	五五四	敏達立太子（二九歳）

る。これを表30に挿入しよう。すると表31となる。

　欽明は癸巳の年の生まれ、その子の敏達は丙午の年の生まれとなる。癸巳から丙午までは、あしかけ一四年である。従って敏達は欽明一四歳の時の子となる。父子の年齢差としてはあまりにも小さすぎる。その上に敏達には箭田珠勝大兄皇子という同母の兄がいた。すると、欽明とその長子の箭田珠勝大兄皇子の年齢差は、欽明と敏達の年齢差よりもまだ小さくなる。欽明は一一～一二歳で箭田珠勝大兄皇子をもうけたことになる。これはありえない。従って敏達は甲戌の年に二九歳ではない。継体の「磐余《いはれ》の玉穂に遷都」を日本書紀本文の記す継体二十年とすると、敏達は父親の欽明よりも年上になってしまうので、こちらの方は問題外である。

　日本書紀・敏達即位前紀の記述する「敏達は太子になった年（甲戌年）に二九歳であった」ということから推測できるのは、「敏達は太子になった年（甲戌年）に一九歳であった」ということである。日本書紀編纂者は敏達の太子就任時の年齢について、何故か一〇歳サバをよんだ年齢とした。日本書紀は、雄略の在位をそっくり一〇年古い方に移動していた。雄略の場合とは全く逆に、敏達の場合は太子就任時の年齢を一〇歳年長に改変したのである。これならば欽明と敏達の年齢差は二四歳となる。

欽明とその長子の箭田珠勝大兄皇子の年齢差は二〇歳前後となる。これならば普通のこととなる。敏達は甲戌の年に一九歳であった。そうすると敏達は丙辰生まれとなる。その敏達は古事記によれば甲辰の年に亡くなっている。敏達は四九歳で亡くなったことになる。その敏達が二〇歳で長子をもうけていたとすれば、敏達の長子は敏達没年には三〇歳である。それが「忍坂の日子人の太子」である。この「忍坂の日子人の太子」は、敏達崩御の直前に暗殺されたと思われるが、二〇歳前後の頃に子をもうけていたとする。「二〇歳前後の頃に子をもうけていた」という仮定には何も問題はないと思う。自然である。この子が古事記の敏達記に述べられている「日子人太子、庶妹田村王、亦の名は糠代比売命を娶して、生みませる御子、岡本宮に坐しまして天の下治らしめしし天皇（舒明天皇）」である。するとその時、舒明は一〇歳前後である。

敏達没年には、直系の孫の舒明はまだ一〇歳前後である。天皇に即位するには無理だ。そこで舒明が成人するまでの間、誰を次期天皇にするかで群臣間で協議がもたれた。その結果、群臣の合意により用明が天皇として即位することになった。要するに用明はピンチヒッターの天皇であった。臨時採用の天皇であった。漢風諡号の「用明」というのも臨時採用の「用」なのではないだろうか。用明は前天皇から正規の太子とされた天皇ではない。そのために天皇としての格は低いことになる。

ここで欽明はどうだろうか？　欽明は父親の継体から嫡子として可愛がられたようではあるが、古事記・日本書紀ともに「継体の太子である」とは記述していない。先代（宣化）から「太子である」とも認定されてもいない。そこが欽明の場合はマイナス点になったのであろう。ただし欽明は群臣の合意により天皇に即位したのではない。実力で宣化から天皇位を奪い取った天皇である。その点で用明よりは格上とされたのではないかと思う。

唯一、敏達は先代から「正規の太子」とされている。儒教が最も重んずる点なのではなかろうか。従って敏達はこの三名の天皇の中では、一番、格の高い天皇である。逆に一番、格が低いのは用明なのである。それは群臣の合意により天皇に即位することができたからである。ピンチヒッターの天皇であったからなのである。従って、儒教思想により踰年元年を採用した結果生じた敏達の元年と没年の干支と実年との間のズレは、格の低い用明の即位年及び在位年数を改変することで是正したのである。

第六章　履中紀に秘められた真実と仁徳天皇の秘密

1　履中と敏達――儒教思想による天皇の格付け、「太子天皇」

ここでは、仁徳没年から反正没年までを復元しよう。古事記・日本書紀の記す応神以降の天皇の没年と元年は次ページの表32の通りである。

II部の第四章における論証により、古事記の記す第十八代・反正天皇の没年は西暦四三七年の丁丑であることがわかっている。そして古事記の記す履中の没年は壬申である。古事記・日本書紀ともに、履中から反正への皇位継承においては争乱は記述していない。しかも履中は生前に反正を太子としている。従って反正の即位は日本書紀の記述する通り、踰年即位であり踰年元年であると考えてよい。するとと古事記における反正の即位年は、古事記の記述する「履中の没年・壬申」の翌年の癸酉である。そうすると古事記における反正の在位は癸酉から丁丑までとなる。この間は、あしかけ五年であり、日本書紀の記述する反正の在位年数にぴったり合致する。このことは、古事記による反正の没年の丁丑、そして履中の没年の壬申は真実である、ということの傍証である。履中の没年の壬申は西暦四三二年の壬申であり、反正の即位年は、その翌年の西暦四三三年の癸酉となる。

図28　古事記による仁徳没年から反正没年までの経過

表32　応神没年から反正没年までの記述

代	天皇	古事記 寿命	古事記 即位年 没年	古事記 在位年数	古事記 西暦	日本書紀 元年 没年	日本書紀 在位年数	日本書紀 西暦
15	応神	一三〇	甲午			庚寅 庚午	四一	二七〇 三一〇
16	仁徳	八三	丁卯			癸酉 己亥	八七	三一三 三九九
17	履中	六四	壬申			庚子 乙巳	六	四〇〇 四〇五
18	反正	六〇	丁丑		**四三七**	丙午 庚戌	五	四〇六 四一〇

太字は復元したもの。

次は履中の在位。古事記の記す仁徳没年は丁卯である。履中の没年（壬申年）の直近の丁卯は六年前である。この数値は日本書紀の記す履中の在位年数に一致している。従って、「履中は仁徳没年に即位した」と考えれば、古事記の記述方式では履中没年の壬申年は履中六年となり、日本書紀の記す履中の在位年数の六年に合致する。従って仁徳没年は西暦四二七年の丁卯である。そして履中の即位年も同じ丁卯である。

ということは、日本書紀は没年即位の履中を踰年即位に改変してあるということになる。古事記・日本書紀によれば、仁徳から履中への皇位継承に際しては紛争が存在した。仁徳は長子の去来穂別《いざほわけ》（後の履中天皇）を太子とした。しかし仁徳崩御後に、仁徳の次子・住吉仲皇《すみのえのなかつみ》子《こ》が反乱を起こし、帝位を簒奪しようとした。結局、住吉仲皇子の軍は打ち破られ、住吉仲皇子は死亡する。そして仁徳の太子・去来穂別が履中として次期天皇に即位した。古事記の記述によれば、その履中の即位は没年即位なのである。ここでも争乱時の皇位継承は、その争乱を年内に鎮圧できた場合は没年即位であるということを証明している。日本書紀はそれを踰年即位に改変してあるのである。

　日本書紀の、この仁徳・履中間の皇位継承の記述の仕方は、欽明・敏達間の皇位継承の記述の仕方と同じである。これにより、日本書紀の履中紀・敏達紀における記述様式の真の意味が明らかになった。敏達は先代の欽明から太子に指定されていた。そして即位年からの一四年の在位年数を実数通り一四年と記述するために、没年即位であったものを踰年即位に改変されていた。即位を没年即位のままで記述すると、即位年の分は在位年数には勘定されない。没年即位の場合は、即位の年の翌年（踰年）が元年＝一年目だからである。そうすると「在位年数」としては実数よりも一年短縮されて表記されることになる。これを避けるために敏達の即位は踰年即位に改変されたの

表33　仁徳没年から反正没年までの実年

		古事記				日本書紀		
代	天皇	寿命	即位年 没年	在位 年数	西暦	元年 没年	在位 年数	西暦
16	仁徳	八三	丁卯		**四二七**	癸酉 己亥	八七	三一三 三九九
17	履中	六四	**丁卯** 壬申	**六**	**四二七** **四三二**	庚子 乙巳	六	四〇〇 四〇五
18	反正	六〇	**癸酉** 丁丑	**五**	**四三三** **四三七**	丙午 庚戌	五	四〇六 四一〇

太字は復元したもの。

である。履中の場合も同じである。履中も先代の仁徳から太子に指定されていた。そしてその履中の在位年数を即位の年からの実数としての六年と表記するために、没年即位であったものを踰年即位に改変してあるのである。儒教思想による「天皇としての格付け」は、やはり前天皇から太子に指定されていたか否かが重要なことのようである。

敏達の場合も履中の場合も、太子が即位して天皇になった……即ち「太子天皇」である。儒教の最も重んずるところの格の高い天皇である。従ってその在位年数は実数通り記述されねばならない。これも日本書紀編纂者の記述方針の一つなのであろう。そのために、没年即位であった二人は踰年即位に改変されねばならなかったのである。

さて、仁徳の即位年に入る前に、ここまでに確定できた実年を表にしておこう（表33）。

2　仁徳天皇の前に宇治天皇が存在した

日本書紀は仁徳の在位を癸酉から己亥までの八七年としている。あり得ない長さの在位年数である。これは真実の在位年数に何等かの操作を加えることで導き出された在位年数である。「何等かの操作」として先ず第一に考えられるのは、日本書紀の記す仁徳在位八七年というものは干支一巡分が追加された在位年数である、と考えることである。そうすると仁徳の在位は［87－60＝27］から、二七年となる。

二番目の考え方。同じく干支一巡分が追加されたのであるが、その前に一年短縮されていて八七年となったのではないか、と考えるもの。というのも、履中の在位年数は仁徳没年に即位してからのあしかけ六年である。履中即位年の一年は仁徳没年でもある。この一年を履中の在位年として勘定したのであるから仁徳の在位年数は一年短縮されねばならないことになる。欽明・敏達・用明の場合は、三番目の用明を踰年即位から没年即位に改変して在位年数を一年短縮することで帳尻を合わせてあった。しかし仁徳・履中・反正の場合はそのようにする訳にはいかない。何故ならば、仁徳・履中・反正の場合は、履中・反正ともに「太子天皇」であるからである。三番目の反正も履中の正規の太子であった。従って反正の在位年数も実数通りに記述されねばならないのである。仁徳・履中・反正の中で、先代の太子でなかったのは仁徳だけである。従って没年即位の履中の在位を実数通りの六年と記述してあるから、仁徳在位は一年短縮されていると考えねばならない。一年短縮された表記が八七年であるならば、もとの年数は八八年であり、そしてこの八八年が干支一巡分を追加されたものであるならば、真実の仁徳の在位年数は二八年ということになる。

三番目の考え方。日本書紀は、応神没年を庚午、仁徳即位年を癸酉としている。庚午からの干支の流れは次の通りである。

庚午――辛未――壬申――癸酉

応神没年　一年目　二年目　三年目（仁徳即位）

この日本書紀の経過を古事記の記す応神没年に当てはめよう。古事記は応神の没年を甲午としている。古事記の記す応神没年の甲午からの干支の流れは「甲午・乙未・丙申・丁酉」であるから、古事記では、仁徳は丁酉の年に即位したことになる。すると仁徳の在位は丁酉から丁卯までの三一年となる。

しかし仁徳の在位年数については、更にもう一つの可能性がある。日本書紀の記す仁徳の在位年数八七年をゴチャゴチャ考えずに、允恭の場合と同じように三倍されたものであると考えるのである。すると、

[87÷3＝29]

となり、二九年という数字が出てくる。これが仁徳の在位年数なのかもしれないのである。古事記の記す応神の没年の甲午から古事記の記す仁徳の没年の丁卯までは、あしかけ三四年である。仁徳の在位年数としては、二七年・二八年・二九年・三一年のどちらも可能性として成立する。この四つの可能性のうち、仁徳の真の在位年数はどちらなのであろうか？　次はそれを追究しよう。

日本書紀の中の仁徳天皇は不思議な天皇である。最大級の賛辞でもって記述されているのであるが、日本書紀では寿命が不明なのである。日本書紀においては、神武から仁徳の直前の応神までは、全ての天皇の寿命が分かるようになっている。その天皇の最終年の条で寿命を記述するか、即位前紀或いは先代の天皇の在世中の説話から誕生年がわかるように記述されている。しかるに神武から順に辿った場合、日本書紀の記述で「寿命不明」の最初の天皇が仁徳天皇なのである。これは、「日本書紀編纂者が何かを企んだ」と考えた方がいい。日本書紀編纂者は、わざと仁徳の寿命を不明にしたのである。その理由は、仁徳の即位に問題があったからなのであろう。

仁徳の先代は応神である。そしてその応神の太子は仁徳ではない。応神の太子は、末っ子の菟道稚郎子《うぢのわきいらつこ》である。日本書紀・応神十五年条に記述されている。

十五年の秋八月の壬戌の朔丁卯に、百済の王、阿直岐を遣《まだ》して、良馬二匹を貢《たてまつ》る。……阿直岐、亦能く経典《ふみ》を読めり。即ち太子菟道稚郎子、師としたまふ。

応神天皇の太子は大鷦鷯尊《おほさざきのみこと》（後の仁徳天皇）ではなくて、弟の菟道稚郎子であったことがわかる。そして菟道稚郎子が太子であることは応神天皇四十年（崩御の前年）でも変わっていない。

応神四十年

大鷦鷯尊を以て、太子の輔として、国事を知らしめたまふ。

第十五代天皇の応神は、第十六代の天皇として末っ子の菟道稚郎子を指定したのだが、実際に第十六代の天皇として即位したのは大鷦鷯尊であった。

その理由については仁徳天皇即位前紀に次のように記述されている。長文なので箇条書きにする。

①応神天皇没後、皇位を大鷦鷯尊と菟道稚郎子の二人で譲り合った。

②このため、皇位が三年間空位となった。

③この間、大山守皇子（菟道稚郎子の異母兄にあたる）が皇位をねらって謀反を企んだ。これを知った大鷦鷯尊が菟道稚郎子に密告した。このため菟道稚郎子は軍備を整えて来襲を待ち受け、大山守皇子の軍を打ち破った。

④菟道稚郎子は、自分が（生きて）いると、徳の高い兄の大鷦鷯尊は、父・応神天皇の遺言に従い、決して帝位につかないと悟り、兄を帝位につけるために自殺した。

となっている。ほろりとさせられる説話である。数少ない「踰年元年には相当しないケース」となった理由が明記されている。

しかしこの日本書紀・仁徳天皇紀の記述は、「徳の高い兄を帝位につけるために太子が自殺した」とされており、なにかしら嘘っぽい感じがする。記載されている通りの経過であったのだろうか？

ここで風土記を紐解いてみよう。播磨国風土記・揖保郡・上筥岡の条である。そこには、

宇治の天皇のみ世、宇治連等が遠祖、兄太加奈志・弟太加奈志の二人、大田の村の与富《よふと》等の地を請ひて、田を墾《は》り蒔《たねま》かむと来る時、……

とある。秋本吉郎校注『日本古典文学大系　風土記』（岩波書店、一九五八年）の「宇治の天皇」に対する解説を見ると、

応神天皇の皇太子菟道稚郎子皇子。記紀には、帝位を御兄（仁徳天皇）に譲って即位せられなかったとあるが、ここに天皇とあるのは、日本書紀によって天皇の御歴代が確定する以前の称によったものである。天皇とするからその「み世」という言い方が出来るのである。

としている。これで見ると歴代天皇は、神武天皇以降すべてが明確に確定していた訳ではなさそうである。日本書紀作成の段階で「あの方は天皇とし、この方は非天皇とする」と決定されたようなのである。一方、播磨国風土記の中では「宇治の天皇のみ世……」と菟道稚郎子が天皇であったことを明確に伝えている。そしてこの播磨国風土記は日本書紀が作成される前に成立しているのである。どちらが正しいのであろうか？　日本書紀・応神天皇二十八年条には次のような記述もある。

二十八年の秋九月に、高麗の王、使を遣して朝貢る。因りて表上《ふみたてまつ》れり。其の表に曰はく、「高麗の王、日本国に教《おし》ふ」といふ。時に太子菟道稚郎子、其の表を読みて、怒りて、高麗の使を責むるに、表《ふみ》の状《かたち》の礼無《ゐやな》きことを以てして、則ち其の表を破《やりす》つ。

応神の太子・菟道稚郎子皇子は誇り高く、父・応神を差し置いて日本の代表のような振る舞いをしている。兄に皇位を譲る人のような雰囲気にはとれない。また、日本書紀・仁徳即位前紀には、菟道稚郎子皇子の異母兄・大山守皇子が皇位を狙って菟道稚郎子皇子を襲う件が述べられている。菟道稚郎子皇子は、その際、前もって防備を固め、攻め寄せてくる大山守皇子を待ち伏せして逆に討ち滅ぼしている。

時に太子、兵を設《まう》けて待つ。大山守皇子、其の兵備へたることを知らずして、独数百の兵士を領《ひき》ゐて、夜半に、発ちて行く。会明《あけぼの》に、菟道に詣りて、将に河を度らむとす。時に太子、布袍服《あさのみそき》たまひて楫櫓《かぢ》を取りて、密《ひそか》に度子《わたりもり》に接《まじ》りて、大山守皇子を載せて済したまふ。河中に至りて、度子に誂《あと》へて、船を踏みて傾《くつがへ》す。是に、大山守皇子、堕河而《かはに》没《おち》りぬ。更に浮き流れつつ歌して曰はく、……然《しか》るに伏兵多に起りて、岸に著くこと得ず。遂に沈みて死せぬ。

表34　応神没年から仁徳没年までの実年

代	天皇	古事記 寿命	古事記 即位年 没年	古事記 在位年数	古事記 西暦	日本書紀 元年 没年	日本書紀 在位年数	日本書紀 西暦
15	応神	一三〇	甲午		**三九四**	庚寅 庚午	四一	二七〇 三一〇
	宇治天皇		**乙未 己亥**	**五**	**三九五 三九九**			
16	仁徳	八三	**己亥** 丁卯	**二九**	**三九九 四二七**	癸酉 己亥	八七	三一三 三九九

太字は復元したもの。

応神在位中の高麗王の書簡の件や、応神没後の異母兄・大山守皇子を討ち果たす経緯からは、菟道稚郎子皇子は、徳の高い（?）兄・大鷦鷯尊に天皇位を譲る人のようには見えない。兄を天皇につけるために自殺するような人にはみえない。私は風土記の記述の方を信じる。応神天皇が死去した時、その後継者として帝位に登ったのは、応神天皇によって太子とされた菟道稚郎子皇子であったと思う。則ち「宇治天皇」である。日本書紀・仁徳天皇即位前紀に述べられている説話は、仁徳天皇が菟道稚郎子皇子から帝位を簒奪したことを隠すための言い繕いの説話だと思う。菟道稚郎子皇子は異母兄・大山守皇子の反乱を鎮圧してホッとして油断したところを、もう一人の異母兄・仁徳に衝かれて滅ぼされたのだと思う。

日本書紀が仁徳の寿命を記述していないのは、その即位の経緯をボカすためだったのであろう。そうすると「応神崩御後、皇位の空白期間は三年であった」ということも嘘なのであろう。仁徳が菟道稚郎子皇子（宇治天皇）を滅ぼしたのは、応神崩御後三年目ではなく、もう少し経過した年なのであろう。ここで仮に「菟道稚郎子皇子（宇治天皇）」の在位が五年であったとする。五年という年月は、「二人が帝位を譲り合って、皇位空白のまま五年が経過した」とするには少し長すぎる年月である。そのため、仁徳が菟道稚郎子皇子（宇治天皇）を攻め滅ぼした年を応神崩御から三年目の年に設定しなおし、応神崩御からその年までの期間を「二人が帝位を譲り合った」と改変したのだと思う。従って、仁徳在位年数は三一年の方ではない。二七年か二八年か二九年のどちらかである。この三つの中のどれかだとすると、三倍すれば日本書紀が仁徳の在位年数として記述している八七年となる二九年の方が可能性が高いことになる。日本書紀は既に允恭のところで在位年数を三倍にするという改変をおこなっているからである。仁徳即位にはそのような隠された事実があったのだと思う。古事記の記す仁徳没年の丁卯を、あしかけ二九年遡ればそれは己亥である。これが仁徳の即位年であろう。古事記の記す仁徳没年の丁卯は西暦四二七年の丁卯であった。この丁卯の二九年前の己亥は西暦三九九年である。これが仁徳の即位年である。古事記が応神の没年としている甲午をその直近に求めると、それは西暦三九四年の甲午である。

古事記の記す応神没年の甲午からの干支の流れは、「甲午―乙未―丙申―丁酉―戊戌―己亥」である。おそらく乙未から己亥までのあしかけ五年は、菟道稚郎子皇子が天皇（宇治天皇）であったのであろう。

第七章　応神天皇は神功皇后の孫である

1　応神天皇の誕生年と神功皇后の誕生年

古事記は仁徳を西暦四二七年の丁卯の年に八三歳で亡くなったとしている。すると仁徳の生年は西暦三四五年の乙巳の年となる。

そして古事記は応神を西暦三九四年の甲午の年に一三〇歳で亡くなったとしている。一三〇歳という応神の寿命は干支一巡分が加えられた寿命である。従って［130－60＝70］から、応神の真実の没年齢は七〇歳となる。応神は西暦三九四年の甲午の年に七〇歳で没したのである。すると応神の誕生年は西暦三二五年の乙酉ということになる。これが古事記による応神の誕生年である。応神の誕生年は乙酉、そして仁徳の誕生年は乙巳。仁徳は応神二一歳の時の子となる。天皇家の男性は二〇歳で正妃を迎えたということが言えそうである。

古事記は応神天皇の在位年数も神功皇后の没年も記述していない。そこでこの部分は日本書紀を参考にして構築することにする。日本書紀は応神の在位を四一年としている。古事記の記す応神没年の西暦三九四年の甲午を四一年遡ると、それは西暦三五四年の甲寅である。これが古事記による応神の即位年である。応神は乙酉生まれであった。すると応神は、即位年の甲寅には三〇歳となる。即位の年齢としても妥当である。

古事記は神功皇后の没年を記述していない。しかし、応神の即位年が西暦三五四年の甲寅とわかった。神功から応神への皇位継承は最も平穏な皇位継承のうちの一つである。従って応神の即位は踰年即位・踰年元年であろうと考えられる。日本書紀も応神の即位を踰年即位としている。このことから神功の没年は、応神の即位年の甲寅の前年、癸丑となる。西暦三五三年である。

神功皇后は西暦三五三年の癸丑の年に没した。そして古事記・日本書紀ともに神功皇后を百歳で亡くなったとしている。癸丑の年に百歳ということは、神功は西暦二五四年の甲戌生まれということになる。すると意外な事実が浮かび上がってくる。応神は西暦三二五年の乙酉の年に生まれていた。応神が神功の子であるとすると、神功は七二歳で応神を産んだことになる。これはいかに何でもおかしい。I部第四章で論証したように、二倍年暦は存在しない。従って残る可能性は、神功の百歳という寿命は、干支一巡分の六〇年が追加されてできたものであるということである。すると［100－60＝40］から、神功は実際は四〇歳で亡くなったということになる。すると、神功は西暦三一四年の甲戌生まれということになる。しかしこれを採用すると、今度は夫である仲哀天皇と時代が合致しなくなる。古事記は仲哀天皇を壬戌の年に五二歳で亡くなった、としているからである。神功を四〇歳で亡くなったとして、神功の没年の癸丑から四〇年前の神功の誕生年の甲戌までの間には、仲哀の没年とされる壬戌は存在しない。壬戌は神功の誕生年の甲戌の一二年前なのである。従って仲哀と神功が夫婦となりうるためには、神功は古事記・日本書紀の記す通り百歳で亡くなったとしなければならない。

神功は卑弥呼とは約二世代違うことになる。神功の生まれた西暦二五四年には、卑弥呼は生きていれば五〇歳すぎだからである。また、古事記から導かれる応神・仁徳・允恭の没年齢はいずれも高齢である。これは長寿であった神功の血筋だからなのであろう。

古事記が仲哀の没年としている壬戌を神功没年の前に求めると、それは西暦三〇二年の壬戌となる。古事記も日本書紀も、「仲哀は五二歳で亡くなった」と記述している。仲哀は西暦三〇二年の壬戌に五二歳で亡くなったのである。すると、仲哀は西暦二五一年の辛未年生まれとなる。仲哀は神功の三つ年上となる。

仲哀と神功の没年と寿命の関係から、神功が生まれたのは西暦二五四年の甲戌でなければならない。応神は、やはり神功が七二歳の時に生まれたのである。従って、応神は神功の子ではない。孫か或いは曾孫だ。

古事記・日本書紀によれば、神功の子は三韓遠征の折に生まれている。日本書紀の〝表面的な記述〟では、神功の出産と三韓遠征は同じ年なのである。ところで日本書紀による仲哀の在位はわずか九年である。従って神功の三韓遠征は仲哀の時代ではない。何故かといえば、日本書紀による仲哀の在位年数と没年齢からすると（仲哀の没年齢については古事記も日本書紀と同じように五二歳としている）、仲哀は即位の年には四四歳である。従って三つ年下の神功は、仲哀即位の年には四一歳（満四〇歳）となる。この年齢ならば確かに妊娠・出産は可能ではあるが、果たしてその年齢の神功を仲哀がセックスの相手としたかどうか？　神功が子をもうけたのは二〇歳前後の頃とした方が良いと思う。則ち神功の三韓遠征は神功二〇歳頃のことであろう。それだから神功の三韓遠征は仲哀の時代ではないのである。そうすると神功の三韓遠征は西暦二七三年頃（癸巳の年）のこととなる。天皇でいえば垂仁か景行の時代である。その頃、神功は子をもうけた。その子を仮に男の子であったとして、x王子としておこう。x王子は西暦三二五年の乙酉の年には五三歳である。男ならば五三歳の時に子ができたとしても不思議ではない。このx王子の子が応神天皇であろう。古事記によれば、神功皇后は品夜和気命と品陀和気命（後の応神天皇）の二人の子を産んだとある。或いは神功の長子とされている品夜和気命がx王子なのかもしれない。三韓遠征の約五〇年後に、神功皇后は幼い孫の品陀和気命を伴って大和に攻め上ったのである。

x王子という存在は古事記・日本書紀の表面的な世界には記述されていない。それに三韓遠征後の約五〇年間、神功はどこで何をしていたのかという大きな謎が存在することになる。神功はほんとうに仲哀の妃だったのかという疑いすら出てくる。実際、神功は仲哀の后妃などではなかったと思う。

仲哀天皇の熊襲征伐への出陣の様子（日本書紀仲哀二年条）は一一〇ページに掲載してある通りである。仲哀は熊襲征伐に巡狩先の紀伊国の徳勒津《ところつ》から出発している。

この時、神功は大和にいるのではなく、日本海側の角鹿にいた。妃或いは后が天皇の行幸の伴をせず、しかも巡狩先の紀伊国とは反対側の、都を遠く離れた角鹿にいるということはおかしなことだと思う。日本書紀は仲哀の紀伊国への巡狩への出発の時、「皇后と百寮を留《とど》めたまひて……」と記述している。いったい、「何処に留めたまひて……」なのであろうか？「留めたまひて……」という表現から考えられることは、皇后と百寮は都（大和）に留まっていたということである。従ってこの時、角鹿にいた神功は皇后ではなかったのである。この時、神功のいた角鹿には「気比の大神」の社がある。神功は仲哀の后妃などではなく、角鹿の「気比の大神」を斎祭る単なる巫女だった可能性がある。非常に霊験あらたかとの評判が高かったので、熊襲征伐戦にかり出されたのではなかろうか。そして神功は熊襲征伐戦のみならず三韓遠征戦まで従軍した。そして三韓遠征後、九州に戻ってから筑紫の「宇美」において応神天皇の父となるｘ王子を産み落とした。これが神功皇后二〇歳の頃（西暦二七三年頃）のことである。それから五三年後の西暦三二五年の乙酉の年に応神天皇が生まれたのである。その三韓遠征後の約五〇年間、神功はどこで何をしていたのだろうか？

これは大和朝廷一元史観では、永久に解けない謎となる。古田武彦氏の論証された九州王朝が存在した、と考えなければ神功の奇妙な行動については説明がつけられない。仲哀は二〇歳すぎの若かりし頃、九州王朝の要請で、近畿天皇家の一武将として熊襲征伐戦及び三韓遠征に参戦した。その頃は、仲哀天皇は勿論天皇ではない。帯中日子王子という一王子である。その頃の近畿天皇家の頭領は景行か垂仁である。近畿天皇家そのものも九州王朝における有力な豪族の一人にすぎない。息長帯日売命（後の神功）は角鹿の「気比の大神」を斎祭る霊験あらたかとの評判の高い巫女であったので同行することになった。その息長帯日売命を九州王朝の王が見初めたのである。そしてその時できた子がｘ王子である。仲哀末年の九州・熊襲征伐譚は、景行時代の熊襲平定後に反乱が再燃したものであろう。この時、九州王朝の王は再び仲哀の参陣を促した。参陣した仲哀はこの二回目（或いは三回目？）の熊襲平定戦で戦死してしまったということになる。

ｘ王子は九州王朝では王にはなれなかった。もしも、王になっていれば、その子（神功にとっては孫）の応神を連れて、神功が大和に戻るはずがない。ｘ王子は九州で生まれ、九州で育ち九州で亡くなった。x王子は大和には一歩も足を踏み入れてはいないと思う。大和を知らないまま九州で没した。或いは朝鮮へ出陣して、朝鮮で戦死したのかもしれない。その時、神功は孫の品陀和気命を連れて故郷の大和に戻ったのである。九州では品陀和気命には未来はない。九州王朝の王統は正規の王后の子の血統に引き継がれているからである。神功は自分の孫であり、九州王朝の王の血筋を受け継いでいる品陀和気命を王にするためにやむなく九州を離れ、大和に帰らざるを得なかった。

神功皇后は孫の品陀和気命をつれて大和に帰った。そこには仲哀天皇と大中津比売との間に生まれた皇子であり、仲哀天皇の真の後継者である香坂王・忍熊王兄弟が天皇として君臨していた。神功皇后はこれを打ち破って実権を掌握した。そしてその後二十数年間摂政として頑張った。何故、二十数年間も頑張ったのかというと、孫の応神が幼いからなのだ。「今、死ぬ訳にはいかない、自分が死ねば応神はすぐに殺されてしまう、応神が成長するまでは死ねない」と必死だったであろう。そして百歳まで頑張った。その時、応神は三〇歳である。安心して亡くなったであろう。

古事記の仲哀記に「酒楽《さかくら》の歌」の記述がある。品陀和気命が建内宿禰を伴にして淡海・若狭を経て越前の角鹿に禊の旅に出、二人が無事に帰ってきたときの神功皇后の喜びを述べているくだりである。その説話の内容が、子に対する愛情というよりも孫に対する愛情のように見える。猫っかわいがりの感じなのである。

ここに還り上りましし時、その御祖《みおや》息長帯日売命、待酒《まちざけ》を醸みて献らしき。ここにその御祖、御《み》歌《うた》よみしたまひしく、

この御酒は　我が御酒ならず　酒の司《かみ》　常世に坐す　石立たす　少名御神の　神寿《かむほ》き　寿《ほ》き狂ほし　豊寿《とよほ》き　寿《ほ》き廻《もとほ》し　献《まつ》り来し御酒ぞ　乾《あ》さず食《を》せ　ささ

とうたひたまひき。かく歌ひて大御酒を献りたまひき。

「寿き狂ほし　豊寿き　寿き廻し……」この表現は、子に対する愛情表現としては少し度が過ぎていると思う。この時代の女性は普通であれば一七〜一八歳頃に結婚しているであろう。年齢の近い子に対する愛情表現ではないように感じられる。応神天皇は神功皇后の孫なのだ。そして九州王朝の王の孫なのである。神武天皇以来の近畿天皇家は仲哀で断絶したのである。

　次は神功皇后の摂政元年を捜してみよう。神功皇后の在位は《応神が生まれてから後のこと》であるから、乙酉年以降のことである。一方、前項で神功の没年は癸丑であることが判明している。従って神功の摂政在位年数は、最大でも乙酉から癸丑までの二九年である。即ち神功の摂政在位年数は二九年以下である。決して三〇年以上ではない。そのことを念頭において神功摂政元年を求めるのである。

　応神の誕生年の乙酉年以後に日本書紀の記す神功の摂政元年の辛未を求めると、それは五七年後である。これは成立し得ない。応神が生まれた時の神功の年齢は七二歳であった。従って神功の摂政元年を日本書紀の記す辛未とすると、神功は摂政就任の時には［72＋57＝129］から、それだけでも一二九歳となるからである。

　日本書紀の応神天皇即位前紀に記述されている「神功皇后摂政三年に応神は三歳である。」ということを信じれば、神功の摂政一年は応神の生まれた年ということになる。しかし神功摂政元年は神功の大和征服戦の年でもあった。果たして生まれたばかりの赤ん坊を連れて、九州から大和を征服するための戦の旅に出発するものだろうか？　二〜三時間おきのお乳の心配、おむつの交換などなど、男性ならばいざしらず、女性の場合はとてもこのような乳飲み子を抱えていての戦いの旅に出発しようなどという気持ちになるものではあるまい。少なくとも応神が四〜五歳になるのを待ったような気がする。或いは「辛」で始まる干支だったとすれば西暦三三一年の辛卯である。応神七歳の時となる。そして辛卯から癸丑まではあしかけ二三年である。そしてこれを三倍すると六九年となる！　日本書紀は神功の在位を六九年と記述していた。神功皇后の摂政元年は、この辛卯であろう。西暦三三一年の辛卯である。ここでも允恭・仁徳の場合と同じように「真実の在位年数を三倍する」という延長方法が採用されていることになる。

　ところで、このままでは仲哀没後の大和には、神功が戻ってくるまでは天皇がいないことになる。そんなことはあり得ないので、仲哀と仲哀の嫡后・大中津比売との間に生まれた香坂王と忍熊王兄弟の中のどちらかが天皇であったと思われる。これを仮に兄のように思われる香坂王が天皇に即位していたとする。香坂天皇の即位は何年だったのだろうか？　仲哀は熊襲征伐戦で戦死している。従って異常時の皇位継承であるので香坂天皇の即位は没年即位だったのではないかと思われる。即ち仲哀の没年の壬戌が香坂天皇の即位年であろう。そして香坂天皇の没年は、神功に滅ぼされた年、即ち神功摂政一年であるから辛卯となる。このあしかけ三〇年間の大和には、香坂王が天皇として君臨していた。ただし、香坂天皇は仲哀の子であるとは限らない。香坂天皇は仲哀天皇の子かもしれないし、或いは孫なのかもしれない。香坂天皇の在位年数三〇年は、一代の在位年数としては少し長い方に入るからである。

2　三韓遠征後の約五〇年間、神功皇后はどこで何をしていたのか？

ところで三韓遠征後の約五〇年間、神功皇后はどこでなにをしていたのかについてはまだ言及していない。そこでここではその点について述べよう。

豊前国と豊後国の境に宇佐神宮がある。宇佐神宮は宇佐八幡宮の別称もあり、全国では二万四千以上ともいわれる八幡社（八幡宮《はちまんぐう》）の総本社である。小学館『大日本百科事典』（一九六八年）で宇佐神宮をみると、

宇佐神宮（担当・二宮正彦）

第一殿に誉田別尊、第二殿に比売大神、第三殿に息長帯姫命を祭る。主神である誉田別尊は応神天皇で、五七一年（欽明天皇三二年）その神霊が菱形山に顕現し、七二五年その地に社殿が造営されたのにはじまり、ついで七三一年に比売大神、八二三年に息長帯姫命（神功皇后）が、それぞれ神託により鎮祀されたと伝える。

宇佐神宮の主祭神は応神天皇なのである。全国に二万四千以上ともいわれる八幡神社（八幡宮）の

主祭神は応神天皇であり、その総本社は宇佐神宮なのである。そして七二五年には、既に宇佐神宮は存在していた。この宇佐神宮は七六九年の宇佐神託事件（弓削道鏡事件）の神社として夙に有名である。七六九年、応神・継体の血を引く称徳女帝が皇位を弓削道鏡に譲ろうとした。そのことについて「是か非か」の神託を受けることになった。その時、和気清麻呂が派遣されたのが宇佐神宮である。宇佐神宮の神託は「非」であった。これにより弓削道鏡の天皇位即位は阻止された。しかし、何故、神託を求められたのは伊勢神宮ではなく宇佐神宮なのか？　この事件の経緯からは、その疑問が生じることになる。そしてその答えは一つ。称徳女帝の時代には、「天皇家の始祖は応神である」と認識されていたということである。そのために、応神の意向（神意）を八幡神社の総本社である宇佐神宮に問うたのである。

すると今度は、応神を斎祭るための最高の神社の所在地として、何故、辺境の宇佐が選定されたのかという疑問が生じることになる。宇佐神宮の社伝によれば、そこ（宇佐）に応神が顕現したからだということになる。以上を突き詰めると、何故、応神は宇佐に顕現したのかということになる。それを探索しよう。

豊前国風土記逸文に次の一文がある。

宮処郡
豊前風土記に曰はく　宮処の郡。古《いにしへ》、天孫、此より発ちて、日向の旧都に天降りましき。蓋し、天照大神の神京なり。云々

この「豊前国・宮処郡」に関する逸文については、その解説で、

武田祐吉採択。古代の風土記記事とは認められない。

としている。もともとの豊前国風土記には存在しなかった記述であると判断しているが、その根拠が何なのかについての記述はない。ともあれこの豊前国・宮処郡については、同じく解説で福岡県京都郡及び行橋市の地としている。豊前国風土記逸文は、「もともとの天照大神の本拠は豊前国・宮処郡だ」と言っている。もしもこれが真実とすると、古事記・日本書紀に述べられている高天原は、豊前国・宮処郡ということになる。確実なことではないが、天孫の本拠地は豊前国・宮処郡だという伝承が存在した。

天照大神と豊前国の宇佐を関連づける史料は、日本書紀の神代紀（巻一）にも存在する。

一書に曰はく、日神《ひのかみ》、素戔嗚尊と、天安河を隔てて、相対《あひむか》ひて乃ち立ちて誓約《うけ》ひて曰はく、「汝若し奸賊《あたな》ふ心有らざるものならば、汝が生めらむ子、必ず男ならむ。如し男を生まば、予《われ》以て子として、天原を治《しら》しめむ」とのたまふ。是に、日神、先づ其の十握劒《とつかのつるぎ》を食《を》して化生《あ》れます児《みこ》、瀛津嶋姫命《おきつしまひめのみこと》。亦の名は市杵嶋姫命《いつきしまひめのみこと》。又九握劒を食《を》して化生《あ》れます児《みこ》、湍津姫命《たぎつひめのみこと》。又八握劒を食《を》して化生《あ》れます児《みこ》、田霧姫命《たぎりひめのみこと》。已《すで》にして素戔嗚尊、其の左の髻《もとどり》に纏《ま》かせる五百箇《いほつ》の統《みすまる》の……。即

ち日神の生れませる三《みはしら》の女神を以ては、葦原中国の宇佐嶋に降《あまくだ》り居《ま》さしむ。今、海の北の道の中に在《ま》す。号《なづ》けて道主貴《ちぬしのむち》と曰《まう》す。此筑紫の水沼君《みぬまのきみ》等が祭る神、是なり。

天照大神の娘達（宗像三女神）は宇佐嶋に天降《あまくだ》ったと記述されている。それが、日本書紀編纂の頃の〝今〟の時代には、「海の北の道の中に在《ま》す」とされている。平成の現在の玄界灘の沖ノ島（沖津宮）、大島（中津宮）、宗像市の宗像神社（辺津宮）である。天照大神の時代には、天照大神勢力は豊国の宇佐との結びつきが強いのである。

福岡県行橋市から宇佐神宮の所在地・宇佐市までは、全て海岸沿いの平地を行くだけで到達できる。この間、困難な山越えは存在しない。距離にすれば、日豊本線では五〇・八キロメートルである。両者は一つの勢力圏に属する地と考えてよい。

日本書紀・巻二（神代下巻）には「天照大神は、高天原において天壌無窮の神勅により、葦原千五百秋瑞穂国の統治を瓊瓊杵尊に命じた」としている。これにより高天原から瓊瓊杵尊が天降った。所謂、天孫降臨である。その天孫降臨の地として、本文の記述を含めて「一書に言う」という形で五種類の地名が記述されている。古事記の記述する天孫降臨の地名を含めてこれを列記しよう

①日本書紀本文：日向《ひむか》の襲《そ》の高千穂峯《たかちほのたけ》（槵日《くしひ》の二上《ふたがみ》の天浮橋より）
②〃　一書：筑紫の日向の高千穂の槵触峯《くじふるのたけ》
③〃　一書：日向の槵日《くしひ》の高千穂の峯《たけ》
④〃　一書：日向《ひむか》の襲《そ》の高千穂《たかちほ》の槵日《くしひ》の二上峯《ふたがみのたけ》の天浮橋に到りて

⑤　〃　一書：日向《ひむか》の襲《そ》の高千穂《たかちほ》の添山峯《そほりのやまのたけ》
⑥古事記：竺紫日向之高千穂之久士布流多気（竺紫の日向の高千穂の久士布流多気《くじふるたけ》）

瓊瓊杵尊の天降った地「日向」は、一般には日向国（宮崎県）のことと理解されている。そして「日向の高千穂の槵触峯」から、宮崎県高千穂峡が天孫降臨の地として有力視されている。私は宮崎県の高千穂峡に行ったことがあるが、途中は山また山、行ってからも山間の狭隘な地である。日本全体を支配するような一大勢力や強力な軍隊を撫育し、それを維持しうるだけの経済的基盤が存在し得ないと思った。

その上、日本書紀の一書、そして古事記では「筑紫（竺紫）の日向」と表記されている。「日向」は「筑紫国」の一領域なのである。瓊瓊杵尊の天降った地「日向」が「筑紫（竺紫）国の日向」でなければならないことは、日本書紀の次の一文も証明している。

日本書紀・神代下
久《ひさ》にありて天津彦彦火瓊瓊杵尊《あまつひこひこほのににぎのみこと》崩《かむあがり》ましぬ。因りて筑紫日向《つくしのひむかの》可愛 比をば埃《え》と云ふ。之山陵に葬《はぶ》りまつる。

瓊瓊杵尊の天降った地は、いろいろな表記をされているが、御陵についての記述は「筑紫日向可愛《つくしのひむかのえ》の山陵」のただ一つだけである。御陵の地については「別伝」はない。瓊瓊杵尊の御陵の地は「筑紫日向可愛の山陵」として、確固として伝承されていたということになる。葬られた地が「筑紫の（国の）日向」ならば、殆ど同じように記述されている天降った地「日向《ひむか》の襲《そ》の高千穂」も「筑紫国の日向」と理解すべきものであろう。

一方、「筑紫の日向」を宮崎県の日向とするためには、「筑紫」を九州島と解しなければならないことになる。古田武彦氏は、その著『盗まれた神話』（第三版、角川文庫、一九八〇年）の第七章（天孫降臨地の解明）において、「筑紫」を九州島と解することには問題があることを論証しておられる。

古田武彦氏は、この「筑紫の日向の高千穂の槵触峯《くじふるのたけ》」を、福岡県博多市と前原市の市境にある日向《ひなた》峠、そしてその背後に聳える連峰としている。日向峠の背後に聳える連峰とは高祖山連峰のことである。地元の古老は、昔から日向峠の背後の峯々のうちの一つを「串の峯」と呼んでいるとのことである（古田武彦著『盗まれた神話』ほか）。博多市後背にある日向峠ならば、まさに「筑紫の日向」である。九州島全体を指して筑紫とも言ったのであろうというような苦しい言い訳を考え出す必要もない。そしてここならば古事記に記述されている邇邇芸命の言葉「此地は韓国に向ひ、笠沙の御前を真来通りて、朝日の直刺す国、夕日の日照る国なり。故、此地は甚吉き地」の言葉にぴったりとなる。宮崎県高千穂峡では「此地は韓国に向ひ……」という表現にまるで合致しない。

天照大神のいた高天原は豊前の国であったとする。豊前国風土記逸文の述べるように、邇邇芸命の時代に、本拠をそこから博多一帯の筑紫に移したとする。すると豊前の国は天照大神王朝の父祖の地となる。豊前の国の宇佐に天照大神王朝の最高格の神社（近畿天皇家の伊勢神宮と同じ様な神社）があってもおかしくはないことになる。この天照大神王朝が九州王朝の本体である。

3　神武東征における神武軍の不可解な行程の理由

そしてそう考えた時、神武東征における神武軍の不可解な行程に納得する説明がつけられるようになる。古事記によれば、神武は東征に際して日向を発した後、宇佐に立ち寄っている。しかし神武東征における神武軍のその後の行程は奇妙なのである。

神倭伊波礼毘古命、その同母兄五瀬命と二柱、高千穂宮に坐して議《はか》りて云りたまひけらく、「何地に坐さば、平らけく天の下の政を聞こしめさむ。なほ東に行かむ。」とのりたまひて、すなはち日向より発たして筑紫に幸行《い》でましき。故、豊国の宇沙に到りましし時、その土人《くにびと》、名は宇沙都比古、宇沙都比売の二人、足一騰宮《あしひとつあがりのみや》を作りて、大御饗《おほみあへ》献りき。其地より遷《うつ》移りまして、竺紫の岡田宮に一年坐しき。またその国より上り幸《い》でまして、阿岐国の多祁理宮に七年坐しき。またその国より遷り上り幸《い》でまして、吉備の高島宮に八年坐しき。故、その国より上り幸《い》でましし時、……

神倭伊波礼毘古命（神武天皇）は日向を進発後、宇沙（宇佐）に立ち寄り、その後筑紫へ向かっている。そして竺紫の岡田宮に一年滞在したあと、その竺紫の岡田宮から本格的な東征が始まっている。この行程は、日向を宮崎県の日向《ひゅうが》としても、博多の日向《ひなた》としても奇妙な行程である。宮崎県の日向と

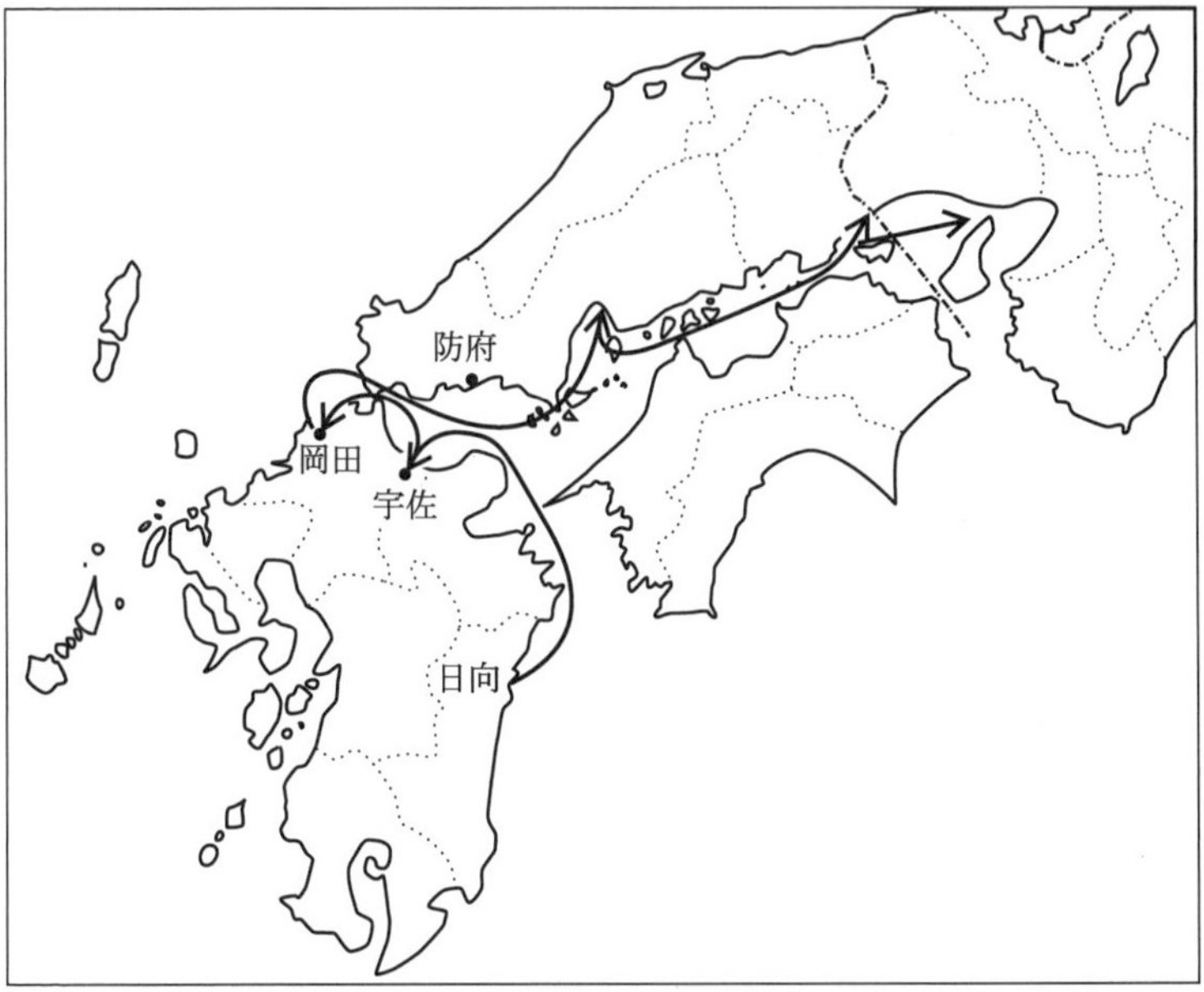

図29　「日向」を宮崎の「日向」としたときの神武東征の行程図

した場合は、日向を発したあと宇沙に立ち寄るまでは自然な行程である。しかしその後がおかしい。宇沙から竺紫の岡田への行程は大幅な迂回になる。迂回というよりも後退である。しかも古事記は「竺紫の岡田宮に一年坐しき」としている。後退した上に一年間も逗留している。神武軍が東征を果たすべく意気込んで宮崎県の日向を進発したとすると、その意気を挫く行動である。

後に出てくる「阿岐国の多祁理宮に七年坐しき。……吉備の高島宮に八年坐しき」は、途中で軍備を整えた、兵力を補充した、決戦の時期を窺ったと考えることはできるが、竺紫の岡田宮行きにはそれを納得させる理由が見あたらない。

この当時の豊前国の宇沙から河内や近畿大和への自然な行程は、一気に「周芳の娑麼《さば》（防府市）」をめざすか、或いは山口県の宇部市あたりをめざすかである。日本書紀・景行天皇の九州熊襲征伐の際も、景行は大和からまず周芳の娑麼に立ち寄っている。そしてそこから「南の方に烟気《けぶり》多に起つ。必ず賊在らむ」とし、そこへ偵察隊を派遣している。地図で見れば一目瞭然であるが、周芳の娑麼から南方と言えばそれは国東半島である。則ち、景行は周芳の娑麼から国東半島へ渡海していることになる。現在でも、周防─豊後間には徳山─国東半島・国見町竹田津間に周防灘フェリー航路が存在している。古代の宇佐─周防間の往来は、門司・下関経由ではなく、一気に対岸を目指すものであったと考えられる。「周芳の娑麼」は、このほか、仲哀紀（八年条）・雄略紀（二十三年条）にも登場しており、古代に於いては海上交通の要衝であったようである。これらの説話からも神武東征の発進地は宮崎の日向ではないと思われる。

それでは次に、神武東征の発進地が博多の日向だとするとどうなるか？　この場合は神武軍は「博多の日向」から東征に出発し、一旦、宇沙まで行ってから引き返したことになる。これもまた不可解である。しかし、「豊前国は九州王朝の父祖の地である」、となると話は変わってくる。王朝の父祖の地、豊前の国の一画・宇佐に父祖の霊を斎祭る最高格の祖廟があった。そのため神武は東征を決行する前に、先ずさきに父祖の霊を祭ってある祖廟に神意を問いに（或いは父祖の霊の加護を願いに）宇佐に詣でた。その宇佐に存在したのが足一騰宮《あしひとつあがりのみや》である。これは何もその時に神武軍をもてなすために新たに建設されたのではない。もともとそこにあったのである。それを斎祭る担当が「宇沙都比古、宇沙都比売」であろう。神武はそれを済ませてから再び筑紫にもどり、あらためて東征のための軍の編成に着手した。神武は祖廟への参拝を済ませ、「竺紫の岡田宮」に戻ってから東征軍の編成を始め

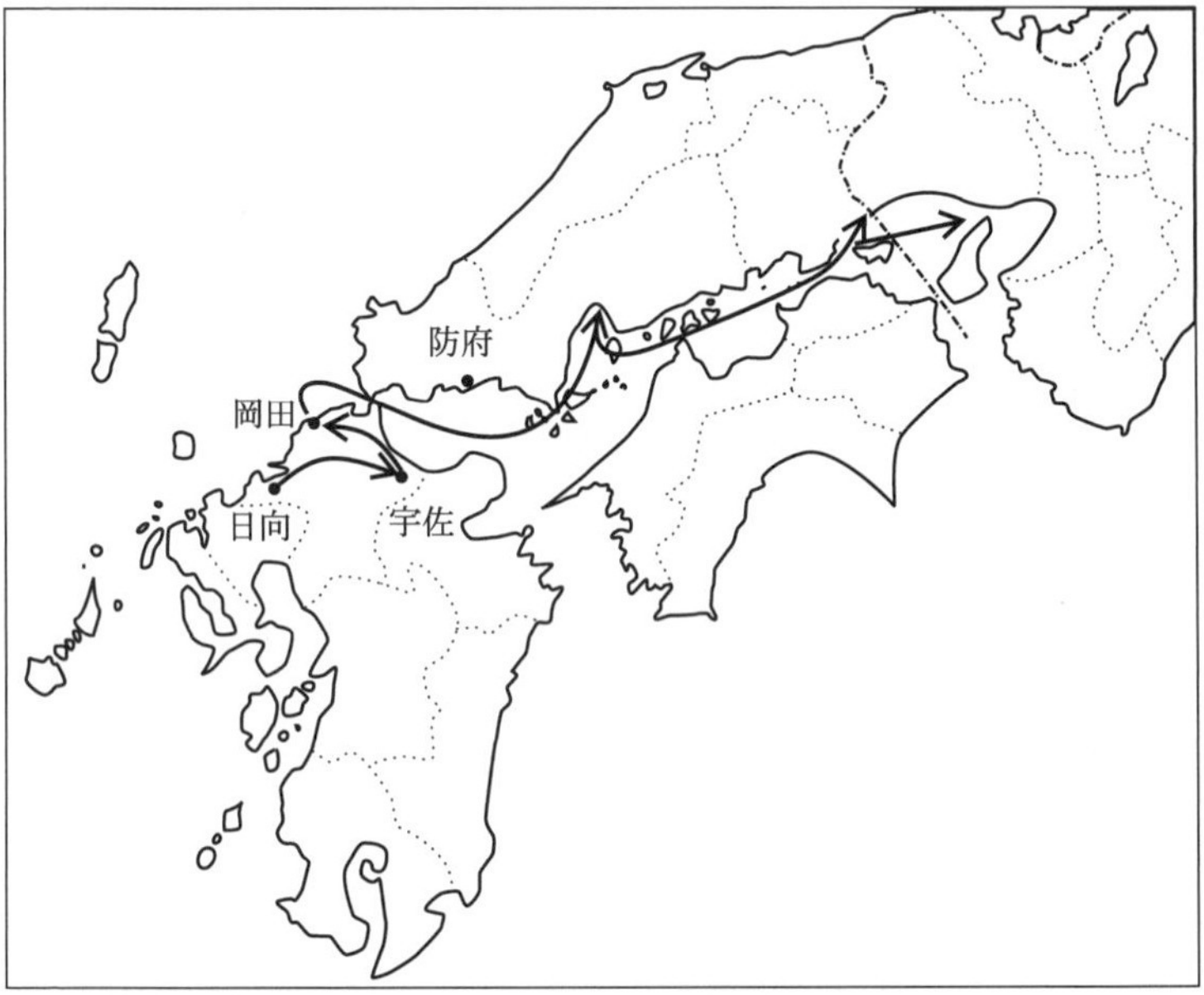

図30　「日向」を筑紫の「日向」としたときの神武東征の行程図

たのである。そして遠征軍の編成を終えるのに一年を要したのである。このように考えた時に、神武東征における神武軍の不可解な行程に納得がいくようになる。宇佐は九州王朝の、そして天照大神王朝の古くからの聖地なのである。

九州王朝、そして近畿天皇家の最大の聖地・宇佐が忘れ去られるようになったのは、継体による九州王朝への反乱以降のことであろう。日本書紀は継体二十一年（丁未の年）に「筑紫の君・磐井の乱」が勃発したことを述べている。日本書紀は、この「筑紫の君・磐井」を筑紫の単なる豪族の一人としているが、これこそ当時の日本を代表する王者・九州王朝の王である。継体は、その九州王朝の王・磐井の命令により朝鮮に出兵すべく九州王朝の一武将として九州に赴いた。

そして九州王朝の王・磐井が朝鮮へ出動すべく態勢を整えている最中に、その背後から反乱をおこしたのである。このため九州王朝の磐井軍は総崩れとなり、結局「筑紫の君・磐井」は討ち取られた。筑後国風土記・逸文は、その様子を次のように描写している。

俄《にはか》にして官軍（天皇家軍）動発《おこ》りて襲《う》たむとする間《ほど》に、勢の勝つまじじきを知りて、独自（磐井一人で）、豊前の国上膳《かみつみけ》の県に遁れて、南の山の峻《さか》しき嶺《みね》の曲《くま》に終《みう》せき。

「俄にして官軍（天皇家軍）動発りて……」という表現が巧みである。全く予想もしていなかった敵が背後から急に磐井を襲った、という感じである。そして「筑紫の君・磐井は豊前の国上膳の県」で亡くなっている。岡田米夫著『日本史小百科1　神社』（第九版、近藤出版、一九八五年）の二四七ページの豊前国略図をみると、宇佐神宮の近くに「上毛郡《かみつけのこほり》」があり、古くは上毛・下毛合わせて「膳《みけの》県《あがた》」といわれたようである。筑後国風土記・逸文の述べている磐井の終焉の地「豊前の国上膳《かみつみけ》の県」とは、宇佐神宮近辺の「上毛郡」であろう。

おそらく継体軍は豊前国上膳の県まで磐井を追ったであろう。そして宇佐にある九州王朝の祖廟をも焼き払ったのである。

日本書紀は「磐井の乱」の年を継体二十一年としている。日本書紀は継体元年を丁亥としているので、日本書紀による継体二十一年は丁未の年にあたる。従って日本書紀は、「磐井の乱は丁未の年に勃発した」と言っていることになる。継体天皇時代の丁未の年は西暦五二七年である。一方、倭・百

図31　豊前国略図　岡田米夫著『日本史小百科１　神社』（第９版、近藤出版、1985年）の247ページより引用（一部改変）。

済連合軍対唐・新羅連合軍による朝鮮・白村江の戦いは六六三年である。この戦いで倭・百済連合軍は唐・新羅連合軍に壊滅的な敗北を喫し、百済は滅亡した。すると「筑紫の君・磐井の乱」の発生した西暦五二七年から、白村江の戦いのある六六三年までの一三七年間は、倭（九州王朝）は、対唐・新羅連合軍への対応で精一杯であったはずである。その上、背後には権力の奪取を狙う近畿天皇家が隙を窺っている。余分な金はすべて軍事費に回されたはずである。武器の調達、渡海用の船の建造、防禦用の城塞の建設（大宰府を取り囲むように設置されている多数の神籠石《こうごいし》式山城群）などなど。防禦用の城塞としての神籠石《こうごいし》式山城群については、泉森皎・他一八名の共同執筆による『日本古代史と遺跡の謎・総解説』（改訂第一版、自由国民社、一九九八年、三一四〜三一五ページ）において西谷正氏の担当で次のように記述されている。

神籠石は、一八九三年（明治三一年）に、福岡県久留米市の高良山の例がはじめて紹介された際、すでに地元で高良神社のある山中に「神籠石」と呼ばれているものがあり、また、霊地として神聖に保たれた地を区別するものとされて以来、霊域説もしくは神域説とのかかわりで、そのように呼ばれてきた。その後、山城説が出て、両者の間で激しい論争が展開した。ところが、一九六三年(昭和三八年)に実施された、佐賀県武雄市橘町のおつぼ山における発掘調査によって、列石の上部に土塁が築かれ、さらに門跡をもつことなどが判明し、山城であることが明かになった。

(中略)

神籠石の分布をみると、山口県熊毛郡大和町の石城山《いわきさん》や愛媛県東予市の永納山を除くと、北部九州に八個所も集中している点に特色がみられる。

神籠石の性格に関しては、その年代とともに諸説がある。筑紫君磐井の勢力圏との分布上の重なりや、磐井の墳墓である岩戸山古墳との距離観から六世紀前半における磐井の反乱と関連づけようとする説も学史的には興味深いが、それでは瀬戸内地方の神籠石が説明できず、説得力に欠ける。つぎに、列石前面の柱穴の柱間の間隔等々から唐尺の使用を考え、七世紀半とする説がある。

また、神籠石が七世紀後半の大野城や基肄《きい》城の石積や水門と構造上は類似するものの、それに先行する素朴で洗練されない技術という点から、七世紀中ごろか、七世紀の前半のある時期とする説などがある。そのほか、六世紀末ごろを中心に群集墳を残した地域住民の逃げこみ城とする説や、郡衙との密接な関連を説く人もある。

「神籠石式山城群は、朝鮮からの侵攻に対する備えであるのみならず、九州王朝の隙を窺う近畿天皇家に対する備えでもあった」ということについては、古田武彦氏がその著『失われた日本』(原書房、一九九八年、一四一ページ)で精密に論証されておられる。

九州王朝には、祖廟を再建するための余分な資金はなかったであろう。或いは朝鮮を完全に制圧してから、壮麗な足一騰宮《あしひとつあがりのみや》形式の祖廟を再建するつもりだったのかもしれない。そのために継体に焼き払われた宇佐は一時しのぎの仮住まいの祖廟となっていたであろう。しかし結局、九州王朝はそれを再建することはできなかった。六六三年の白村江の戦いにおいて、倭・百済連合軍は唐・新羅連合軍に壊滅的な敗北を喫し、そのために百済は滅亡し、そして古田武彦氏によれば倭国(九州王朝)も七世紀末には滅びるからである。

それでは継体が焼き払った宇佐を、何故、継体の子らは重要視したのであろうか? それは継体一族が近畿大和の天皇に返り咲いたからである。継体は応神五世の子孫とされている。或いは既に四代前から越の国の三国に土着していたのかもしれない。そうすると、継体にとっては三国の地域神或いは神社こそ、最も尊崇する対象である。近畿天皇家の神或いはその本家(九州王朝)の神は意識の上では軽視されていたであろう。男大迹王(後の継体天皇)にとって最も尊崇する神は、物心ついた時から尊崇の対象であった三国の神なのである。そのために「磐井の乱」ならぬ「継体の乱」を起こした。しかし「継体の乱」では日本の支配権を九州王朝から奪取することはできなかった。むしろ継体軍は「筑紫の君・磐井」を討ち果たした後に、逆に筑紫の君・磐井の「後継者」によって打ち破られたと思われる。この件についてはII部第五章で詳述した。

継体の子は応神六世の孫である。継体までは片田舎の三国の豪族にすぎない。それが近畿天皇家の頭領に返り咲いた。当時の近畿大和は、「仁徳系の血統こそ天皇家である」という意識が強かったであろう。継体の子孫にとっては、仁徳の先代・応神こそ、自分たちの天皇としての権威の拠り所となる。そのために継体の子の欽明の時に「応神が宇佐に顕現した」という説話が造作された。

六六三年の白村江の戦いで壊滅的な敗北を喫した倭（九州王朝）は、それを契機に滅亡へ向かい、六九〇年から六九九年頃に終焉を迎える。西暦七〇〇年になって初めて近畿天皇家は名実共に日本の代表者になるのである。そこで近畿天皇家の名のもとに、その権威の淵源である応神を斎祭るために七二五年に宇佐神宮を再建したのである。仁徳即位以降、武烈までの期間には応神の記述は殆ど存在しない。しかし、継体の子の安閑以降、宣化、欽明と三代に亘って応神の記述がたびたび出現する。安閑・宣化・欽明は己の天皇としての正当性・権威の拠り所を応神に求めたのである。

4　日本書紀応神十三年条は、実際は応神二十六年のできごと

三韓遠征から帰還した息長帯日売命（後の神功皇后）は、筑紫の宇美において子を出産した。これがx王子であり、品陀和気命（後の応神）の父となる九州王朝の王子である。その後、息長帯日売命は優れた巫女であったので、豊前の国の宇佐近辺にある九州王朝の最高格の神社を斎祭る役割りを与えられた。そして七一歳頃までは宇佐近辺で九州王朝の最高格の神社を斎祭りながら平穏にすごしていた。しかし息長帯日売命が七二歳の頃に品陀和気命の父・x王子が亡くなり、品陀和気命は生まれ

たばかりで一人取り残されることとなった。そのため、息長帯日売命は孫の品陀和気命を引き取り、宇佐で育てた。そして品陀和気命が七歳になった時、息長帯日売命は品陀和気命を近畿大和の王に据えるために近畿大和征服戦の旅に出立した。

息長帯日売命は三韓遠征後の約五〇年間、宇佐において九州王朝の最高格の神社を斎祭っていた。「処女ではない息長帯日売命は、九州王朝の最高格の神社の祭主とはなりえない」という反論があるものと思う。確かに日本書紀・敏達天皇七年条には、

菟道皇女《うぢのひめみこ》を以て、伊勢の祠に侍らしむ。即ち池辺皇子に奸《をか》されぬ。事顕《ことあらは》れて解《と》けぬ。

とある。敏達天皇の頃は、神を斎祭る巫女は確実に処女でなければならなかったことは事実である。しかし神功の頃もそうである、という保証はない。神功の三代前に相当する垂仁紀（垂仁八十七年条）には次のような記述が存在する。

五十《い》瓊敷命《にしきのみこと》、妹大中姫に謂《かた》りて曰はく、「我は老いたり。神宝を掌《つかさど》ること能《あた》はず。今より以後は、必ず汝《いまし》主《つかさど》れ」といふ。大中姫命辞《いな》びて曰《まう》さく、「吾は手弱女人《たをやめ》なり。何ぞ能く天神庫《あめのほくら》に登らむ」とまうす。神庫、此をば保玖羅と云ふ。五十瓊敷命の曰はく、「神庫高しと雖も、我能く神庫の為に梯《はし》を造《た》てむ。豈《あに》庫《ほくら》に登るに煩《わづら》はむや」といふ。故《かれ》、諺に曰はく、「天の神庫《ほくら》も樹梯《はしだて》の随《まにま》に」といふは、此其の縁《ことのもと》なり。

五十瓊敷命は「自分は年とったから、自分の代わりに神宝の管理を頼む」と妹の大中姫に頼んでいる。日本書紀による五十瓊敷命と大中姫の関係を図示すると図32のようになる。

「五十瓊敷入彦命」と「五十瓊敷命」は同一人物と考えて良いであろう。その五十瓊敷命が、「自分は老いた」と言っているのである。そうすると、同母妹の大中姫命も相当な年齢であるはずだ。未婚（一一七〜一一八歳）とは考えにくい。即ち、この時、大中姫命は既に結婚していたはずである。その大中姫命に五十瓊敷命は「天の神庫」の管理を依頼している。従って、垂仁の時代には「神を祭るのは処女でなければならない」という規則はなかったことになる。

沖縄には、民俗学的に日本の古い形が残されているのではないか、と云われている。私が生まれ、そして育った島・宮古島は、その沖縄の中の人口約五万五千の小さな島である。その宮古島においては、現在でも集落の神を斎祭る係りは「既婚の女性」である。集落の神を斎祭る役目の巫女を宮古島の方言では「ツカサンマ」と呼ぶ。漢字を当てれば「司」或いは「司女」「神女」である。「ツカサンマ」の中の「ン」は「ム」に近い音である。そしてこの「ツカサン（ム）マ」は、数えで五一歳になった女性達の中から選ばれる。それから三年間或いは五年間、「ツカサン（ム）マ」の役を担当する。これらのことは、「既婚の息長帯日売命が最高格の神社を斎

図32　日本書紀による五十瓊敷入彦命と大中姫命の関係

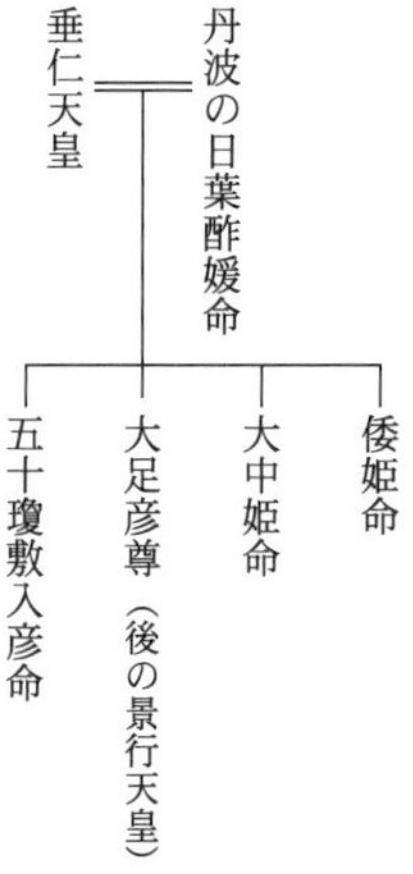

祭っていた」としてもおかしくはないことを示している。

なお、宮古島の「ツカサンマ」については、大井浩太郎著『池間嶋史誌』（池間島史誌発刊委員会、一九八四年）に詳しい。池間島《いけまじま》は、宮古島を中心とする宮古群島を構成する小島である。大井浩太郎氏は、明治四十年（一九〇七）生まれの沖縄県宮古出身の方で、昭和五年（一九三〇）から沖縄県宮古郡池間島の池間小学校で教壇に立ち、昭和十八年（一九四三）からは池間国民学校長を務めておられる。更に昭和二十一年（一九四六）からの宮古高等学校教諭を経て、昭和四十五年（一九七〇）から昭和五十七年（一九八二）まで、沖縄大学で教授を務められた方である。その『池間嶋史誌』の第四章・宗教生活において、「司の制度（三一四〜三一七ページ）」、「司の廃止と復活（三一七〜三一九ページ）」、「司の選出と継承（三一九〜三二〇ページ）」として採録記述されている。『池間嶋史誌』は、本土では入手困難なのではないかと思う。唯一、本書が使用した資料の中で、一般的ではない資料である。しかしこれは沖縄県の中の宮古島に関する資料であるから、やむを得ないことではある。

幼子の品陀和気命は祖母の息長帯日売命のもとで宇佐において育てられた。このため、宇佐の地と息長帯日売命・品陀和気命の結びつきが強いのである。そのことに関連すると思われる記述が日本書紀・古事記には存在する。

一、日本書紀・応神天皇十一年条

十一年の冬十月……是歳、人有りて奏して曰《まを》さく、「日向国に嬢女有り。名は髪長媛。即ち諸県君牛諸井《もろがたのきみうしもろゐ》が女《むすめ》なり。是、国色之秀者《かほすぐれたるひと》なり」とまうす。天皇、悦びて、心の裏に覓《め》さむと欲す。

十三年の春三月に、天皇、専使を遣して、髪長媛を徴さしむ。

秋九月の中に、髪長媛、日向より至れり。便ち桑津邑に安置《はべ》らしむ。爰《ここ》に、皇子大鷦鷯尊（後の仁徳）、髪長媛を見《め》すに及《いた》りて、其の形の美麗に感《め》でて、常に恋ぶ情《みこころ》有します。是に、天皇、大鷦鷯尊の髪長媛に感づるを知しめして配《あは》せむと欲《おもほ》す。

（傍線筆者）

二、日本書紀・応神天皇十三年条（一《ある》に云《いはく》の部分）

一に云はく、日向の諸県君《もろがたのきみ》牛、朝廷に仕へて、年既に耆耈《お》いて仕ふること能はず。仍《よ》りて致《まか》仕《りさ》りて本土《もとつくに》に退《まか》る。則ち己が女髪長媛を貢上る。

三、古事記・応神天皇

天皇、日向国の諸県君の女、名は髪長比売、その顔容麗美しと聞こしめして、使ひたまはむとして喚上げたまひし時、その太子大雀命、その嬢子の難波津に泊てたるを見て、その姿容の端正《うるは》しきに感《め》でて、すなはち建内宿禰大臣に誂《あとら》へて告りたまひけらく、「この日向より喚上げたまひし髪長比売は、天皇の大御所に請ひ白して、吾に賜はしめよ」とのりたまひき。ここに建内宿禰大臣、大命《おほみこと》を請へば、天皇すなはち髪長比売をその御子に賜ひき。

日本書紀では、髪長姫が難波津に到着するのを応神十三年九月のこととしているが、そうではないと思う。淡路国風土記逸文に次の説話がある。

淡路の国の風土記に云はく、応神天皇廾年秋八月、天皇、淡路島に遊猟《みかり》したまひし時、海の上に大きなる鹿浮び来けり。則ち人なりき。天皇、左右を召して詔問《と》はせたまふに、答へて曰《まを》しく、「我は是、日向の国諸県君牛なり。角ある鹿の皮を着たり。年老いて、与仕《つか》へまつらねども、尚も天恩を忘るることなく、仍《よ》りて我が女《むすめ》、髪長姫を貢《たてまつ》るなり」とまをしき。

古事記・日本書紀と同じ説話が、淡路国風土記逸文では応神天皇二十年のこととして記述されている。日本書紀の述べることと淡路国風土記逸文の述べることにくいちがいがみられる。しかし私は、この日本書紀応神天皇十三年条の説話は、実際は応神天皇二十六年のことだと思う。古事記・日本書紀のこの説話の内容をよく吟味してみよう。

応神に仕えていた日向国・諸県君牛諸井は、二において「老齢になったので隠居して本国に帰りたい」と言っている。日向国・諸県君牛諸井の本国は日向国・諸県である。そして、その本国には、応神の妃に差し出してもおかしくない年齢の娘・髪長比売がいた。すると髪長比売は一七～一八歳くらいなのであろう。すると、日向国・諸県君牛諸井は少なくとも髪長比売の生まれる一〇カ月前まで、即ちこの説話の一八～一九年前までは日向国・諸県にいたことになる。そうでなければ本国に娘が存在する訳はない。日向国・諸県君牛諸井は、その後に応神朝に出仕したことになる。このことから日向国・諸県君牛諸井は、神功の近畿大和制圧戦には従軍していないということがわかる。

何故なら、日向国・諸県君牛諸井が一七～一八歳の娘・髪長比売を応神の妃として奉ったこの時、日向から難波に到着した髪長比売を見た応神の息子・大鷦鷯命（後の仁徳）は髪長比売に一目惚れし、父・応神に、自分の妃として賜《たまわ》るようお願いしている。そのため応神は髪長比売を息子の大鷦鷯命に与えている。するとこの時、大鷦鷯命は少なくとも一八歳以上である。しかし、この時の仁徳の年齢をもう少し限定することができる。この髪長比売と仁徳の間に生まれたのが大草香皇子である。そして大草香皇子は異母兄弟の允恭天皇よりも年下である。そのことは日本書紀・允恭即位前紀に記述されている。

五年の春正月に、瑞歯別天皇崩《かむあが》りましぬ。爰《ここ》に群卿、議りて曰はく、「方《まさ》に今、大鷦鷯天皇(仁徳)の子は、雄朝津間稚子宿禰皇子(後の允恭天皇)と、大草香皇子とまします。然《しか》るに雄朝津間稚子宿禰皇子、長《このかみ》にして仁孝まします」といふ、……

允恭のほうが大草香皇子よりも年上と記述されている。そしてその允恭天皇は、II部第四章における論証から、履中天皇の八歳年下の弟であった。すると大草香皇子は、最低でも八歳は履中天皇より年下なのである。そこでこれを計算しやすいように、大草香皇子は履中天皇より一〇歳年下であったとしよう。すると、仁徳天皇は大草香皇子が産まれる一〇年前に履中天皇をもうけていたことになる。

本章の冒頭において、仁徳の誕生年は乙巳の年であることが判明している。また、II部第四章第六節において履中の誕生年は己巳であることが判明している。すると履中は仁徳二五歳の時の子である。これから導かれることは、大草香皇子が生まれた時には仁徳は三五歳以上なのである。そこで大草香皇子が生まれた時には仁徳は三五歳であったと仮定する。仁徳の誕生年は乙巳の年であるので、仁徳三五歳の年は己卯である。そして応神の即位年は甲寅であった。従って大草香皇子が生まれた己卯年は応神二十六年なのである。すると髪長比売が難波津に到着したのは、その前年、応神二十五年のこととなる。髪長比売の説話は応神二十五年の戊寅の年のできごとなのである。日本書紀編纂者は、何故か、応神二十五年頃のできごとを応神十三年のことと改変してある。或いは実際は応神二十六年のことなのだが、日本書紀はこれを二倍年暦ならぬ「二分の一年暦」で記述したという可能性もある。こちらの方が真実であろう。従って髪長比売が難波津に到着したのは戊寅年の翌年、即ち応神二十六年の己卯年である。

髪長比売が難波津に到着した己卯年は、神功摂政元年の辛卯の年からだと四九年目である。神功摂政元年が神功の近畿大和制圧戦の年であった。日向国・諸県君牛諸井は、己卯年の一八〜一九年前には娘の髪長比売をもうけるために日向国・諸県にいた。従って日向国・諸県君牛諸井は神功の近畿大和制圧戦には従軍していないことになる。

おそらく日向国・諸県君牛諸井は、神功の近畿大和制圧戦に従軍した人の息子であろう。この人を「諸県君・y」と呼ぶことにする。「諸県君・y」は神功の近畿大和制圧戦に従軍し、そのまま大和に留まって神功に仕えていた。そして神功崩御後も数年は引き続いて応神に仕えていた。そして応神天皇の七〜八年頃に息子の日向国・諸県君牛諸井と交代した。おそらく、本国の統治を息子と交替したのであろう。或いは諸県君牛諸井が言った言葉と同じように「年を取り、仕えることが困難になった」ということだったのかもしれない。そのために「諸県君・y」は応神に仕える役目を息子と交代した。そのため日向国・諸県君牛諸井が父に代わって応神に仕えるようになった。そして応神二十六年になり、今度は日向国・諸県君牛諸井が本国の統治のために「年既に耆《お》い、仕ふること能はず」と申し出て、代わりに娘を差し出して本国に帰った。これはおそらく、その頃、本国を統治していた父「諸県君・y」が亡くなったのであろう。そのために本国に帰って、父の後を継いで本国をみるために致仕するための言い訳であろう。

日向国・諸県君牛諸井は神功の近畿大和制圧戦の年に、二〜三歳だったとする。そのため、父とともに従軍することができなかった。それから三〇年経過した時には三二〜三三歳である。日向国・諸県君牛諸井は三二〜三三歳で父親の「yの君」と交代して応神に仕えた。その年から更に一七〜一八年経過した時、則ち髪長比売が日向から浪速に到着した年には四九〜五一歳となる。

日向国・諸県君牛諸井が娘の髪長比売を応神に差し出した説話から、上記のことが推測できる。神功摂政元年から応神没年までの期間は、古事記を基にした私の復元では西暦三三一年から西暦三九四年までである。この時代に、九州から近畿大和の天皇家のもとに、親から子へと引き続いて出仕するような普遍的な制度の存在を考えることができるであろうか？　考えられない。従って日向国・諸県君牛諸井の神功・応神朝への出仕は、普遍的なものではなく特別なものであったと考えるべきである。どのように特別なのかといえば、それは神功が九州王朝の最高位の巫女として約五〇年間、豊前の国・宇佐にいたからなのだ。応神が七歳まで育ったところ、それが豊前の国・宇佐だからなのだ。その関係で日向国・諸県君牛諸井親子は神功・応神朝に出仕したのである。従って日向国・諸県とは、宮崎県の諸県郡ではなく、おそらく豊前の国・宇佐近辺の地であると思う。

5　仲哀天皇の即位年

古事記は仲哀天皇の在位年数についてはふれていない。その代わりとでも言うかのように、仲哀の先代・成務の没年を乙卯と記述している。乙卯から仲哀の没年の壬戌までは、あしかけで八年でしかない。従って古事記によれば仲哀の在位は、どんなに長くても八年までである。

一方、日本書紀は仲哀の在位について次のように記述している。

①成務崩御後、一年間の空白をおいて仲哀が即位した。

②仲哀は壬申の年を元年とする九年間在位した。

③従って仲哀の崩御の年は庚辰である。

日本書紀によれば、仲哀の在位は即位の年から没年までのあしかけ九年となる。古事記の記述とは相容れない。古事記の記述と日本書紀の記述が異なる場合には、古事記の方が正しいのであるから、仲哀については古事記の記述の不完全な部分を日本書紀の記述で補って復元しよう。

日本書紀は、第十三代の成務天皇崩御後、一年間の空白をおいて、甥の仲哀が第十四代の天皇として即位したとしている。これを古事記に適応しよう。古事記は成務の没年を乙卯と記述している。乙卯からの干支の流れは「乙卯―丙辰―丁巳」である。すると仲哀は丁巳の年に即位したということになる。丁巳から古事記の記す仲哀の没年の壬戌までは、あしかけ六年である。これが古事記による仲哀の在位である。この丁巳は西暦二九七年の丁巳であり、そして成務天皇の没年は西暦二九五年の乙卯となる。

仲哀の即位年については、もう一つの可能性がある。それは、「仲哀の在位は三倍された在位年数である」とするものである。即ち日本書紀の記す仲哀の在位年数の九年は、三年の在位が三倍されたものだという可能性がある。しかし仲哀の在位年数の九年が三倍されたものであるとした場合、それは何故なのか納得できる理由がみあたらないので、最初の通り、仲哀の即位は西暦二九七年の丁巳の年としておく。成務没年から応神没年までの実年は表35のようになる。

表35　成務没年から応神没年までの実年

		古事記					日本書紀		
代	天皇	寿命	訂正寿命	即位年 没年	在位年数	西暦	元年 没年	在位年数	西暦
13	成務	九五		乙卯		**二九五**	辛未 庚午	六〇	一三一 一九〇
14	仲哀	五二		**丁巳** 壬戌	**六**	**二九七 三〇二**	壬申 庚辰	九	一九二 二〇〇
	香坂天皇			**壬戌 辛卯**	**三〇**	**三〇二 三三一**			
	神功	一〇〇		**辛卯 癸丑**	**二三**	**三三一 三五三**	辛巳 己丑	六九	二〇一 二六九
15	応神	一三〇	**七〇**	**甲寅** 甲午	**四一**	**三五四 三九四**	庚寅 庚午	四一	二七〇 三一〇

太字は復元したもの。

第八章　一度、抹殺された成務天皇

1　妥当性のある在位年数

ここからが難しい。成務・景行・垂仁、この三代の天皇の即位年と没年の同定が、推古から神武までの実年の復元の中での最大の難関である。推古から神武までの各天皇と神功皇后を加えた三四名の天皇の即位年と没年の確定で、最も困難なのが、この垂仁・景行・成務の三天皇だと思う。

崇神以降成務までの古事記・日本書紀の記述を纏めると次ページの表36のようになる。そして前章における論証から、古事記が第十三代の天皇の成務の没年とする乙卯は西暦二九五年の乙卯であることがわかった。

古事記は崇神・垂仁・景行・成務の各天皇の在位年数を記述していない。更にこの間、崇神の没年を戊寅、最後の成務の没年を乙卯と記述しているのみである。戊寅から乙卯までは、最短ではあしかけ三八年、干支一巡分を追加すれば、あしかけ九八年である。干支二巡分を追加すると、この間はあしかけ一五八年となる。もしも干支二巡分を追加された年数だとすると、垂仁・景行・成務の親・子・孫の三代で一五八年在位したということになる。景行は垂仁の王子であり、成務は景行の王子と

表36　崇神没年から成務没年まで

	古事記					日本書紀		
代	天皇	即位年 没年	西暦	寿命	訂正寿命	元年 没年	在位年数	西暦
10	崇神	戊寅		一六八	**四八**	甲申 辛卯	六八	紀元前九七 紀元前三〇
11	垂仁			一五三	**九三**	壬辰 庚午	九九	紀元前二九 七〇
12	景行			一三七	**七七**	辛未 庚午	六〇	七一 一三〇
13	成務	乙卯	**二九五**	九五	**三五**	辛未 庚午	六〇	一三一 一九〇

太字は復元したもの。

されているからである。「三代で一五八年の在位」はあり得ない。従って古事記の記す崇神没年の戊寅から成務没年の乙卯までは、三八年か九八年のどちらかである。Ｉ部第四章「二倍年暦は存在しない」において述べたように、古事記による崇神・垂仁・景行・成務の四天皇の真実の寿命は、表36に訂正寿命として記載してある方の寿命である。しかしそれが分かっても、古事記の記述はあまりにも省略されすぎているので、古事記の記述のみで崇神没年から成務没年までの経過を復元することは不可能である。

そこで、ここは、崇神・垂仁・景行・成務のそれぞれの元年とそれぞれの在位年数をすべて記載している日本書紀の記述に焦点を絞って考察してみよう。

日本書紀は垂仁・景行・成務の在位を九九年・六〇年・六〇年と記述している。九九年という垂仁の在位年数はあり得ないものである。これには論証は不要であろう。それでは景行・成務の六〇年という在位年数はどうであろうか？　日本書紀の記述は二倍年暦ではなかった。しかし日本書紀では、神武から仁徳までの期間に、在位六〇年以上の天皇が一一名もいる。六〇年以上の在位ということもあり得ないように思われるが、実際のところ、この点について、腹を据えて考えてみたことはない。そこでこれから、《日本書紀がしばしば記述している六〇年の在位、或いは六〇年以上の在位というものはあり得るか否か、更には在位年数としては何年くらいまでが妥当なのか》ということについて、先に考察してみよう。

I部第一章からここまでの考察で、次のことが分かっている。綏靖天皇は異母兄の手研耳命の寝ているところを襲い、暗殺して天皇位を手に入れた。神功皇后は香坂王・忍熊王兄弟を攻め滅ぼして権力を掌握した。仁徳天皇の即位には、その前に異母兄弟の菟道稚郎子皇子と大山守皇子による皇位争奪戦があった。履中天皇は、弟の住吉仲皇子に攻められて殺されそうになった。安康天皇は、允恭の太子であった従兄弟の高部皇子を攻め滅ぼして天皇に即位した。雄略も兄二人を殺し、従兄弟の市辺押磐皇子を暗殺して天皇に即位した。顕宗は清寧を暗殺した。武烈は群臣により暗殺された。安閑は実の兄弟の宣化に滅ぼされた。その宣化は異母兄弟の欽明に滅ぼされた。崇峻は蘇我氏により暗殺された。敏達の太子「日子人の太子」も暗殺されたと思われる。

これらのことは、「古代においては、天皇になるには武力・実力を必要とする」ということを物語っている。力がなければ天皇にはなれない。天皇に即位しても、油断していると滅ぼされる。ということは、清寧・武烈の場合のような皇位継承者候補が払底している場合を除けば、天皇即位時にはそれ相応の年齢に達しているということが必要である。安徳天皇のように、赤ん坊で即位するということはあり得ない。少なくとも二〇歳前後、多くは三〇歳から四〇歳前後で天皇に即位しているであろう。この即位時の年齢に関する要件（突き詰めれば、「武力」なのであるが）は、時代が古くなればなるほど重要なことだったのではなかろうか。以上のことを念頭において、天皇の在位年数について考察してみよう。

在位年数に影響してくるのは、平均寿命と正妃を迎える年齢であるように思われる。まず平均寿命は在位年数にどう影響するかをみてみよう。

仮定一：［当時の天皇の平均的な寿命は五〇歳である］とする。

平均的な寿命であるから、時には七〇歳を越える天皇もいたであろう。しかし、大部分は五〇歳であるとするのである。天皇家の男性の平均的な［正妃を迎える年齢］は何歳だったのだろうか？ 現代よりはいくらか早かったかもしれないが、これを仮に二〇歳であると仮定する。そうすると普通の場合、長子は二一歳の時に生まれることになる。今、A王子が二〇歳で正妃を迎えたとする。A王子の長子Bは、A王子の二一歳の時に生まれることになる。その後、A王子は父の跡を継いで天皇に即位した。そして当時の平均的な天皇の寿命である五〇歳で亡くなった。そうすると、その時、その長子のB王子は二九歳である。そのB王子が父親の跡を継いで天皇に即位した。B王子が皇位を継承する時の年齢は、日本書紀の皇位継承の原則である踰年元年から三〇歳となる。このB天皇の寿命も平均的な五〇歳である。するとB天皇の在位年数は二〇年となる。

仮定二：［当時の天皇の平均的な寿命は六〇歳である］とする。

A王子は二〇歳で正妃を迎えた。A王子の長子Bは、A王子の二一歳の時に生まれることになる。

その後、A王子は父の跡を継いで天皇に即位した。そして当時の平均的な天皇の寿命である六〇歳で亡くなった。そうすると、その時、その長子のB王子は三九歳である。そのB王子が父親であるA天皇の跡を継いで天皇に即位した。B王子が皇位を継承する時の年齢は四〇歳となる。このB天皇の寿命も平均的な六〇歳である。するとB天皇の在位年数は二〇年となる。

仮定一と仮定二から分かることは、当時の天皇の平均寿命が五〇歳であっても六〇歳であっても、天皇位が父から子へ継承される場合の天皇の在位年数は二〇年であるということである。天皇の平均的な在位年数は当時の天皇の平均的な寿命には影響されない。天皇の平均寿命に影響されるのは即位時の年齢なのである。平均寿命が長くなれば、天皇に即位する時の年齢が高齢となる。

次に正妃を迎える年齢と在位年数の関係を見てみよう。天皇の平均的な寿命は在位年数に影響を与えないので、ここでは天皇の平均的な寿命を五〇歳であるとして考察する。

仮定三：［当時の天皇家の平均的な正妃を迎える年齢は二〇歳である］とする。

ここは仮定一と同じことであるので、在位年数は二〇年となる。

仮定四：［当時の天皇家の平均的な正妃を迎える年齢は一八歳である］とする。

A王子は一八歳で正妃を迎えた。その長子Bは、A王子の一九歳の時に生まれることになる。その後、A王子は父の跡を継いで天皇に即位した。そして当時の平均的な天皇の寿命である五〇歳で亡くなった。そうすると、その時、その長子のB王子は三一歳である。そのB王子が父親であるA天皇の跡を継いで天皇に即位した。B王子が皇位を継承する時の年齢は三二歳となる。このB天皇の寿命も平均的な五〇歳である。するとB天皇の在位年数は一八年となる。

以上のように、在位年数は正妃を迎える年齢により変化してくる。正妃を迎える年齢が二〇歳ならば在位年数は二〇年となり、正妃を迎える年齢が一八歳ならば在位年数は一八年となる。正妃を迎える年齢が在位年数なのである。従って古代の天皇家の平均的な正妃を迎える年齢は何歳であったかが問題になる。この件については多くの例を提示することはできないが、ただ、II部第七章における論証で、仁徳天皇は応神天皇の二一歳の時に生まれていたことが分かっている。応神が妃を迎えたのは二〇歳の時だったことになる。そこで古代の天皇家においては正妃を迎える年齢は二〇歳だったと仮定することにする。これは当時の天皇の平均的な在位年数は二〇年だと仮定することである。

ただし、これはあくまでも古代の習慣通りの年齢で正妃を迎え、平均的な寿命を全うした場合のことである。そのような平均的な場合は在位年数は二〇年くらいになる、ということである。しかし、ある天皇が歳とってから正妃を迎えた場合とか、或いは歳とってから生まれた子が天皇になった場合は、次天皇の在位年数は当然長くなることになり、当人自身が平均よりも長生きした場合は当人の在位年数が長くなるということになる。

古代の天皇候補者の正妃を迎える年齢が二〇歳だとしたら、天皇の在位は二〇年が普通なのである。そして「在位年数は正妃を迎える年齢により変動する」とは言っても、正妃を迎える年齢そのものには、そう大きな変動はないであろう。一九～二〇歳か或いは二〇～二一歳だと思う。一〇歳や一五歳という若年で正妃を迎えたということはないであろうし、また逆に三〇歳とか四〇歳という高齢になってから迎えることが普通だったということもないであろう。従って親子間の平穏な皇位継承の場合には、在位年数は普通には二〇年前後なのである。すると三〇年を越える在位はめずらしいことになる。四〇年を越える在位は滅多に存在しないはずである。何故ならば、私がI部第四章において古事記の記述から導き出した各天皇の寿命に基づいて、神武から雄略までの天皇（神功皇后を含む）の平均寿命を計算すると、それは六一・七歳となる。「正妃を迎える年齢」が二〇歳ならば、在位年数は二〇年である。在位年数が二〇年ならば、天皇に即位するのは［61.7－20＝41.7］であるから、平均四一・七歳の時ということになる。四一・七歳の時に即位し、それから四〇年を越える年月に亘って在位した場合は、寿命が八一歳を越えることになるからである。それでもごく稀には応神のような場合があり得る。日本書紀は応神の在位をあしかけ四一年と記述している。一方、古事記は応神を一三〇歳で没した、としている。古事記の記す応神の寿命は干支一巡分の六〇年が加えられた寿命である。従って応神の寿命は七〇歳である。応神が三〇歳で天皇に即位したとすれば、在位年数は日本書紀の記述するようにあしかけ四一年でよいことになる。二〇代や三〇代の早い頃に天皇に即位した場合は、在位四〇年ということもあり得る。しかし、これはあくまでも極く稀な例である。四〇年を越える在位は滅多に存在しない。従って五〇年を越える在位は、殆どあり得ない在位年数だということになる。ましてや六〇年を越える在位など、あり得るはずがない。

2　日本書紀は、在位年数を増幅した際、それをどのように処理したのか？

前段における論証から、日本書紀の記す垂仁・景行・成務の在位年数は増幅されたものであることがわかった。この三代の天皇の在位年数は、真実の在位年数をもとにして、それに何等かの操作を加えることによって導き出された在位年数である。それでは、これらはどのような操作で導き出されたものなのだろうか？　在位年数を増幅するために日本書紀編纂者の行った改変操作の軌跡を辿ることができれば、真実の在位年数がわかるはずである。

垂仁の在位年数については、「干支一巡分が追加された在位年数である」と考えることも可能である。[99－60＝39]年だ。だが、景行・成務の場合はそういう訳にはいかない。干支一巡分の六〇年を引くと、景行・成務の在位年数はゼロになってしまうからである。

それでは允恭・仁徳・神功のように、三倍された在位年数なのであろうか。垂仁・景行・成務の在位年数が三倍されたものであるとすると、真実の垂仁在位は三三年、景行は二〇年、成務も二〇年となる。合計では七三年である。しかし古事記によれば、崇神没年から成務没年までは三八年か九八年のどちらかである。合致しない。従って日本書紀の垂仁・景行・成務の在位年数は三倍されたものでもない。従って少なくとも景行・成務の在位年数については、全く新しい在位年数の増幅方法が採用されているということになる。

II部第二章において、「日本書紀編纂者は継体即位年以降の実年については確信があるようにみえる」ということを述べた。日本書紀編纂者は、継体の即位年以降の実年には確信があって継体・安閑・宣化……と順次、日本書紀を記述作成した。それでは日本書紀編纂者は武烈以前の古代の実年については、どのようにして設定したのであろうか？　初代の神武天皇から第十六代の仁徳天皇までに、在位年数六〇年以上の天皇が一一名もいる。これらは増幅された在位年数である。第十九代の允恭天皇の在位も三倍されたものであった。日本書紀を編纂した際に、もしも神武天皇の東征出発の時点を起点にして日本書紀の作成を開始したとする。そしてそれ以後の出来事を年次順に記述していったとする。すると或る天皇の部分でその在位年数を増幅したとすると、それまでの日本書紀草稿を書き換えねばならなくなる。或る天皇の在位年数を増幅するたびに、それ以前の記述を、増幅した分だけ古い年代に書き換えをおこなわなければ、武烈没年が継体元年を通り越してしまうことになる。そうすると、日本書紀編纂者は或る天皇の在位年数を増幅するたびに、日本書紀の草稿を書き直した、作成し直したということになる。日本書紀の中には月の朔日の干支だけでも約九百個はあるとのことである。神武東征開始の年から武烈没年までの間にある干支はそのうちの約半数ぐらいであろうか。とすると、或る天皇の在位年数を増幅するたびにこれら四五〇個の干支をすべて訂正して書き直さなければならないのである。そのような面倒くさいことをしたのであろうか？　私は、そうではなかった、と思う。「日本書紀が十数名の天皇の在位年数を増幅してある」ということは、「日本書紀編纂者は、今、私が古代の実年を復元しているのと同じ方法で作成した」ということなのだと思う。則ち、或る天皇の没年として伝承されている「年の干支」から、その天皇の在位年数として伝承されている年数を過去に遡り、元年（或いは即位年）の干支Aを決定した。次に、踰年元年にするために、その先代の天皇（B天皇）の没年を「干支A」の前年に設定した。そして「干支Aの前年」から、B天皇の在位年数として伝承されている年数を遡った年をB天皇の元年として決定した。これを順次、神武まで逆に遡って決定していったのだと思う。そして在位年数を増幅した場合でも、同じ様に操作した。これならば、その都度、思うように天皇の在位年数を増幅できる。或る天皇の在位年数を増幅したからと言って、それまでの草稿を書き直す必要もない。逆に増幅すれば増幅するほど、天皇家の歴史が古くなるので結構である。そして最後に神武天皇の即位年が決定されたのである。これならば、或る天皇の在位年数を増幅するたびに、それまでの日本書紀草稿を書き変える必要はない。

ということは、在位年数の増幅・改変の基点は没年の方なのである。没年の方が先に決定され、それを基点にして増幅・改変された元年が設定された。従って第十三代の天皇とされている成務の元年の辛未と没年の庚午では、没年の方の庚午が先に決定していた。その上で増幅・改変された結果の成務の元年が辛未となった。決して成務の元年の方の辛未が先に決定していて、その上で没年の方の庚午が設定されたわけではない。第十三代の天皇の没年の庚午《かうご》の方は動かせないのである。則ち、「第十三代の天皇の元年は辛未であり、その辛未を元年とする『かうご』の干支の年が没年である」、とする訳にはいかないのである。もしもこれができるのであるならば、「かうご」と発音する干支には庚午《かうご》のほかに、「かうご」に類似する発音の甲午《かふご》という干支もある。そして辛未から甲午《かふご》までならば、在位は二四年となる。かなり妥当性のある在位年数となる。しかしそうする訳にはいかない。第十三代の天皇の没年の庚午《かうご》の方が動かせないからである。

従って日本書紀は、《第十三代の天皇の在位は、庚午の年を没年とする六〇年である》として作成されたのである。そして同じく、《第十二代の天皇の在位も、庚午の年を没年とする六〇年である》として作成されたのである。

庚午《かうご》の年を六〇年目とする一年目は辛未の年である。景行・成務の在位年数はどうしても辛未から庚午までの六〇年ということになる。しかしまた六〇年という在位は、「妥当性のある在位年数」から大きくかけ離れており、あり得ない長さの在位年数である。没年の方の庚午《かうご》には、発音の類似する甲午《かふご》という干支はあるが、辛未にはそのような干支は存在しない。辛未は「しんび」であり、辛未以外には「しんび」と発音する干支は存在しない。第十三代の天皇の没年の庚午の前には、六〇年前にあたる辛未以外には辛未と間違えそうな干支は存在しない。「こっちの方の『しんび』に取り違えたのだろう」というようなことでは、景行と成務の在位六〇年を短縮することはできない。「あり得ない在位年数」が二代続けて存在することになる。

神武以降の古事記・日本書紀の世界には二倍年暦は存在しないことは論証した。従って、少なくとも成務の在位が六〇年ではないことは次のことでも証明される。日本書紀は以下のように記述している。

①景行は六〇年在位した。
②その子の成務も六〇年在位した。
③成務崩御後一年の空白を置いて仲哀が即位した。
④その仲哀は九年在位して五二歳で没した。
⑤仲哀は日本武尊の子である。そしてその日本武尊は景行在位中に死亡した。

日本書紀によれば、成務即位の時には仲哀は既に生まれていなければならない。そして成務が六〇年在位したのであるならば、仲哀は即位の時、六〇歳以上でなければならない。しかし、古事記・日本書紀ともに仲哀は五二歳で亡くなったと記述している。仲哀の没年齢は、成務在位年数よりも一〜二年どころではなく、八年も短いのである。従って成務の六〇年在位は成立しない。日本書紀の

「成務の在位は六〇年」という記述は間違いなのである。同じように、妥当性のある在位年数から大きくかけ離れた景行の六〇年という在位年数も間違いであろう。

この部分の解明には、古事記・日本書紀のみでは不可能である。垂仁・景行・成務に関する古事記・日本書紀の記述は、大方似たり寄ったりだからである。そこで、史料を他に求めよう。

3　播磨国風土記——景行天皇は成務天皇を暗殺し、抹殺した

播磨国風土記の成立は西暦七一五年頃とされている。日本書紀に先立つこと五年である。従って播磨国風土記には、日本書紀によって毒されていない真実の歴史が記述されている可能性がある。その播磨国風土記の中に不思議な説話がある。成務天皇が播磨国に部下を派遣した。その部下は播磨国の女性と結婚し娘をもうけた。ところが景行天皇がその娘を妃にしようとしたというのである。播磨国風土記・印南《いなみ》郡の条に記載されている。

> 郡の南の海中に小嶋あり。名を南毘都麻《なびつま》といふ。志我の高穴穂の宮に御宇しめしし天皇（成務天皇）の御世、丸部臣等が始祖比古汝茅《ひこなむち》を遣りて、国の堺を定めしめたまひき。その時、吉備比古・吉備比売二人参迎へき。ここに、比古汝茅、吉備比売に娶ひて生める児、印南《いなみ》の別嬢《わきいらつめ》、此の女の端正しきこと、当時に秀れたりき。その時、大帯日古の天皇（景行天皇）、此の女に娶はむと欲して、下り幸行しき。

古事記は景行の妃の一人として針間の伊《い》那《な》毘《び》能《の》大郎女《おほいらつめ》を記載している。また、日本書紀景行二年条には景行の皇后を「播磨稲日大郎姫《はりまのいなびのおほいらつめ》 一に云はく、稲日稚郎姫《いなびのわきいらつめ》といふ。郎姫、此をば異羅菟咩《いらつめ》と云ふ」と記述している。播磨国風土記の印南《いなみ》の別嬢《わきいらつめ》と同一人物と考えて良いであろう。播磨国風土記の印南の別嬢は、その後、景行の后になっているのである。しかし、この説話に登場する景行天皇はいかになんでもおかしい。この時代の天皇は、死亡の時が退位である。天皇位を降りた（譲った）ということは「死亡した」ということと同じである。この説話の経過を纏めると以下のようになる。

①成務天皇は、国の堺を決めるために比古汝茅を播磨国に派遣した。

②比古汝茅はその時、現地の女性の吉備比売と結婚した。

③比古汝茅と吉備比売の間に娘が生まれた。名を印南の別嬢という。

④景行天皇は、印南の別嬢を妃に迎えようとした（おそらく一七～一八歳）。

比古汝茅は成務天皇によって播磨国に派遣された。従ってその時には、成務の先代の景行は死亡しているはずなのである。しかるにその景行が「比古汝茅が派遣された時」から更に二〇年近くも下った時代に出現して、比古汝茅の娘を妃に迎え入れようとしている。どう考えても不自然である。何故、播磨国風土記にはこのような説話が残されているのであろうか？

　これは次のようには考えられないだろうか。ほんとうは成務天皇の方が十二代の天皇であり、景行天皇は十三代の天皇であった。しかし、天皇家伝承は景行を十二代とし、成務を十三代と改変したのだ、と。

先述したように、成務の在位六〇年は虚構である。そして景行の在位六〇年というものも妥当性のある在位年数から大きくかけ離れており、あり得ないものである。そのあり得ないことを日本書紀は記述している。そして日本書紀（及び古事記）は景行を十二代とし、成務を十三代の天皇と記している一方で、播磨国風土記は、その逆の説話を残している。日本書紀がこの期間のことについて間違ったこと（あり得ない在位年数）を記しているならば、十二代を景行とし十三代を成務とする古事記・日本書紀の記述も間違いである可能性がある。或いは改変してある可能性がある。真実は播磨国風土記の記述通りであったとするならば、成務のあとに景行が出現して、美しい娘を妃に迎えようとしたという説話もごく自然な話となる。ここは、あり得ない在位年数を記述している日本書紀よりも、播磨国風土記の方を信じるべきだと思う。ほんとうは成務の方が十二代の天皇であり、景行は十三代の天皇であった。

そうすると、成務は景行の王子ではなく、兄か弟と考えねばならない。二人とも垂仁の王子ということになる。そこで垂仁紀を見てみよう。垂仁紀では、垂仁に最も愛された王子として誉津別命《ほむつわけのみこと》（古事記では本牟智和気王《ほむちわけのみこ》）を記述している。誉津別命は垂仁と狭穂姫《さほひめ》（古事記では佐波遅比売命《さはぢひめのみこと》）の間に生まれた王子である。しかし、誉津別命の母・狭穂姫は、実の兄・狭穂彦王の垂仁暗殺計画に荷担した。そして狭穂姫は、垂仁暗殺の謀略が発覚し垂仁に攻められた狭穂彦王が稲城を築いて立て籠った時、兄の狭穂彦王と運命をともにした。「垂仁は、この狭穂姫を非常に愛していた」と古事記・日本書紀は記述している。どうにかして救出したかった。しかし、その甲斐もなく狭穂姫は焼け落ちる稲城の中で死亡した。その焼け落ちる稲城の中から救出されたのが誉津別命である。そして垂仁天皇は、この誉津別命を溺愛したようである。垂仁紀二年条には次のように記述されている。

狭穂姫を立てて皇后とす。后、誉津別命を生れます。生れまして天皇愛みたまひて、常に左右に在きたまふ。壮《ひととな》りたまふまでに言《まことと》はさず。

しかも、この誉津別命は成長するまでしゃべれなかったとある。それにも拘らず垂仁は狭穂姫の残した誉津別命を愛した。垂仁紀二十三年の条には、

群卿に詔して曰はく、「誉津別王は、是生年既に三十、八掬髯鬚《ひげ》むすまでに、猶泣《いさ》つること児の如し。常に言はざること、何由ぞ。因りて有司せて議れ」とのたまふ。

冬十月……皇子仰ぎて鵠《くぐひ》を観して曰はく、「是何物ぞ」とのたまふ。天皇、則ち皇子の鵠を見て言ふこと得たりと知しめして喜びたまふ。……誉津別命、是の鵠を弄びて、遂に言語《ものい》ふこと得つ。是に由りて、敦く湯河板挙《ゆかはたな》に賞す。則ち姓を賜ひて鳥取造と曰ふ。因りて亦鳥取部・鳥養部・誉津部を定む。

漸く誉津別命はしゃべれるようになった。垂仁はそれを非常に喜んだと記述されている。古事記の垂仁記は、その殆どが本牟智和気命とその母・佐波遅比売命のことに費やされている。しかし古事記・日本書紀は、誉津別命がその後どうなったかについて全く触れていない。亡くなったとも記して

図33　誉津別命と大足彦尊の系譜（日本書紀）

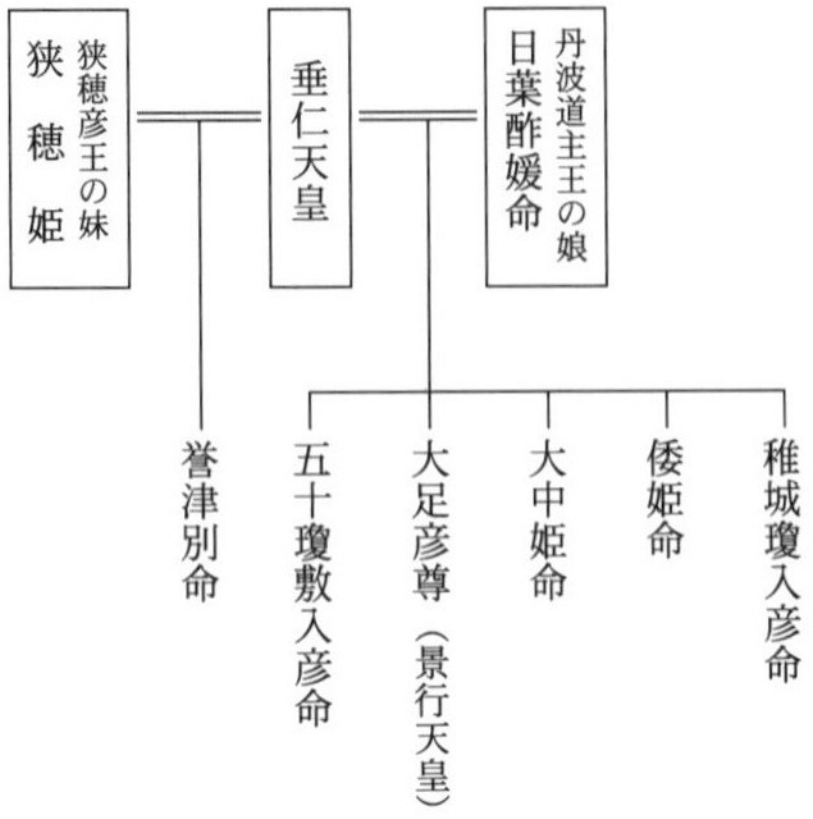

いない。ここがおかしい。普通には、最も愛した子に皇位を譲るものであろう。応神天皇も最愛の息子・菟道稚郎子皇子を太子とした。しかし、その菟道稚郎子皇子は、おそらく天皇即位後に仁徳天皇によって攻め滅ぼされた。天皇家伝承では菟道稚郎子皇子は天皇には即位していないことになっている。しかし、播磨国風土記では菟道稚郎子皇子が天皇であったことを伝えている。垂仁は誉津別命を最も愛していた。従って垂仁は、この誉津別命を太子としたであろう。日本書紀では「誉津別命は三〇歳になるまでしゃべれなかった」としている。しかし、これは「三歳までしゃべれなかった」ということなのではなかろうか。この誉津別命が垂仁の太子であり、垂仁の次に即位した天皇だと思う。そしてこれが成務天皇であると思う。

だとすると、どうなるのか？　景行は成務を暗殺・抹消した、しかしその後、成務は再び景行のあとの天皇として「帝皇日継」に加えられた、ということになる。

成務が十二代であり、景行は十三代であった。則ち二人とも十一代垂仁天皇の子である。景行は、垂仁と丹波の日葉酢媛《ひばすひめ》との間に産まれた王子とされている。誉津別命とは血統が異なる（図33）。

天皇家伝承は、先代の天皇の系譜とその在位中の重大事件を次の天皇が纏め、これを今までの天皇家伝承に継ぎたし積み重ねることで、できあがったものであった。そして一旦作成されると決して改変されることはなかった。II部第五章「継体天皇と暗殺された武烈天皇」の第一〇節において、「先代の天皇記は即位後二年までの間（即位後一年半ぐらいまでの間か？）に作成されていた」ということを述べた。

先に、日本書紀の記述により、応神崩御から仁徳即位までの経緯で考えてみよう。応神によって太子に指定されたのは、末っ子の菟道稚郎子《うぢのわきいらつこ》であった。そして播磨国風土記によれば、応神崩御後に天皇に即位したのは、その菟道稚郎子であった。その上、菟道稚郎子は天皇として五年近く君臨した。そのため菟道稚郎子（播磨国風土記の宇治天皇）は応神の伝承を作成し、作成した応神の伝承をそれまでの「帝紀」「先代旧辞」の末尾に追加することができた。それには「応神の太子は菟道稚郎子である」となっていた。しかしその後、仁徳は宇治天皇を滅ぼして天皇となった。そして仁徳は「菟道稚郎子が天皇であったこと」を抹殺することはできたが、「帝紀」「先代旧辞」の伝承には手をつけることはできなかった。「帝紀」「先代旧辞」は改変は許されないからである。そのため、「帝紀」「先代旧辞」では「応神の太子は菟道稚郎子である」という姿のままで伝承された。「帝紀」「先代旧辞」に対して仁徳にできることは、仁徳即位前紀において、菟道稚郎子が天皇として君臨した五年のうちの三年を「二人が皇位を譲り合ったために生じた皇位の空白期間である」というふうに言い繕うことでしかなかった。

それでは古事記の垂仁記及び日本書紀の垂仁紀の原伝承は、誰が作成したのであろうか？　成務が十二代であるから、成務が作成したのでなければならない。しかし、古事記においても、そして日本

表37　天皇ごとの記載行数

	古事記	日本書紀	合計行数
神武	99	201	300
綏靖	2	25	27
安寧	6	13	19
威徳	4	11	17
孝昭	4	11	15
孝安	3	11	14
孝霊	9	13	21
孝元	11	13	24
開化	22	13	35
崇神	42	131	173
垂仁	73	176	249
景行	120	244	364
成務	3	18	21
仲哀	52	61	113
神功		221	221
応神	124	142	262
仁徳	104	245	349
履中	28	82	110
反正	4	9	13
允恭	49	133	182
安康	34	33	67
雄略	87	310	397
清寧	31	40	71
顕宗	23	113	136
仁賢	4	40	44
武烈	4	60	64
継体	11	180	191
安閑	2	55	57
宣化	3	24	27
欽明	9	445	454
敏達	9	135	144
用命	4	43	47

書紀においても「垂仁の太子は大帯彦尊（景行天皇）である」と記されている。従って、垂仁記・紀を作成したのは成務ではない。垂仁記・紀において「垂仁の太子は大帯彦尊である」と記されている景行が作成したのである。ということは、成務は、「垂仁記・紀を作成し、それを天皇家伝承に追加することもできないような、即位後の早い頃に景行により暗殺された」と考えなければならない。

現在に伝わる古事記の垂仁記、日本書紀の垂仁紀は景行によって作成されたものである。その景行による垂仁記・紀に「垂仁の太子は成務であった」と記述されるはずはない。逆に成務の存在を垂仁記・紀から抹消しようとしたはずである。その抹消された成務が、垂仁の溺愛した誉津別命である。

「成務天皇は暗殺された、抹殺された」ということの証拠が古事記・日本書紀には二つほどみられる。

その一つは古事記・日本書紀の各天皇の記載量である。各天皇の記載量を行数でみてみよう（表37）。
この表で気が付くのは、神武天皇を除けば第二代の綏靖天皇から第九代開化天皇までは記載量が少なく、第十代の崇神天皇から記載量がグンと増えるということである。崇神天皇以降の天皇は、記述行数が多いのである。しかしその中に例外が二人いる。成務天皇と反正天皇である。日本書紀に依れば反正天皇は即位後五年で急逝している。従って記載量が少ないことも頷ける。しかし、成務天皇は六〇年在位したとなっている。景行天皇と同じ在位年数である。そして一方の景行天皇の記載量は、日本書紀で二四四行、古事記で一二〇行、合計三六四行である。成務天皇の記述行数の「日本書紀で一八行、古事記で三行、合計二一行」とは雲泥の相違である。成務天皇に関する古事記・日本書紀の記載量の少なさは異常だ。

日本書紀の記す成務紀の内容も異常である。六〇年も在位したとしながら皇后はおろか妃の名すら記載していない。全く以て異常である。古事記において、漸く三行の記載の中に「穂積臣等の祖・建《たけ》忍山垂根《おしやまたりね》の女《むすめ》・弟財郎女《おとたからのいらつめ》」との間に和訶奴気王《わかぬけのみこ》をもうけたとあるのみである。このような古事記・日本書紀の記載量及びその内容からも、成務天皇は極々短期間の在位であったということが窺われる。

成務抹殺の証拠の二つ目。日本書紀は景行の即位を「踰年即位である。即位の月は七月である」としている。I部第二章において、「景行の即位は踰年即位であるのに、即位の月が七月になっているのはおかしい」ということを述べた。即位の大典は、皇位継承に問題がない場合は踰年の正月でなければならないのである。景行の即位の月が七月であるのは、景行の垂仁からの皇位の移譲には問題があったことを物語っている。一方、日本書紀の成務紀は、成務の在位を六〇年としている。その内容は以下の通りである。

元年：正月即位。

二年：（十一月）前天皇の葬儀。

三年：（正月）武内宿禰を大臣に任命。

四年：（二月）国郡に長をおき、県邑に首を設置するように詔《みことのり》す。

五年：（九月）国郡に造長を設置し、県邑に稲置を設置する。

四十八年：（三月）甥の足仲彦尊を太子とする。

六十年：（六月）崩。

成務の在位年数六〇年は、干支でみるとゼロ年と同じである。「成務在位の六〇年間は造作されて、景行と仲哀の間にすっぽりと挿入されたものである」としても、「年に関する伝承そのものは干支で伝承されていた」とすると、景行と仲哀に関する年の干支には、何の変化も生じないのである。それだから成務の在位年数の六〇年はゼロ年と同じなのである。

この成務の在位記事を、四十八年条のみを除外して考えてみよう。そして「年」を「月」に置き換え、更に最後の「六十年」を「元年」に置き換えるとどうなるか。

元年：正月　即位。

二月　前天皇の葬儀。

三月　武内宿禰を大臣に任命。

四月　国郡に長をおき、県邑に首を設置するように詔《みことのり》す。

五月　国郡に造長を設置し、県邑に稲置を設置する。

六月　崩。

となる。日本書紀は、景行の即位の月を七月としていた！　景行は、成務元年の六月に成務を攻め滅ぼし、そしてその年の七月に即位したのである。Ⅰ部第二章を記述中には、まさかこのような関連があるとは予想もしていなかった。成務を伝承から抹殺すれば、景行自身は垂仁の直後の天皇となる。そして成務の即位年は垂仁崩御の年の踰年であるので、成務を滅ぼした年（成務即位年＝成務元年）を景行即位年及び景行元年としても、垂仁から景行への皇位継承としてみれば踰年即位の形は保たれている。成務は、即位後の間もない頃、先代の垂仁記・紀を作成する前に攻め滅ぼされて死亡したのだと思う。

4　景行記と清寧記の類似性

そして次のことが重要である。古事記の景行記は、景行の系譜を記述したあとは、すべて倭建命の説話になっている。景行天皇そのものについては殆ど伝承されていない。この古事記の景行記は、古事記の清寧記と同じであろう。古事記の清寧記は、清寧のことを伝承すべきであるにも拘らず、まるで清寧のことを伝承していない。清寧のことは伝承せずに、顕宗と仁賢の説話のみが語られている。この清寧の伝承を作成したのは、清寧の次の天皇の顕宗である。顕宗は、清寧のことを伝承したくなかった。そのために古事記の清寧記には清寧のことは何も語られていないのである。それでも普通であれば、最低限、系譜のみは伝承されたであろう。しかし清寧は亡くなった時（暗殺された時）一三～一四歳であり、妃を迎えることのできるような年齢ではなかった。そのために、最低限、伝承されるはずの系譜記事すらも残らなかった。景行の場合は、妃が数名いた。皇子・皇女も大勢いる。そのため系譜記事は残された。そしてこの系譜記事のあとの景行天皇に関する記述は、最後の一行だけである。その一行とは、

この大帯日子天皇の御年、一百三十七歳。御陵は山辺の道の上にあり。

これだけである。景行天皇は在世中に何をしたのかという説話がまったくみられない。ということは、古事記では、景行そのものは殆ど伝承されていないのである。そしてこのことは、「景行の後を次いだ天皇は、景行の伝承を作成したくなかったのだ」と考えた方が良い。

この景行記・紀を作成したのは仲哀である。何故ならば、成務は景行により抹殺されていた。従って成務には景行記・紀は作成できない。景行記・紀及び成務記・紀を作成できたのは仲哀しかいない。仲哀は何故、景行により抹消された成務を再び天皇として天皇家伝承に加えたのだろうか？　そして伝承すべき景行のことは系譜記述のみに限定してしまい、その殆どを倭建命（日本武尊）の記述にあてたのだろうか？　考えられることは一つしかない。仲哀は成務の子である、ということだ。そして成務天皇こそが倭建命であり、仲哀の父なのだ。

5　日本武尊は成務天皇である

日本武尊（倭建命）とは、〝景行天皇の子〟ではなく、垂仁天皇の子の誉津別命（古事記では本牟智和気王）であり、成務天皇のことであろう。

古事記は成務の唯一の妃・弟財郎女《おとたからのいらつめ》の父を「穂積の臣等の祖・建忍山垂根《たけおしやまたりね》」と記述している。これは「穂積の臣等の祖・建・忍山・垂根」である。一方、日本書紀・景行天皇四十年条には、東国の蝦夷の叛乱が勃発したことが記述されている。九州熊襲の征伐の時と同じように、東国の蝦夷の乱の平定にも日本武尊が派遣された。日本書紀・景行天皇四十年条は、その日本武尊の東国蝦夷の平定譚である。その半ばあたりに次の記述がある。

> 亦相模《さがむ》に進《いでま》して、上総《かみつふさ》に往《みた》せむとす。海を望《おせ》りて高言《ことあげ》して曰はく、「是小き海のみ。立跳《たちをどり》にも渡りつべし」とのたまふ。乃ち海中に至りて、暴風忽に起りて、王船《みふね》漂蕩《ただよ》ひて、え渡らず。時に王に従ひまつる妾《をみな》有り。弟橘媛《おとたちばなひめ》と曰ふ。穂積氏忍山宿禰《ほづみのうぢのおしやまのすくね》の女《むすめ》なり。

日本書紀では、日本武尊の妃の父は「穂積氏の忍山宿禰」となっている。「穂積氏・忍山・宿禰」である。古事記の記す成務の妃の父の名「穂積の臣等の祖・建・忍山・垂根」の「建」は「勇猛な」とか「猛々しい」などの意味の美称である。日本書紀の素戔嗚尊《すさのをのみこと》は、古事記では「速須佐之男命」

と表記されているが、「建・速須佐之男命」とも表記されている。「建」は美称なのである。従って名前の本体は速須佐之男命である。

第二代綏靖天皇の名は、古事記では神沼河耳命である。そして古事記は続けて「異母兄の当芸志美美を討ち果たした武勇により、綏靖を建沼河耳命ともいう」とも記述している。「建」は「勇猛な」とか「猛々しい」などの意味の美称なのである。綏靖の名前の本体は「建」や「神」を除いた沼河耳命である。

「建・忍山垂根」の場合も同じと考えて良いであろう。名前の本体は「穂積の臣等の祖・忍山垂根」である。これは日本書紀の記す日本武尊の妃の父「（穂積氏）忍山宿禰」と全く同じと考えてよいのではなかろうか。

成務天皇の妃の父の名（古事記）	穂積の臣等の祖・建・忍山・垂根
日本武尊の妃の父の名（日本書紀）	穂積氏　・忍山・宿禰

「たりね」と「すくね」は同じものであろう。「すくね」については、安本美典氏がその著『古代物部氏と「先代旧事本紀」の謎』（勉誠出版、二〇〇三年）の一九〜二〇ページにおいて次のように述べておられる。

『続日本紀』宝亀四年（七七三）五月辛巳《かのとみ》の条に、長費人立《ながのあたいひとたち》の奏言があり、そこに、つぎのような官符が引用されている。

「それ天下の氏姓、……阿曾美《あそみ》を朝臣となし、足尼を宿禰となす。諸此《もろもろかく》の如き類、必ずしも古《いにしえ》に従わず。」

また、『先代旧事本紀』の「天孫本紀」は、つぎのように記している。

「もと足尼となし、次いで宿禰となす」

これらの文章は、「足尼《すくね》」が氏姓であること、「足尼」が古いものであり、「宿禰《すくね》」が新しいものであることを示している。

宿禰《すくね》の、元もとの表記は足尼《すくね》のようである。ところで「足《すく》」の字は、「たり」「たらし」などの音にも使用されている。例えば「たらし」の例では、景行天皇の名の大足彦（おほたらしひこ）、成務天皇の稚足彦（わかたらしひこ）、仲哀天皇の足仲彦（たらしなかつひこ）などがある。「たり」と読む例には、中臣鎌足（なかとみのかまたり）、日本書紀・孝徳紀の豊足臣（とよたりのおみ）、日本書紀・天武紀の穂積臣・百足（ももたり）などがある。従って足尼は「すくね」の表記として使用されたのかもしれないが、「足」を「たり」の音にも使用した関係から、時には「たりね」と読まれることもあったであろう。新羅を「しらぎ」と読むが、「しんら」とも言うことがあるのと逆の関係である。そして「すくね」の表記に漢字を使用したために、その漢字の訓読み即ち「たりね」の方も同じ意味で使用されるようになった。更にその訓読みに対する新たな漢字表記が出現した。それが「たりね＝垂根」である。従って垂根《たりね》とは足尼《すくね》のことである。

一方、「すくね」の音の表記は「足尼」→「足禰」→「宿禰」と変化した。宿禰と垂根は、もともと同じであった可能性が高い。或いは「日本武尊＝成務天皇」という事実を混乱させるために、わざと宿禰《すくね》を垂根《たりね》に書き換えた、ということもあり得る。

図34　足尼・宿禰・垂根の関係

足尼《すくね》
- 足根《すくね》《たりね》→たりね→垂根
- 足禰→宿禰

成務天皇の妃の名と日本武尊の妃の名も似ている。古事記の記す成務天皇の妃は「弟財郎女（おとたからのいらつめ）」と記述されている。一方、日本書紀の記す日本武尊の妃の名は「弟橘媛（おとたちばなひめ）」である。第一字は同じ漢字である。また第一音から第三音までは同じ音である。これもどちらかが改変された名前（偽名）であることを示しているように思われる。偽名が本名に似た名前になっていることが多いことは、推理小説や映画などでしばしば見聞きすることである。

成務天皇の妃の名（古事記）	弟財郎女（おとたからのいらつめ）
日本武尊の妃の名（日本書紀）	弟橘媛（おとたちばなひめ）

古事記は《成務天皇は弟財郎女との間に「和訶奴気王《わかぬけのみこ》」をもうけた》と記述している。古事記の記す、成務天皇の王子・和訶奴気王こそが帯中日子皇子（仲哀天皇）なのであろう。

日本書紀・景行紀において、景行は息子・日本武尊を異常なくらいの最大級の賛辞で表現している。景行天皇四十年七月条である。

今朕、汝を察《み》るに、為人《ひととなり》、身体長《たか》く大《おほき》にして、容姿端正《かほきらぎら》し。力能く鼎を扛《あ》ぐ。猛きこと雷電の如し。向ふ所に前《かたき》無く、攻むる所必ず勝つ。即ち知りぬ、形は我が子、実《むざね》は神人にますことを。寔《まこと》に是《これ》、天の、朕が不叡《をさな》くして、且国の不平《みだ》れたるを愍《かなし》びたまひて、天業《あまつひつぎ》を経綸《ととの》へしめたまひ、宗廟《くにいへ》を絶えずあらしめたまふか。亦是の天下は汝の天下なり。是の位は汝の位なり。

現天皇から、このような表現をされた太子は他にはいない。

①あなた（日本武尊）は、私（景行天皇）の息子ではあるが、実際はあなたは神人だ。

②天下はあなたのものだ、天皇の位はあなたのものだ。

これは、まるで「私（景行天皇）は、あなた（日本武尊）が天皇としての相応の年齢になるまでの期間を、仮に天下を預かっているにすぎないのですよ」といっているかのようである。どう考えても誉めすぎ、称えすぎである。「現天皇こそが至高の存在である」というのが日本書紀の編述姿勢の根幹である。そのような中ではこの景行天皇の言葉は異様である。これは、仲哀がそのように伝承を作成したからなのである。「景行がそう言った」というように、仲哀が伝承を作成したのである。仲哀は、父・日本武尊（成務天皇）を暗殺した景行に、逆に最大級の賛辞でもって父・日本武尊を称えさせたのである。

日本書紀の景行紀・成務紀には、仲哀が父・成務天皇（日本武尊）を仇敵・景行よりも上位になるように伝承を造作した記述がもう一つ存在する。それは二人の寿命である。景行と成務の伝承は、いずれも仲哀が作成している。しかし、成務は即位した年の六月には景行に暗殺された。従って在位が短すぎて、記述するような事績は存在しない。ということは成務紀を飾る説話がないということである。仲哀は成務紀を華々しいものにしたかったのだが、その材料がないのである。残念である。しかし何とかして父・成務を仇敵・景行よりも上位になるような記述にしたかった。そこで仲哀は景行と成務の寿命を改変した。景行の寿命を一〇六歳とし、一方、成務の寿命を一〇七歳としたのである。父・成務の寿命を景行よりも一歳長い寿命とした。父・成務を、何としてでも景行よりも上位になるように伝承を作成したかった仲哀の涙ぐましい努力の結果のように感じられる。

ただ、これらの解釈で問題になるのは、《何故、仲哀は「自分は成務の子である」と伝承を作成せずに「日本武尊の子である」としたのか》という点である。何故、「自分は成務の子である」と伝承を作成しなかったのか？　この件に関する正統な答えが分からない。しかし播磨国風土記の説話から、成務は景行の前に天皇であったことは間違いない。その成務は景行により抹殺されている。ここで言う〝抹殺〟とは、暗殺されたこともそうであるし、また「十一代の天皇は垂仁であり、十二代の天皇は景行である」とされている天皇家伝承自体も、成務を天皇の系譜から抹殺しているのである。成務は二重に抹殺されている。その抹殺された成務が天皇として帝皇日継に加えられたのは、仲哀がそうしたかったからなのだ。そうすると仲哀は、どうしても成務の子でなければならない。仲哀は何故、自分自身の出自を偽らねばならなかったのか？　この点については不明である。

成務は景行の先代の天皇であり、しかも在位年数としてはゼロである、ということがわかった。仲哀の先代は成務ではなく、景行である。その景行没年から仲哀即位年までに一年の空白があるのは、景行の王子達と成務の子である仲哀との間での皇位継承戦争があったためなのであろう。

6　景行の在位年数は？——再度、播磨国風土記へ

成務は景行の先代の天皇であり、成務の在位は言ってみればゼロであることがわかった。成務は即位した年に景行に暗殺され、その年に景行が即位しているからである。しかし、景行の在位年数は何年なのかということについては、まだ全く不明である。それを究明するために、再度、播磨国風土記に戻ろう。播磨国風土記の成務天皇の説話は、

①成務天皇は部下を播磨の国に派遣した。
②その部下が播磨の国の女性と結婚し、娘をもうけた。
③そして景行天皇はその娘を妃にした。

というものであった。すると、③の時点では、その娘は少なくとも一七〜一八歳だったのであろう。即ち、③の時点は、成務天皇が即位してからだと、少なくとも一八〜一九年は経過していることになる。

そこで「③の時点は、いったい景行天皇の何年頃のことなのか？」ということが問題になってくる。③の時点を景行没年のこととすると、成務の即位はその一八〜一九年前のこととなる。「没年の時の景行は壮年であった」のであるならば、その没年に一七〜一八歳の娘を妃に迎えたということがあってもおかしくはない。すると今度は「没年における景行自身の年齢は果たして何歳だったのか？」ということが問題になる。そして古事記は景行の寿命を一三七歳と記述している。寿命が一三七歳とい

うことはあり得ない。そして二倍年暦は存在しないのであるから、これは干支一巡分が追加された寿命である。［137－60＝77］から、景行は七七歳で亡くなったのである。③の時点を景行没年のこととすると、七七歳の景行が一七〜一八歳の娘を妃に迎えたということになる。これは少し信じられない。③の時点は、少なくても景行没年の一〇年くらい前、と考えた方が良いと思う。それでもその時点での景行は六七歳である。しかし大まけにまけて、③の時点は、景行没年の一〇年前のこと（景行六七歳の時）であるとする。すると成務の即位した年は、その一八〜一九年前であるから、成務の即位した年は景行没年の二八〜二九年前ということになる。景行は少なくとも三〇年前後は在位したようである。

「③の時点には、景行はかなりの年齢だった」ということを窺わせる説話が播磨国風土記に存在する。

播磨国風土記・賀古郡

昔、大帯日子命、印南《いなみ》の別嬢《わきいらつめ》を誂《つまど》ひたまひし時、御佩刀《みはかし》の八咫《やた》の剣の上結に八咫《やた》の勾玉、下結に麻布都《まふつ》の鏡を繋《か》けて、賀毛の郡の山直等が始祖息長命（一の名は伊志治）を媒《なかだち》として、誂《つまど》ひ下り行《い》でましし時……。その時、印南《いなみ》の別嬢、聞きて驚き畏《かしこ》み、即《やが》て南毗都麻嶋《なびつましま》に遁《に》げ度《わた》りき。ここに、天皇、乃ち賀古の松原に到りて、覓《ま》ぎ訪《と》ひたまひき。ここに、白き犬、海に向きて長く吠えぬ。天皇、問《と》はしめたまはく、「是は誰が犬ぞ」と問はしたまふに、須受武良首《すずむらのおびと》、対《こた》へてまをさく、「是は別嬢《わきいらつめ》が養《か》へる犬なり」とまをす。天皇、勅して「好《よ》く告《つ》げつるかも」とのりたまひき。故、告首《つげのおびと》と号《なづ》く。乃《すなは》ち、天皇、比の小嶋に在ることを知りまして、即《やが》て度《わた》らむと欲《おもほ》したまひき。

印南《いなみ》の別嬢《わきいらつめ》は、景行が妻問に来た時、逃げ回っているのである。それは景行天皇が高齢だからなのである。約五〇歳の年齢差である。印南の別嬢は景行の孫の世代だ。印南の別嬢が逃げ回るのも無理はない。これらの説話から、景行は少なくとも三〇年以上は在位した、ということになるのである。

7　垂仁・成務・景行の即位年の決定

さて、いよいよ垂仁・景行・成務の即位年の実年を確定しよう。前段までに判明した垂仁・景行・成務・仲哀の関係を再度、確認しておこう。

①播磨国風土記の説話から、成務は十二代の天皇であり景行は十三代の天皇である。
②成務と景行は母違いの兄弟であり、成務は垂仁の子の本牟智和気王である。
③成務は即位の年に景行により暗殺された。
④景行は少なくとも三〇年前後、在位した。
⑤景行の次に天皇となった仲哀は、古事記の記す成務の王子・和訶奴気王である。

以上の五項目と古事記の記述から、垂仁・景行・成務の即位の実年代を確定しよう。前章で仲哀の没年の壬戌は西暦三〇二年の壬戌であることが確定している。

古事記は景行の没年は記述していない。しかし、仲哀の先代の没年を乙卯としている。そしてこの乙卯は西暦二九五年の乙卯であった。

表38 古事記による景行・成務・仲哀の没年と寿命

	没年	寿命
景行天皇	／	一三七歳
成務天皇	乙卯	九五歳
仲哀天皇	壬戌	五二歳

事実上の仲哀の先代は、成務ではなく景行である。従って「仲哀の先代の没年」と記述されている乙卯は、実は景行の没年である。そのために、古事記では景行の没年は記述されていないのである。

そして古事記は「成務は九五歳で亡くなった」としている。これも干支一巡分が追加された寿命である。従って成務の真実の没年齢は、

[95－60＝35]

である。成務は三五歳で没した（景行により暗殺された）のである。この成務没年は、成務即位年でもある。成務は即位した年に暗殺されているからである。

成務の即位は、垂仁から太子とされたはずの誉津別王の即位であるから踰年即位である。応神天皇は二一歳の時に長子の仁徳をもうけていたが、成務の場合は二〇歳で王子の和訶奴気王をもうけたと仮定する。すると成務没年（三五歳の時）には和訶奴気王は一六歳である。この和訶奴気王が仲哀であるから、仲哀は成務没年に一六歳ということになる。これは、「仲哀は、景行元年には一六歳である」ということと同じである。そして古事記はその仲哀を壬戌の年に五二歳で亡くなったと記述している。従って仲哀が一六歳の年は丙戌の年である。即ちこの丙戌の年が景行が即位した年であり、成務が暗殺された年でもある。おそらく景行の在位は丙戌から、古事記が仲哀の先代の没年と記述している乙卯までの三〇年である。

これらに西暦年を振り付けると、景行没年の乙卯は西暦二九五年、景行即位年の丙戌は西暦二六六年である。そしてこの西暦二六六年は成務天皇の即位年でもあり、没年でもある。更にその先代の垂

仁天皇の没年は、この丙戌の前年、西暦二六五年の乙酉となる。

そうすると仲哀の即位年については前章で述べた「もう一つの可能性」の方が正しいであろう。即ち、日本書紀の述べる仲哀の在位年数九年は三倍された在位年数であり、真実の在位年数は三年であると思う。古事記の記す仲哀の先代の没年の乙卯から仲哀没年の壬戌までの干支の流れは「乙卯―丙辰―丁巳―戊午―己未―庚申―辛酉―壬戌」である。仲哀の即位年は庚申の年であろう。この庚申は西暦三〇〇年である。そして「丙辰―丁巳―戊午―己未」のまるまる四年間は、成務の王子・仲哀と景行の王子達の間での天皇位を廻る戦いの日々であったであろう。

8　垂仁天皇の時代は、卑弥呼の時代と重なる

「六〇年を越える在位はありえない」ということから、日本書紀の記述する景行・成務の在位六〇年は虚構であることを導き出した。そしてそこから、真実は十二代成務・十三代景行であり、成務は即位の年に景行により暗殺されたということが判明した。しかし……垂仁の在位は六〇年を越えるとせねばならない。六〇年を越える在位も存在したのである。

垂仁の没年は西暦二六五年の乙酉と分かった。そして乙酉の前にある古事記の記す崇神天皇の没年の戊寅は八年前である。古事記は崇神の崩御年月を「戊寅の年の十二月」としている。もしも垂仁が崇神没年の戊寅の、しかも崇神が亡くなったその月に即位したとすれば、垂仁の在位は戊寅から乙酉までの八年ということになる。しかし、垂仁の在位を八年だけとするには大きな問題がある。前節の

論証から垂仁は九三歳でなくなっている。在位が八年だけだとすると、垂仁は八六歳で即位したことになる。八六歳即位はいくら垂仁が高齢にも拘わらず矍鑠としていたとしてもあり得ぬこととせねばならない。ここは、崇神の没年を干支一巡分向こうの戊寅とせねばならない。即ち垂仁の在位年数は六八年としなければならない。

しかし古事記の記す垂仁の寿命一五三歳は、干支二巡分の一二〇年を追加された年齢であるという可能性もある。こちらの方が正しいとすると［153－120＝33］から、実際の垂仁の寿命は三三歳だったということになる。これならば在位年数は八年でもよい。しかし垂仁は三三歳で亡くなったのではなく、在位年数も八年だったのではない。垂仁の寿命は九三歳であり、在位年数は六八年である。それは古事記・日本書紀の記述する垂仁の説話から、そう判断されるのである。日本書紀・垂仁紀は内容が実に豊富である。箇条書きにしてみよう。

①任那の蘇那曷叱智が帰国を請願。垂仁は種々品々を賞として持たせて帰国させた。新羅人が蘇那曷叱智を襲い賞物を奪った。以来任那と新羅二国間の抗争が始まった。
②意富加羅国の王子・都怒我阿羅斯等の来朝。
③新羅の王子・天日槍来朝（田道守の祖）。
④狭穂彦王の反乱。
⑤当麻蹶速と野見宿禰の相撲。
⑥誉津別王がしゃべれるようになった経緯の説話。
⑦伊勢の祭祀の始まり。

⑧出雲の神宝の検校。
⑨母弟の倭彦命の葬儀に際しての殉死の悲惨さから、以降殉死を廃止すると宣言。
⑩大足彦尊を太子とする。
⑪野見宿禰の献策により、殉死のかわりに埴輪を使用する。
⑫石上神社に剣千口を奉納。
⑬再び天日槍。
⑭トキジクの実を求めて田道守を探索の旅に出発させる。
これらの記事の豊富さから、垂仁の在位は八年とするよりも六八年とする方が妥当性がある。垂仁記・紀には、トキジクの実を探し求めて旅に出る田道守の説話がある。田道守が漸くトキジクの実を手に入れて帰った時には、既に垂仁はこの世を去って八カ月を過ぎていたとある。これは、高齢の垂仁が更に長寿を求めて長寿の秘薬とされるトキジクの実の探索に田道守を送り出したものであろう。一般に、長寿の秘薬を希求するようになるのは、その人が老年期に達してからであろう。元気いっぱいの若い頃や壮年期には、人は自分が死ぬなどとは考えないものである。長寿の秘薬を希求する垂仁は、若い世代の天皇のようには思えない。垂仁はかなり長生きしたのである。そして更にまだまだ長生きしたかった。田道守は出発後一〇年して戻ってきた、と記述されている。[93－10＝83]から、田道守は垂仁八二～八三歳の頃にトキジクの実を求めて出発したことになる。状況設定はぴったりである。

垂仁の場合は、垂仁没年の年齢と上記垂仁在位中の説話の豊富さ・内容から、八年だけの在位と考えるよりも六八年の在位と考える方が妥当性がある。そして更にこれは六八年とするよりも六九年とすべきものであろう。六九年在位と考えれば、これは日本書紀の記述する垂仁在位年数の九九年から三〇年を引いた年数となる。日本書紀は、景行の在位年数を三〇年から六〇年に改変してあった。景行の部分で三〇年、垂仁の部分で三〇年、合計では六〇年である。日本書紀は、「垂仁・景行の二人で干支一巡分」の六〇年の在位年数の延長を行ったのである。従って垂仁の没年は乙酉ではなく、その翌年の丙戌である。そして成務の即位も丙戌である。

垂仁から成務への皇位継承は、争乱のない皇位継承であったと思われる。しかし、それにも拘わらず成務の即位は没年即位ということになる。これはどういうことなのであろうか？　或いは垂仁の時代迄は、次天皇の即位は前天皇崩御後の間もない頃に行われていたということなのかもしれない。そもそも踰年即位ということ自体、儒教思想による産物である。『大日本百科事典』（小学館）の「儒教」の項を要約すると、

> 春秋時代の末期に孔子（前五五二―前四七九）により確立された道徳論である。その後、孟子・荀子らにより王道論としての整備が進められた。前一三六年、漢の武帝により儒教は国家的な教学となった

となる。今、たどり着いた垂仁の没年は西暦二六六年である。漢の武帝が儒教を国教に指定したのは紀元前一三六年であった。そこから約四〇〇年経過しただけなのである。垂仁の時代は、どう見積も

っても儒教が確立されてから四〇〇年経過しただけにすぎない。平安時代ならばともかく、紀元前後という時代に、そのような短期間に儒教が日本に伝来され、そして根づき、日本においてもしっかりと儒教思想に基づいた踰年即位が行われていた、とするのは無理があるのではなかろうか。むしろ、垂仁・成務の頃までは、倭人古来の習慣と思われる前天皇崩御後すぐに次天皇は即位したと考えた方がよいのではなかろうか。

事実、日本書紀は開化天皇を没年即位と記述している。そしてI部第一章「歳次の意味」において、

表39　古事記の記述による仲哀没年から崇神没年までの復元

	古事記						日本書紀		
代	天皇	即位年 没年	西暦	在位年数	寿命	訂正寿命	元年 没年	在位年数	西暦
10	崇神	戊寅	**一九八**		一六八	**四八**	甲申 辛卯	六八	紀元前九七 紀元前三〇
11	垂仁	**戊寅** **丙戌**	**一九八** **二六六**	**六九**	一五三	**九三**	壬辰 庚午	九九	紀元前二九 七〇
12	成務	**丙戌** **丙戌**	**二六六** **二六六**	**〇**	九五	**三五**	辛未 庚午	六〇	七一 一三〇
13	景行	**丙戌** 乙卯	**二六六** **二九五**	**三〇**	一三七	**七七**	辛未 庚午	六〇	一三一 一九〇
14	仲哀	**庚申** 壬戌	**三〇〇** **三〇二**	**三**	五二	五二	壬申 庚辰	九	一九二 二〇〇

太字は復元したもの。

「崇神の元年は、日本書紀の記述する甲申ではなく、その前年の癸未としなければならない」ことを論証した。そして、この癸未の年は開化天皇の没年なのである。従って、崇神も没年即位である。すると第九代の開化、第十代の崇神、第十一代の垂仁、第十二代の成務、すべてが没年即位ということになる。第九代の開化以前には説話が残されていないので検証できないが、西暦二六六年の成務即位の頃までは、争乱時であろうと平穏な場合であろうと、即位は没年即位であったという可能性がある。日本書紀編纂者はそれを平穏な皇位継承の場合は踰年即位に改変し、争乱が存在した時の皇位継承は没年即位として記述したということになる。

従って垂仁の在位は、崇神没年の戊寅から西暦二六六年の丙戌までの六九年となる。崇神の没年の戊寅は西暦一九八年の戊寅となる。垂仁の時代は卑弥呼の時代と重なり合うことになる。

垂仁の在位年数六九年については意外なところにその証拠が見られる。古事記は垂仁の寿命を一五三歳としていた。従って真実の垂仁の寿命は九三歳である。六九年在位して九三歳で亡くなったのであるならば、即位したのは二四歳の時となる。日本書紀は垂仁が立太子されたときの年齢を二四歳と記述している。日本書紀の記述している垂仁立太子の年齢は、実は垂仁即位時の年齢なのである。I部第四章「二倍年暦は存在しない」で述べたように、綏靖即位時の年齢は一三歳であったが、日本書紀は綏靖立太子の時の年齢を一三歳になるように記述していた。同じ手口の改変なのである。そしてこのことは、日本書記の記述する在位年数や寿命や即位時の年齢などにも、やはり何等かの理由が存在することを確信させるものでもある。まるででたらめに設定されたものではないのである。

第九章　九州王朝からの入り婿・崇神天皇

1　崇神天皇の即位年

古事記は崇神天皇の在位年数を記述していない。そこで崇神の即位年は、日本書紀の記述を参考にして復元しよう。日本書紀の記述する崇神の即位から没年までの経緯は次の通りである。

①崇神の先代の開化天皇は在位六〇年目の四月に崩御。
②翌年の一月、皇太子の御間城入彦尊（崇神）が天皇に即位した。
③崇神は、践祚して六八年の十二月に崩御。

日本書紀は、崇神の在位を六八年と記述している。しかしＩ部第一章における歳次干支の検証から、日本書紀の記述する崇神の在位年数は六九年とせねばならないことがわかった。

そして「六〇年を越える在位はあり得ない」と思われたが、前章で述べたように垂仁の在位年数は六九年であった。六〇年を越える在位も存在したのである。しかしそうかと言って、六〇年を越える在位がそうそう頻繁に見られるものでもあるまい。さすがに「親子二代、二人続けて六〇年を越える在位はありえない」と考えても良いであろう。そして垂仁天皇が、その滅多にない六〇年を越す在位である。従って垂仁の先代である崇神の在位年数は六九年であるはずがない。

崇神の在位が六九年ではないことは、崇神の寿命からも明らかである。Ⅰ部第四章「二倍年暦は存在しない」で論証したように、崇神の寿命は四八歳であった。従って四八歳という寿命をオーバーする六九年の在位はありえないのである。日本書紀の記述する崇神の六八年という在位年数（その実、六九年の在位）は、真実の在位年数を何等かの操作により増幅した在位年数なのである。

それでは、崇神の在位年数六九年は、どのような操作で作成されたものなのであろうか？　干支一巡分が加えられて六九年となったということもあり得る。もしもそうだとすると、真実の崇神の在位年数は九年ということになる。

しかし古事記・日本書紀の崇神の説話も、垂仁の場合と同じように内容が多彩で豊かである。崇神紀の内容を箇条書きにしてみよう

①即位後の間もない頃、疫病が流行した。

②大殿の内に天照大神と倭大国魂（の神）を斎祭る。

③日本大国魂神（倭大国魂？）を斎祭る役目の渟名城入姫命《ぬなきのいりびめのみこと》は（祟りで？）病となり髪が抜け落ち、やせ衰えてしまった。

④疫病が流行したり災害があったりして国が治まらないので、大物主神の子孫・大田田根子を捜し出して、大物主神を斎祭らせた。

⑤大彦命《おほびこのみこと》を北陸へ、武渟川別《たけぬなかはわけ》を東海へ派遣した。また、吉備津彦を西道へ、丹波道主命《たにはのみちぬしのみこと》を丹波へ派遣した。

⑥武埴安彦《たけはにやすびこ》の反乱が勃発した。
⑦倭迹迹日百襲姫命《やまとととびももそひめのみこと》が大物主神の妻となった。その倭迹迹日百襲姫命が亡くなり箸墓が造成された。
⑧異俗訳《をさ》を重ねて来《まう》く、海外までも既に帰化す。
⑨長幼の次第、課役の先後を人民に知らしめる。
⑩始めて船を造る。
⑪夢占いにより、王子の中で弟の方の活目尊（垂仁天皇）を太子に指定する。
⑫出雲大社にある出雲大神の神宝を献上するように命令した。出雲大神の神宝を管理していた出雲振根は筑紫に行っていて留守であった。出雲振根の弟は天皇の命令に従い出雲大神の神宝を献上した。このため出雲臣の兄弟間で争いが起こった。天皇の命令に従った弟は兄の振根に殺された。そこで崇神天皇は吉備津彦と武渟川別を派遣して出雲振根を誅した。
⑬諸所に池を造る。
⑭任那国からの朝貢があった。

崇神の在世中の出来事も多彩である。九年の在位であったとするよりも、もう少し長い在位年数であったと考える方がよいと思う。ところで六九年を三で割れば、ぴったり割り切れて二三となる。そうすると、これまでにも度々見られた三倍された在位年数の可能性が高くなる。二三年の在位ならば日本書紀の記述する崇神紀の内容に似つかわしい在位年数である。崇神の在位年数は二三年であろう。古事記の記す崇神の没年の戊寅をあしかけ二三年遡ると、それは丙辰である。崇神の没年の戊寅は西暦一九八年の戊寅であった。従って崇神の即位年は、西暦一七六年の丙辰ということになる。なお、崇神の寿命は四八歳であるので、崇神は二六歳で天皇に即位したことになる。

崇神天皇の在位年数が真実の二三年から日本書紀の記述する六八年となった経緯について考えてみよう。

①最初、崇神天皇の在位年数は二三年と伝承されていた。

②これが、日本書紀編纂の初期段階で三倍されて六九年となった。

③垂仁即位前紀の資料として、

「(垂仁)天皇、御間城天皇(崇神)の二十九年、歳次壬子に生《あ》れましたまへり」

という文章ができた。その意味は、

「(垂仁)天皇は、御間城天皇(崇神)の二十九年、次の年は壬子(即ち辛亥の年)に生《あ》れましたまへり」

という意味であった。しかし日本書紀編纂の最終段階になって、これを「崇神天皇の二十九年は壬子の年」と解釈するようになった。

④日本書紀編纂者は、日本書紀における垂仁天皇の没年を固定しておいて「崇神天皇の二十九年は壬子の年」となるように垂仁の元年と崇神の没年及び元年を改訂した。このために垂仁の誕生年は一年遅れとなり、結果として寿命が一歳短くなってしまった。崇神の場合も在位年数が一年短縮されることになり、現在日本書紀に見られる六八年の在位年数となった。

このような経緯で、日本書紀の記す崇神天皇の在位年数六八年というものはできあがったのではないかと思う。

2　崇神天皇は九州王朝からの入り婿

漢風諡号に「神」の文字を持つ天皇は三名だけである。初代の神武天皇、十代の崇神天皇そして十五代の応神天皇である。この三名は、何等かの共通する理由があり、そのために漢風諡号に「神」の文字がつけられたと考えられる。

神武天皇は、古事記・日本書紀において九州の支配者の日子波限建鵜葺草葺不合命《ひこなぎさたけうがやふきあへずのみこと》（日本書紀では彦波瀲武鸕鷀草葺不合尊）の四男とされている。日子波限建鵜葺草葺不合命を九州王朝の王と考えれば、神武天皇はその王子ということになる。II部第七章における論証から、第十五代の応神天皇は九州王朝の王の孫であった。そうすると残る崇神天皇は？

崇神天皇の名は古事記では御真木入日子印恵命《みまきいりひこいにゑのみこと》、日本書紀では御間城入彦尊と記されている。そしてまた古事記は、その崇神天皇を初国知所御真木天皇とも云うと記述している。「初国知らしし御真木の天皇」である。このことから、崇神天皇は「みまな」から入ってきた征服王朝の初代の天皇である、との説がある。しかし、もしもそうであるならば、どうせなら「みまきいりひこ」と言わずに「みまないりひこ」と言いそうなものである。そうはなっていない。また日本語において、「な」の音が「き」の音に変化する必然性はどこにも存在しない。従って「みまきいりひこ」の「みまき」は「みまな」が変化したものではない。

この説が参考になるのは「いりひこ」の部分を「入ってきた男」と捉えている部分である。現在でも入り婿という言葉がある。「いりひこ」とは、入ってきた男、即ち入り婿のことではないかと思う。また、入比売とは入ってきた比売、即ち嫁のことではないかと思う。この入日子・入比売は、入り婿や嫁という意味の他に、例えば身分の低い家から本宅（宮殿）の方に引き取られて育てられた皇子や皇女をも指したのではないかと思われる。むしろ普通には、このケースの場合の方が多かったのではないかと思う。ただし「いりひこ」「いりひめ」については有坂秀世氏の次の説もある。

入彦 iri-bi-ko、入姫 iri-bi-me（依彦、依姫ノ yori モ同ジ。）例ヘバ記ニ伊久米伊理毘古伊佐知命（垂仁天皇）布多遅能伊理毘売命（日本武尊妃）ナドトアル伊理（親愛ノ義）ヲ、モシ菟道稚郎子《イラツコ》、稲日大郎姫《イラツメ》（景行天皇后。紀曰、郎姫此云異羅菟咩）ノ異羅ト同根ト見ルナラバ、ira, iri ノ間ニハ a-i ノ変化ガ存スルコトトナル。併シ兄、弟、姉、妹ヲいろせ、いろと、いろね、いろもトイヒ、又万葉巻十六ニハ伊呂雅世流（愛人着せる）ト見エルカラ、ira, iro ハ、同一語根カラ出タ doublets デ、iri ハ iro から出た形デアラウ。

（有坂秀世著『語勢沿革研究』三省堂、一九六四年、一一一ページ）

「いりひこ」の「いり」は、「いろせ」「いろも」と同根の語から出た言葉ではなかろうかとしている。「雨」は「あめ」であるが、「雨雲」は「あまぐも」である。また「雨蛙」も「あまがえる」である。「雨」が、ある時には「あめ」と発音され、またある時は「あま……」と発音されている。「いりひこ」の「いり」も、このように「雨」を「あめ」と言ったり「あま」と言ったりするのと同じような理由に起因するものであり、「親愛の義」を表す「いろ」が変化したものであろうかとしている。

しかし「いりひこ」は、やはり「入ってきた男」なのではなかろうか？

それでは崇神天皇はどこからの入り婿なのかということになる。それは御真木（みまき）からの入り婿である。「み」は尊称の「み」であろう。「御子（みこ）」の「御（み）」と同じである。従って御真木の本体は真木である。崇神は真木という地からの天皇家への入り婿だと思う。浅香幸雄監修『日本地図帖』（国際地学協会、一九八一年）の四三万五千分の一の福岡県全図において、福岡県の鳥栖―久留米間の筑後に真木という地を見ることができる。御真木入日子印恵命の名の真木と、全く同じ文字である。この真木という地は筑紫の中心・大宰府に近接している。この福岡県の真木こそが、崇神天皇の出身地だと思うのだが、まだ、まったく調査はしていない。

近畿天皇家の文化は崇神天皇の時に大きな変化を見せている。古事記において、年の干支は崇神天皇の没年の表記として初めて出現する。「戊寅年十二月崩」である。また、開化天皇までは「旧辞」「先代旧辞」は作成されていない。神武天皇の説話のあと、綏靖から開化までは系譜記述（帝紀）のみである。しかし崇神天皇から系譜記事とともにその天皇の在位中の説話（旧辞・先代旧辞）が叙述されるようになる。崇神天皇が「暦」と「旧辞の作成」「先代旧辞の作成」という文化を九州王朝から近畿天皇家に持ち込んだのではないかと思われる。崇神天皇が九州から持ち込んだものがもう一つある。それは次の節で述べよう。

崇神天皇は、古事記によれば「初国知所御真木天皇」とも言われている。「はつくにしらしし天皇」

である。このことから、崇神こそ初代の天皇だとの説もある。しかし崇神が、遥か遠隔の地の筑紫から近畿天皇家へ入り婿した天皇だとすると、崇神にとっては、大和は初めて知る地である。「初めて大和という国を知ることになった天皇」という意味での「はつくにしらしし天皇」である。私は、崇神は九州から大和に養子として送りこまれた（押しつけられた）天皇だと思う。神武・崇神・応神、これらの三名の天皇は九州王朝の王の王子または孫であったからこそ、その漢風謚号に「神」の文字がついているのだと思う。

3　邪馬台国は近畿大和ではない——殉葬の風習による論証

ところで古事記・日本書紀ともに、崇神から垂仁への皇位継承は平穏な皇位継承であったかのような記述になっている。しかしこれは事実が隠蔽されているのではないかと思う。と言うのも古事記の崇神記及び日本書紀の垂仁紀に、少し異常な記述があるからである。古事記において、崇神の系譜記述の末尾に、

次に倭日子命。この王の時、始めて陵に人垣を立てき。

とある。この記述は少しおかしい。ここは崇神天皇の条である。従って、この経緯は次のようなことだったことになる。

①崇神天皇の御代に、その崇神天皇の王子の倭日子命が亡くなった。
②その時、その陵の周囲に殉葬として始めて人垣を立てさせた。

すると、②を命令したのは父親であり、天皇でもある崇神でなければならない。従って、古事記の「注」に記述されている「この王の時」という表現は適当ではない。「崇神天皇の時」と記述しなければならない。そう記述しないと「崇神天皇の尊厳」を犯すことになる。それなのに「この王の時」という表現になっている。あたかも倭日子命が支配者でもあったかのような表現の仕方である。これは、「倭日子命は天皇であった」ということを意味するのではないかと思う。王という文字を天皇に置き換えると、この文は意味がすんなりと通るようになる。「次に倭日子命。（この天皇の時、始めて陵に人垣を立てき。）」である。この件に関する日本書紀・垂仁紀の記述を見てみよう。

二十八年の冬十月の丙寅の朔庚午に、天皇の母弟《いろど》倭彦命薨《かむさ》りましぬ。十一月の丙申の朔丁酉に、倭彦命を身狭《むさ》の桃花鳥坂《つきさか》に葬《はぶ》りまつる。是に、近習者を集《つど》へて、悉に生《い》けながらにして陵の域《めぐり》に埋みて立つ。日を数《へ》て死なずして、昼に夜に泣《いさ》ち吟《のどよ》ふ。遂に死《まか》りて爛《く》ち臰《くさ》りぬ。犬烏聚《あつま》り噉《は》む。天皇、此の泣《いさ》ち吟《のどよ》ふ声を聞しめして、心《みこころ》に悲傷《いたきわざ》なりと有《おもほ》す。群卿に詔して曰はく、「夫《そ》れ生《いけるとき》に愛《めぐ》みし所を以て、亡者《しぬるひと》に殉《したが》はしむるは、是甚だ傷《いたきわざ》なり。其れ古《いにしへ》の風《のり》と雖も、良からずは何ぞ従《したが》はむ。今より以後、議《はか》りて殉《しぬるにしたが》はしむることを止めよ」とのたまふ。

図35　古事記の記述する崇神の系譜（崇神の王子のみ）

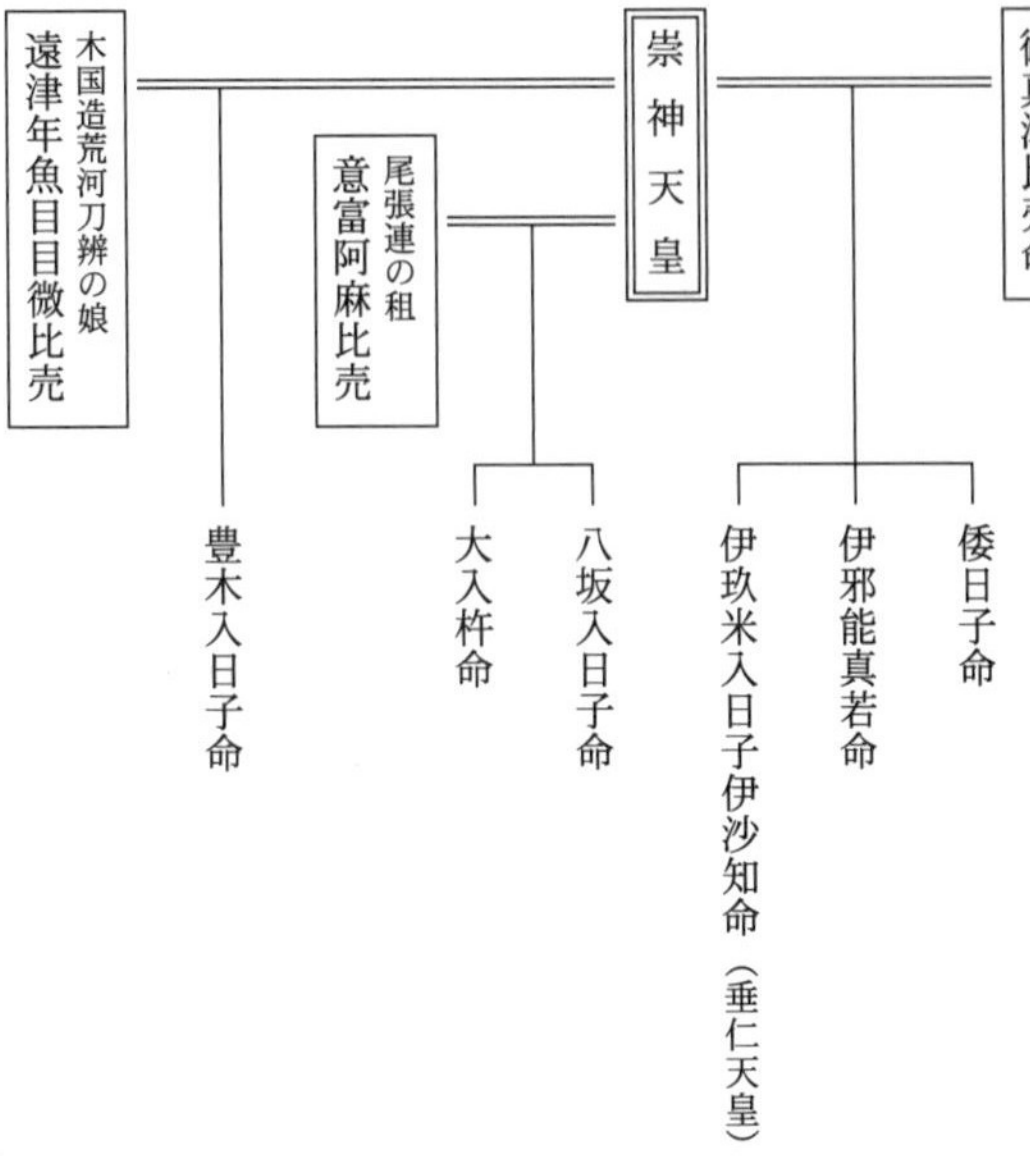

日本書紀垂仁紀は、この時の殉死を「古《いにしへ》の風《のり》と雖も……」と記述している。ということは近畿大和において、それまでにも殉死の風習があったということになる。その悪習を垂仁が止めさせたと言っていることになる。しかしこの記述は、古事記とは決定的に異なる。古事記は前述したように、倭日子命の葬儀に際して近畿大和で「始めて」殉死の人達を人垣として陵の周囲に立てたとしているからである。この件については古事記と日本書紀とで矛盾している。この点について考察を加えよう。

　日本書紀・垂仁紀では倭日子命は垂仁二十八年に亡くなったとしている。しかし、古事記は倭日子命の死を崇神記で記述している。すると、倭日子命は実際は崇神と垂仁の交代期に亡くなったのではないかという疑いが湧いてくる。

　また垂仁天皇の在位は六九年であったが、日本書紀はそれを九九年としている。日本書紀は垂仁の在位年数を三〇年増幅してあるのである。従って垂仁紀において、x年の出来事として記述されている説話は、記述通りの垂仁x年の出来事である場合と、(x＋30)年の出来事である場合の二通りの可能性があることになる。《倭彦命が亡くなったのは「垂仁二十八年」のことである》という日本書

図36　日本書紀の記述する崇神の系譜（崇神の王子のみ）

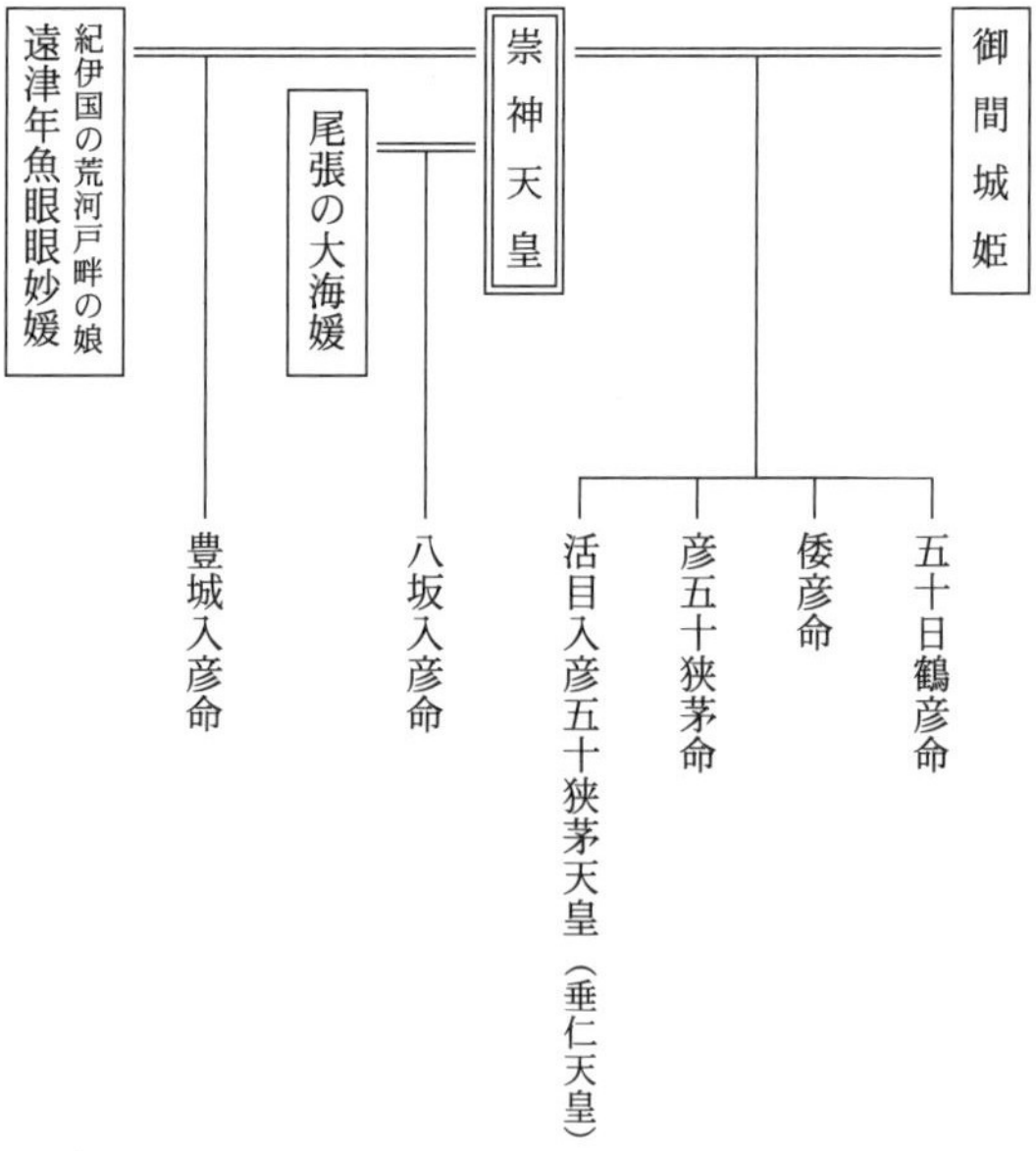

紀の記述は、[x＋30＝28]から、[x＝－2]となり、即位の二年前の出来事である可能性が出てくる。「二年前」というのは、勿論、〝あしかけ二年〟の意味であるから、実際には「前年」のことになる。ということは倭彦命が亡くなったのは垂仁即位直前のことだった可能性がある。

これらの日本書紀の記述を整理すると次のようになる。

①垂仁の即位直前に、垂仁の兄弟の葬儀があった。

②その際、その側近の悲惨な殉死・殉葬が実行された。

垂仁の皇位継承が、何やらきな臭くなってきた。実際は、崇神の太子は崇神の末っ子の

倭日子命であったと思う。それを崇神崩御後に年長の垂仁が倭日子命を攻め滅ぼしたのである。そして垂仁は倭日子命の側近を生き埋めにしたのである。日本書紀の記述は、この倭日子命の側近を生き埋めにしたことを（垂仁は）後悔したということなのであろう。崇神から垂仁への皇位継承には争乱があったのである。垂仁は倭日子命から皇位を簒奪している。

しかしそれ以上に、古事記の記述するこの一文、

次に倭日子命。この王の時、始めて陵に人垣を立てき。

この一文の意味することは極めて重大である。古事記は崇神の王子・倭日子命の葬儀に際して、初めて殉葬の人達を人垣として陵の周囲に立てたと記述している。古事記は、「近畿大和においては崇神の頃までは、殉葬の風習はなかった」と言っていることになる。そして崇神の没年の戊寅は西暦一九八年であった。

一方、邪馬台国における殉死・殉葬の風習について、魏志倭人伝は次のように記述している。

卑弥呼以死大作冢径百余歩殉葬者奴婢百余人

[訳]　卑弥呼、以て死す。大いに冢を作る。径、百余歩。殉葬の奴婢、百余人なり。

卑弥呼が魏に朝貢の使いを派遣したのは、魏志倭人伝では景初二年（西暦二三八年）である。その

頃の卑弥呼の邪馬台国には殉葬の風習が存在した。しかるに古事記によれば、西暦一九八年頃の近畿大和では「(崇神天皇の時代に）初めて殉葬の人達を人垣として陵の周囲に立てた」としている。卑弥呼の時代の四〇年前までは、近畿大和には殉葬の風習はなかったのである。卑弥呼の時代の邪馬台国と崇神の代までの近畿天皇家の決定的な相違点である。この一文は、邪馬台国近畿大和説をこっぱ微塵にうち砕くものである。

ここで、前節で述べたように「崇神は九州王朝からの入り婿なのだ」とするとどうなるか？　崇神が九州王朝から殉死・殉葬の風習を大和に持ち込んだということになる。しかし「崇神の後継者の倭日子命」を滅ぼして天皇となった垂仁は、再び殉死・殉葬の風習を廃止にしたということになる。

日本書紀垂仁二十八年条で垂仁の言った言葉、「其れ、古《いにしへ》の風《のり》と雖も良からずは、何ぞ従《したが》はむ」、ここで垂仁の言っている「古の風と雖も」とは、「由緒ある九州王朝の風習ではあっても……」という意味なのではなかろうか？　わずか二三年の崇神天皇の在位中に始まったにすぎない風習を「古の風」と表現するには無理がある。崇神天皇の時代から始まった「古の風」なのではなく、「由緒ある九州王朝の風習」として、昔から九州でおこなわれていた「古の風」なのではなかろうか？　こう解釈した時、古事記の記述も正しいし、日本書紀の記述も正しいことになる。そして更に垂仁の言っている言葉、

古《いにしへ》の風《のり》と雖も良からずは、何ぞ従《したが》はむ。

表40　開化没年から履中没年までのまとめ

代	天皇	古事記 寿命	古事記 即位年・没年	古事記 在位年数	古事記 西暦	日本書紀 元年・没年	日本書紀 在位年数	日本書紀 西暦
9	開化	六三	丙辰		一七六	甲申・癸未	六〇	紀元前一五七・紀元前九八
10	崇神	一六八	丙辰・［戊寅］	二三	一七六・一九八	甲申・辛卯	六八	紀元前九七・紀元前二八
	倭日子		戊寅・戊寅	〇	一九八・一九八			
11	垂仁	一五三	戊寅・丙戌	六九	一九八・二六六	壬辰・庚午	九九	紀元前二九・七〇
12	成務	九五	丙戌・丙戌	〇	二六六・二六六	辛未・庚午	六〇	七一・一三〇
13	景行	一三七	丙戌・乙卯	三〇	二六六・二九五	辛未・庚午	六〇	一三一・一九〇
14	仲哀	五二	庚申・［壬戌］	三	三〇〇・三〇二	壬申・庚辰	九	一九二・二〇〇
	香坂天皇		壬戌・辛卯	三〇	三〇二・三三一			
	神功	一〇〇	辛卯・癸丑	二三	三三一・三五三	辛巳・己丑	六九	二〇一・二六九

15	応神	一三〇	**甲寅** 甲午	**四一**	**三五四** **三九四**	庚寅 庚午	四一	二七〇 三一〇
	宇治天皇		**乙未** **己亥**	**五**	**三九五** **三九九**			
16	仁徳	八三	**己亥** 丁卯	**二九**	**三九九** **四二七**	癸酉 己亥	八七	三一三 三九九
17	履中	六四	**丁卯** 壬辰	六	**四二七** **四三二**	庚子 乙巳	六	四〇〇 四〇五

太字は復元したもの。□は古事記の記述。

これは「いくら権威のある由緒正しい九州王朝の風習ではあっても、我々はそのような悪習は拒否する」、こういうことなのではなかろうか？　そうすると、垂仁は崇神の子ではない。神武以来の近畿天皇家の血筋の人物である。垂仁は、九州王朝から崇神を押しつけられたことにより失った近畿大和の首長の座（天皇の位）を、崇神の太子である倭日子命を滅ぼすことによって神武以来の血統にとりもどしたのである。

垂仁は丙戌の年に九三歳で亡くなった。すると垂仁の誕生年は甲寅の年である。一方、崇神の在位年数は、これまでの論証から二三年であった。古事記の記す崇神没年の戊寅をあしかけで二三年遡ると、それは丙辰の年である。これが古事記による崇神の即位年である。そして崇神は、これまでの論証から開化の没年に即位していた。従って開化の没年は丙辰の年ということになる。この開化の没年の丙辰は、垂仁誕生年の甲寅を一年目とすれば三年目にあたる。即ち垂仁は開化没年には三歳である。

ところで古事記は開化を六三歳で亡くなったと記述している。すると垂仁は開化六一歳の時にうまれていることになる。まさに垂仁は開化天皇の六一歳の時の開化の子なのではないかと思う。

第十章　開化天皇以前、そして神武の即位年

前章における論証から、崇神の先代の開化の没年は西暦一七六年の丙辰の年であることがわかった。しかし古事記の記述する年の干支は、崇神の没年を戊寅とするところまでである。それ以前には年の干支は、もう存在しない。そして崇神以前については、在位年数もまったく記述されていない。従って開化の没年以前については、確実なことはわからない。

一方、日本書紀の方は、崇神〜持統間と同じように開化以前についても、各天皇の即位年及び元年とその在位年数を記述している。そして前天皇の崩御と次天皇の即位の関係も明記されている。従って日本書紀では、神武天皇から開化天皇までの年次経過は明確である。日本書紀の記述する神武から開化までの各天皇の元年と在位年数を表にすると、次ページの表41の様になる。そして日本書紀の記述による前天皇の崩御と次天皇の即位の関係は表下端の欄に記載する通りである。

なお日本書紀の記述では、踰年即位の場合の在位年数は日本書紀が記述している通りの在位年数であるが、没年即位の場合は、［真実の在位年数マイナス一］の数値で記述されている。従って安寧天

表41　日本書紀による神武から崇神までの元年と没年の関係

代	天皇	元年 没年	在位年数	前天皇の没年と即位年の関係
1	神武	辛酉 丙子	七六	
2	綏靖	庚辰 壬子	三三	神武崩御後、綏靖の即位までに三年間の空白あり。
3	安寧	癸丑 庚寅	三八	没年即位
4	懿徳	辛卯 甲子	三四	踰年即位
5	孝昭	丙寅 戊子	八三	懿徳崩御後、孝昭の即位までに一年間の空白あり。
6	孝安	己丑 庚午	一〇二	踰年即位
7	孝霊	辛未 丙戌	七六	踰年即位
8	孝元	丁亥 癸未	五七	踰年即位
9	開化	甲申 癸未	六〇	没年即位
10	崇神	甲申 辛卯	六八	

皇は、「綏靖天皇の亡くなった年に即位し、その翌年を元年とする三八年間在位した」と記述されているが、その在位年数は三九年である。同じく開化の場合は六一年である。またI部第一章「日本書紀における『歳次』の意味」で論証したように、崇神の在位は辛卯を没年とする六九年である。従って日本書紀における崇神の在位一年目は癸未でなければならない。日本書紀の記述は表42のように訂正しなければならない。

しかしこの日本書紀の記述を信用して、開化没年から神武即位年までを復元するわけにはいかない。表42をみればわかるように、この期間には、あり得ない長さの在位年数の天皇が、少なくとも三名はいる。第五代孝昭の八三年、第六代孝安の一〇二年、第七代孝霊の七六年である。そのほか、第八代孝元の五七年、第九代開化の六一年も長すぎる在位年数と思うのだが、

表42 日本書紀の記述による訂正在位年数

代	天皇	元年 没年	在位年数
1	神武	辛酉 丙子	七六
2	綏靖	庚辰 壬子	三三
3	安寧	壬子 庚寅	三九
4	懿徳	辛卯 甲子	三四
5	孝昭	丙寅 戊子	八三
6	孝安	己丑 庚午	一〇二
7	孝霊	辛未 丙戌	七六
8	孝元	丁亥 癸未	五七
9	開化	癸未 癸未	六一
10	崇神	癸未 辛卯	六九

何しろ垂仁天皇の六九年という在位がある。正規年暦での真実の六九年の在位年数なのである。従って孝元・開化の場合を、長すぎてあり得ない在位年数だと言いきってしまうわけにはいかない。

しかし孝霊の七六年、孝安の一〇二年、孝昭の八三年等は、どう考えてもあり得ない長さの在位年数である。即ち、増幅された在位年数である。真実の在位年数が何等かの操作によって増幅され、そのような在位年数になったのである。

ここまで、日本書紀においては、在位年数を増幅する方法として次の三つの方法があることが判明している。

①干支一巡分を追加する（神武）
②真実の在位年数を三倍する（允恭、仁徳、神功、崇神）
③連続した二人で干支一巡分の増幅をおこなう（垂仁と景行、一人三〇年ずつ）

「在位年数を増幅する方法として三種類の方法がある」ということは、逆に言えば「日本書紀の記述する在位年数や寿命には、それを延長・増幅する際に、或る決まった一つの方式というものはない」ということでもある。ある時は干支一巡分を加え、また或る時は三倍する。そしてまた別の或る時には、連続する二人の天皇で干支一巡分を加える。従って安寧〜開化にみられる長大な在位年数のケースは、この①から③のうちのどちらかの方法で増幅されたものなのかもしれないし、或いはまた、全く別の新しい在位年数の増幅方法が採用されているのかもしれないのである。四番目の在位年数の増幅方法があるかもしれないし、ないかもしれない。それはわからない。

そして安寧から開化までの間には説話が全く記述されていない。そうすると、日本書紀の記述する安寧から開化までの各天皇の在位年数をもとにして、これらの各天皇の在位年数を推理により導き出したとしても、それがその天皇の在位年数として妥当か否かを検証する方法がないことになる。

①安寧から開化までは説話が全くないこと

②日本書紀の記述する寿命も信用できないこと

の二点から、安寧から開化までの日本書紀の記述を使用して、開化没年から安寧即位年までを復元するわけにはいかないのである。

それではどうすればよいか？　古事記の寿命の延長方法は単純であった。推古から崇神までの期間において、古事記が天皇の寿命を増幅する場合は、干支一巡分か干支二巡分を加えるだけであった。それ以外の寿命の延長方法は見られない。そして古事記は神武から第二十一代雄略までの各天皇の寿命をすべて記述している。更に神武から開化までのすべての皇位継承は父子間の皇位継承となっている。この二点を組み合わせることで、各天皇の在位年数を大まかにではあるが推計することが可能である。

古事記の記述する各天皇の寿命は、古事記の記述している寿命の中で、あり得ないものに限って干支一巡分か干支二巡分を差し引けばよかった。そのように求められた真実の寿命は一〇〇ページの表

11に訂正寿命として示してある。

さて、ここで、三つの仮定を設定しよう。

仮定A：開化以前の皇位継承は没年即位である。

仮定B：開化以前の天皇家の男性は、一九歳で正妃を迎えた。

仮定C：同母の兄弟姉妹の年齢差は二歳とする。

仮定Aを採用する理由は、これまでの論証で、開化から崇神、崇神から垂仁、垂仁から成務への皇位継承はすべて没年即位になっているからである。仮定Bを採用する理由はこれまでの考察では、仁徳は応神二一歳の時に生まれていた。即ち応神は二〇歳の時に妃を迎えている。一方、成務は一九歳の時に正妃を迎えていた。どちらとするかなのであるが、成務天皇の方が神武〜開化の時代に近いのであるから成務の例を参考にしたほうが良いと思う。そこで神武から開化までの天皇家の男性は一九歳で正妃を迎えたという方を採用する。仮定Bから導かれることは、普通に考えれば、最初の子（第一子）は二〇歳の時に生まれる、ということである。そして仮定Cは、「同母の二番目の子は二二歳、三番目の子は二四歳の時に生まれる」と仮定するということである。

その上で、第三代の安寧から第九代の開化まで、古事記の記す各天皇の没年齢から、各天皇の在位年数を推計してみよう。

ここでX天皇と、その第一子のY王子の場合で考えてみよう。仮定Bから、Y王子はX天皇の二〇歳の時の子である。従ってX天皇が亡くなる年のY王子の年齢は、父親のX天皇の寿命から一九を引いた年齢となる。これをα歳とする。仮定Aから、Y王子はα歳で天皇に即位することになる。古事

表43　古事記記述の寿命による在位年数の推計表（1）

	a	b	c	d	e	f	g
	前天皇の第何子？	生まれたのは前天皇の何歳の時？	前天皇の寿命	前天皇の没年における当人の年齢	即位時の年齢	当人の寿命	在位年数
				c−b+1	e＝d		f−e
神武							15
空白							3
綏靖							32
安寧	第1子	20	45	26	26	49	23
懿徳	第2子	22	49	28	28	45	17
空白							1
考昭	第1子	20	45	26	26	(93)→33	7
孝安	第2子	22	(93)→33	12	12	(123)→63	51
孝霊	第2子	22	(123)→63	42	42	(106)→46	4
孝元	第1子	20	(106)→46	27	27	57	30
開化	第3子	24	57	34	34	63	29
計							212

記は神武から雄略までのすべての天皇の寿命を記述している。Y天皇の寿命はβ歳であるとする。するとY天皇の在位年数は（β−α）年である。このようにして安寧から開化までの在位年数を求めるのである。

例えば安寧の在位年数を算出してみよう。安寧は綏靖天皇の第一子である。安寧の父・綏靖は四五歳で没している。綏靖が一九歳で正妃を迎えたとすれば、その第一子（安寧）は綏靖二〇歳の時に生まれる。安寧は綏靖没年には、［45−19＝26］から、二六歳である。そしてこれが安寧の即位時の年齢となる。古事記は安寧を四九歳で没したと記述している。すると安寧の在位は［49−26＝23］であるから、二三年の在位となる。

なお、I部第四章における論証から、神武の在位はあしかけ一六年であり、三年間の空白をおいて綏靖が即位したことが判明している。そして日本書紀の記す綏靖在位年数の三三年は、あしかけでの年数であるだけで真実である。即ち綏靖の在位年数は三二年と計算することになる。安寧以下開化までの在位年数を求めると、表43の「g欄」となる。

神武から開化までの各天皇の在位年数を合計すると二一二年となる。これは、神武即位から開化没年までは二一二年であるということを意味する。ただし、この年数については少し調整が必要である。というのも、古事記の神武から孝安までの期間には、皇女が一人も記載されていないからである。孝霊の時、初めて皇女が記述され、開化にも皇女がいたことが記述されている。

神武から開化までの天皇の皇子・皇女の合計三一名のうち、男児は二七名（八七・一％）、女児四名（一二・九％）である。男児の割合があまりにも高すぎて、これは事実とは思われない。加えて、神武から孝安までの期間には皇女は一人もいないことになっている。しかし男児と女児の割合は、五分五分と考えなければならない。或る一人の人の子としては、男児のみに偏ったり、逆に女児に偏ったりすることはある。しかし無作為の或る集団の中の男児数と女児数を比較した場合には、決してそうはならない。或る無作為の集団の中の男児数と女児数の割合は五分五分になる。例えば古事記の記述する応神から允恭までの天皇の皇子・皇女をみてみよう（表45）。

応神・仁徳・履中・反正・允恭の五名の天皇の皇子・皇女達でみてみると、皇子は二四名、皇女は二五名である。まさに五分五分である。これが普通であろう。神武から孝安まで

表44　古事記の記す神武〜開化の期間の皇子・皇女の数

神武	男児 3名
綏靖	男児 1名
安寧	男児 3名
懿徳	男児 2名
考昭	男児 2名
孝安	男児 2名
孝霊	男児 5名、女児 3名
孝元	男児 5名
開化	男児 4名、女児 1名
計	男児27名、女児 4名

表45　応神〜允恭の皇子と皇女の比率

応神	男児 11 名、女児 16 名
仁徳	男児　5 名、女児　1 名
履中	男児　2 名、女児　1 名
反正	男児　1 名、女児　3 名
允恭	男児　5 名、女児　4 名
計	男児 24 名、女児 25 名

の皇子・皇女が、そうなっていないのは、神武から孝安までの期間の「帝紀」「帝皇日継」においては、皇子の方は殆どすべてが伝えられたが、逆に皇女の方はすべてカットされた、と考えるべきであろう。

そして無作為の或る集団の中から第一子のみを集めてみると、男児と女児は半々であろう。或いは第二子のみを集めてみても、男児と女児は同じく半々であろう。従って古事記では安寧・考昭は第一子と記述されているが、実は姉がいた可能性がある。則ち実際は第二子だった可能性がある。姉が二人いたという可能性、即ち第三子であった可能性すらある。また、「懿徳・孝安は第二子」という古事記の記述は、実際に第二子だった可能性もあり、或いは第四子だった可能性もある。

一方、孝霊記・開化記には皇女の存在が記述されている。孝霊の頃からは、皇女も「帝紀」「帝皇日継」で伝承されるようになった、と考えられるのである。従って孝元記には皇女は記載されていないが、孝元は孝霊と開化の間の天皇であるから、これはたまたま孝元に女の子がいなかったからだと見なしうる。孝霊・孝元・開化の記述は皇女を記述しながらの「第何子」という記述であるから、「第何子」という記述自体、概ね信じてよいであろう。すると孝霊・孝元・開化の在位年数は前記の表で計算した通りで良いということになる。

問題は、皇女が一人も記述されていない安寧から孝安までの「第何子」という記述である。安寧・懿徳・考昭・孝安の四名の天皇には、女の子は一人もいなかったとは考えられないので、これはカッ

表46　古事記記述の寿命による在位年数の推計表（2）

	a	b	c	d	e	f	g
	前天皇の第何子？	生まれたのは前天皇の何歳の時？	前天皇の寿命	前天皇の没年における当人の年齢	即位時の年齢	当人の寿命	在位年数
				c－b＋1	e＝d		f－e
神武							15
空白							3
綏靖							32
安寧	1.6 子	22	45	24	24	49	25
懿徳	2.4 子	23	49	27	27	45	18
空白							1
考昭	1.6 子	22	45	24	24	(93)→33	9
孝安	2.4 子	23	(93)→33	11	11	(123)→63	52
孝霊	第 2 子	22	(123)→63	42	42	(106)→46	4
孝元	第 1 子	20	(106)→46	27	27	57	30
開化	第 3 子	24	57	34	34	63	29
計							218

トされたと考えなければならない。それでは、皇女を含めた実際の生まれ順では、安寧・懿徳・考昭・孝安はそれぞれ「第何子」だったのであろうか？　確率論を模した大雑把な推量で、「第一子」の場合は「一・六子」、「第二子」の場合は「二・四子」として計算することにしよう。最初、「第一子」の場合は父親の二〇歳の時に生まれ、「第二子」は二二歳で生まれると仮定した。すると「第一子」とされている安寧・考昭は、父親の［20＋(0.6×2)＝20＋1.2＝21.2］歳の時に生まれたことになる。これは当時の計算では二二歳で生まれたということになる。また、懿徳・孝安は「第二子」と記述されているから、［22＋(0.4×2)＝22＋0.8＝22.8］歳で生まれたということになる。これは当時の計算では二三歳で生まれたと云うことである。これを最初の表にあてはめよう（表46）。

このように調整すると、神武即位年から開化

表47　神武から開化までの在位年数

	古事記の記述から復元した在位年数	日本書紀の記す在位年数
神武		76
空白		3
綏靖		33
安寧	25	38(39)
懿徳	18	34
空白		1
考昭	9	83
孝安	52	102
孝霊	4	76
孝元	30	57
開化	29	60(61)

没年までは二一八年となる。

更に、ここでは「仮定A」として、「没年即位」を採用した。x天皇の没年をy天皇の一年目として計算したのである。これは各天皇の没年を二重に計算していることになる。従って安寧・懿徳・孝安・孝霊・孝元・開化の在位年数から、それぞれ一年ずつを差し引かねばならない。合計では六年である。すると神武即位年から開化没年までの年数は、

[218－6＝212] より、二一二年となる。

前節における論証により、開化の没年は西暦一七六年の丙辰の年であった。西暦一七六年を二一二年遡れば、それは紀元前三六年の乙酉の年である。これが神武の即位年である。或いは神武の即位年を日本書紀の記述する辛酉の年であるとするならば、この近辺に位置する辛酉の年は紀元一年の辛酉か、或いは紀元前六〇年の辛酉である。神武天皇の即位年は、紀元前六〇年の辛酉の年から紀元一年の辛酉の年の間にある。

このようにして求められた安寧から開化までの在位年数と日本書紀の記す各天皇の在位年数を一つの表にすると表47のようになる。この二つを見比べてみると、古事記の記す寿命から導き出された在位年数と日本書紀の記す在位年数には、まるで一貫した関連性が認められない。日本書紀の記す在位年数は、古事記の記す寿命から導きだされた在位年数に干支一巡分を加えたものではないし、それを

三倍したものでもない。関連性といえば、懿徳・孝安・孝元・開化の四例において、もう少しで二倍された在位年数になるというぐらいである。しかし安寧・孝昭・孝霊にいたっては、何の関連性も認められない。

しかし日本書紀編纂者は、まるででたらめにこれらの天皇の在位年数を設定したわけではあるまい。日本書紀の記述する神武~開化の在位年数は、真実の年数に何らかの操作を加えることで得られた在位年数であるはずなのである。ということは古事記の記述と日本書紀の記述の間にも、何等かの関係があるはずなのである。

その観点から思いつくのは、古事記の記す各天皇の寿命である。日本書紀の記す寿命は複雑な計算による改変された寿命であったが、古事記の記す寿命は大方真実であった。増幅されている場合でも、干支一巡分か二巡分が追加されているだけであった。日本書紀の記す各天皇の在位年数と比較できるのは古事記の記す各天皇の寿命しかない。そこで古事記の記す各天皇の寿命と日本書紀の記す在位年数を比較してみよう。

日本書紀の記す神武から開化までの天皇の在位年数は、古事記の記す寿命から一〇年・二〇年・三〇年或いは六〇年を差し引いた数値か、或いはそれに極めて近似した数値である。例えば安寧・考昭の場合は、古事記の記す寿命から一〇年を差し引いた年数が日本書紀の記す安寧・考昭の在位年数となっている。孝霊の場合は、古事記の記す寿命から三〇年を差し引いた年数が日本書紀での在位年数であり、孝元の場合は、古事記の記す寿命そのものが日本書紀での在位年数とされている。これらは古事記の記す寿命から、それぞれ(10×1)、(10×3)、(10×0)年を差し引いたものと考えることが

表48　古事記の記す寿命と日本書紀の記す在位年数の比較

	日本書紀の記す在位年数 a		古事記の記す寿命 b	古事記の記す寿命と日本書紀の記す在位年数の関係 (a－b)
神武	76		137	≒－60
空白	3			
綏靖	33		45	≒－10
安寧	38	(39)	49	＝－10
懿徳	34		45	≒－10
空白	1			
考昭	83		93	＝－10
孝安	102		123	≒－20
孝霊	76		106	＝－30
孝元	57		57	＝0
開化	60	(61)	63	≒0

出来る。神武・綏靖・懿徳・孝安・開化の場合には、このような計算で得られる年数との間に一〜二年の違いがある。しかし日本書紀によれば、神武—綏靖間には三年間の皇位の空白期間がある。古事記は、この三年の内の一年を神武の寿命に加えて計算し、残りの二年は綏靖の寿命の年数として計算した、と考えれば、日本書紀の記す神武・綏靖の在位年数は、古事記の記す寿命から一〇年を差し引いた年数となる。懿徳の場合も、懿徳—考昭間に一年間の皇位の空白期間が存在する。古事記はこの一年を懿徳の寿命の年数として計算していたと考えれば、日本書紀の記す懿徳の在位年数も、古事記の記す懿徳の寿命から、ちょうど一〇年を差し引いた年数となる。孝安の場合の一年の差違は、没年即位としての計算による年数であったものを踰年即位と改変したために生じた差違であると考えることが可能である。開化の場合のみ、古事記の記す開化の寿命と日本書紀の記す開化の在位年数の関連を説明できないだけである。日本書紀の記す開化の在位年数は、即位の年からで見れば六一年となる。従って日本書紀の記す開化の在位年数と古事記の記す開化寿命との間の差は二年となる。この「二年の差」のみが説明不能である。

日本書紀の記す神武から開化までの天皇の在位年数は、古事記の記すそれぞれの天皇の寿命から、一〇年・二〇年・三〇年或いは干支一巡分の六〇年を差し引いた年数であるか、或いは古事記の記す寿命そのものを在位年数としている。

附　那珂通世著『上世年紀考』について

神武天皇はいつ頃活躍した人物なのかということに関しては、そう多くの説があるわけではないと思う。というのも、戦前には日本書紀の記述を批判することはできなかった。日本書紀の記述を批判すると不敬罪に問われるからである。戦前には天皇を絶対とする皇国史観から、日本書紀の記す神武天皇の即位年を建国の日と定めた。そして神武天皇の即位年に日本書紀の記述する各天皇の在位年数がそのまま積み重ねられて現在に至ったとする、いわゆる皇紀による紀年が行われた。西暦に換算すれば神武の即位は紀元前六六〇年頃のこととなる。

戦後は、それまでの「天皇を絶対とする皇国史観」に対する反動から、一転して「記紀は信用できない」とする史料批判の嵐が吹き荒れ、その結果、第九代の開化以前の天皇はすべて造作された架空の天皇であるとする説が主流となった。これは現在でも続いているのではないかと思う。そのために神武天皇の即位年を云々する論者が少ないのである。

江戸時代中期、本書の冠称となった『衝口発』を著した藤原貞幹は「神武天皇の即位年は六百年繰り下げなければ外国の紀年に合致しない」と述べた。つまり藤原貞幹は「神武天皇の即位年は紀元前六〇年頃である」と言ったのである。ただ、私自身、藤原貞幹の『衝口発』に当たっていないので、それがどのような根拠から導き出されたものか知らない。藤原貞幹以外の説をみると、二倍年暦説の栗原薫氏は神武即位年を紀元前九八年としておられる（『日本上代の実年代』木耳社、一九九一年、一二〇ページ。栗原薫氏は神武から允恭没年までを二倍年暦としておられる）。

同じく二倍年暦説の古田武彦氏は二倍年暦を継体天皇末年までとしている（『失われた九州王朝』朝日新聞社、一九七三年、一二九ページ）。継体没年を継体二十五年のこととすると、神武元年から継体没年まではあしかけ一一九二年である。これが二倍年暦によるものであるならば、実際はこの期間は五九六年間となる。継体没年（継体二十五年の辛亥年）は西暦五三一年である。すると古田武彦説では神武天皇の即位年は紀元前六五年となる。或いは継体没年を継体二十八年の甲寅年とすると神武即位年は紀元前六三年となる。ただし古田武彦氏の書物において、直《じか》に「神武天皇の即位年は紀元前六五年である、或いは紀元前六三年である」と記述されているわけではない。古田武彦氏は二倍年暦説を支持しており、継体没年までが二倍年暦であると述べておられるので計算すればそうなるのである。しかし本書のI部第四章で述べたように二倍年暦は存在しない。日本書紀編纂者が改変増幅した年数が、たまたま二倍された年数に近かっただけなのである。

貝田禎造氏も二倍年暦説であるが、実際は「二倍年暦プラス四倍年暦説」であり、神武～仁徳は四倍年暦、履中～雄略を二倍年暦としているとのことである（栗原薫著『日本上代の実年代』木耳社、一九九一年、一四ページ）。貝田禎造説による神武天皇即位年を求めてみよう。日本書紀の記述では雄略没年の己未年は西暦四七九年である。そして履中元年から雄略没年までは、あしかけ八〇年である。これが二倍年暦であるから実際は四〇年となる。雄略没年の四七九年から四〇年遡ると四三九年となる。この四三九年が貝田禎造説による履中元年である。すると仁徳没年はその前年であるから、貝田禎造説では四三八年が仁徳没年である。一方、日本書紀の記述では神武元年から仁徳没年まではあしかけ一〇五九年である。これが四倍年暦というのであるから、［1059÷4＝264.75≒265］より、この間は実際には二六五年となる。貝田禎造説による仁徳没年は四三八年であった。すると貝田禎造説では、神武元年は［438－265＝173］年である。即ち神武天皇の即位年は、貝田禎造説で西暦一七三年頃となる。

安本美典氏は奈良時代の天皇の在位年数は一〇年前後であり、古い時代の世界の王者の治世年数も同じく一〇年前後であることを根拠として、奈良時代以前の天皇の在位年数を一〇年とすることで神武天皇の即位年を西暦二七〇〜二八〇年頃とされている（『神武東遷』中公新書、一九六八年、一三九ページ）。私は、本書において自分自身で古事記・日本書紀の紀年に考察を加えるまでは、安本美典氏の説が最も真実に近いものであろうと考えていた。日本のみならず、世界中の王の在位年数の考察に立脚した説であり、根拠がしっかりしているからである。しかし自分自身で古事記・日本書紀を分析してみて、実際には古事記・日本書紀に記述されている天皇以外にも天皇が存在したことがわかった。本書では述べなかったが穴穂部皇子は崇峻の前に天皇に即位していた可能性がある。仁賢・顕宗の前に、その叔母の飯豊青命も天皇であった可能性がある。市辺押磐皇子は天皇であった。応神の太子・宇治稚郎子皇子も天皇であった。仲哀の皇子・香坂王は神功に滅ぼされた天皇である。崇神の皇子・

倭彦王も天皇であった可能性がある。手研耳命は綏靖の前の天皇である。実際には、古事記・日本書紀においては抹殺された天皇が存在したのである。

私がたどり着いた神武天皇の即位年は紀元前三六年である。神武即位年を日本書紀の述べるように辛酉年のこととすれば、それは紀元前六〇年の辛酉年か、或いは西暦一年の辛酉年のどちらかである。神武の即位年はこの範囲内にあると考えてよいであろう。

明治の碩学・那珂通世氏もまた、私と同様、神武の活躍した時代を紀元前後の頃と考えていたようである。井上光貞著『日本の歴史1　神話から歴史へ』（中公文庫、一九七三年）の二五二〜二五四ページに次のように記述されている。

那珂氏は、一八七八年（明治十一）に『上古年代考』をあらわして批判の第一矢を放ったが、那珂氏はこれに満足せず、諸学者の意見を参照し、さらに検討をふかめて、「日本上古年代考」、ついで「上世年紀考」を発表した。ここで那珂氏は、まず記紀の天皇や豪族の年齢が、百歳、二百歳におよぶ長寿になっていることや、同じ人の所伝にも矛盾の多いことをあげて、記紀の紀年（年を数える法）の信用できないことを指摘した。

（中略）

那珂氏は、神武即位の紀年はつくりごととしたが、神武天皇は実在の人だと考えていた。だから、「神武天皇の即位を西暦紀元前七世紀とするのは誤りだが、もしこれを西暦紀元前後のこととすれば、前後のつじつまが合う」と述べている。

那珂通世氏は神武天皇を紀元前後頃の人と考えていた。那珂通世氏はどのような論拠により、神武天皇を紀元前後頃の人と考えたのであろうか？　私の説は「新説」などではなく、那珂通世氏の説の再確認なのであろうか？　是非、それを知らねばならない。そこで那珂通世著・三品彰英増補『増補・上世年紀考』（養徳社、一九四八年）を開いてみた。八七〜八八ページに次のように記述されていた。

崇神天皇以前ノ年代ニ至リテハ、推考ノ達シ得ベキ限リニ非ザレドモ、試ニ一世三十年ノ率ヲ以テ、之ヲ推シタランニハ、太祖神武天皇ハ、崇神天皇ノ九世ノ祖ニマシマセバ、崇神天皇マデ十世ノ年数ハ、三百年計リモアルベクシテ、神武天皇ノ創業ハ、今ノ謂ハユル神武紀元第七世紀ノ上半ノ頃（漢元帝頃ノ）ナルベク、……。

神武の時代イコール漢の元帝の頃としている。漢の元帝の時代は紀元前四八年から紀元前三三年までである。那珂通世氏の論拠は次の二つの仮定に基づいたものである。
①古事記の記す崇神天皇の没年の戊寅年は、西暦一九八年、二五八年、三一八年の三つのうちのどちらかである。その中で西暦二五八年の戊寅を崇神天皇の没年とする。
②神武から崇神までの十代の天皇の平均在位年数を三〇年とする。
神武は初代の天皇であり、崇神は十代の天皇であるから神武即位年から崇神没年までは、［30×

10＝300〕となる。従って崇神没年から三〇〇年前が神武天皇の即位の年である。崇神天皇の没年を西暦二五八年の戊寅の年としたのであるから、それを三〇〇年遡れば西暦前四二年となる。従って神武天皇は紀元前後の頃に活躍した人物である、という論拠である。

この那珂通世氏の説は、結論としては私の説と殆ど同じであるが、その結論にいたる論拠はまったく異なるということがわかった。那珂通世氏の説と私の説の違いについて、ここで改めて云うまでもあるまい。I部第一章からここまでに、既に多くを費やして述べてあるからである。

あとがき

現在の沖縄人は、古代、倭人に征服された民族なのか？　それとも九州から南下した倭人の末裔のひとつなのか？　昭和四十年三月、生まれ育った沖縄宮古島の高校を卒業し、同年四月から広島で学生生活を送るようになって以来、私の心の中に燻り続けている疑問である。

沖縄に関するまとまった史料として最古の文献である「隋書・流求国」に関連して、たまたま「風土記」を合わせて調べていて、大国主命の時代には本土と沖縄とが文化的にかなりの交流があることに気づいた。では「大国主命の時代」はいったいいつ頃のことなのか？　少なくとも神武以前である。それでは神武の即位年は西暦何年頃のことなのか？　それを探究してみることにした。

最初に推古の没年干支を起点にして、日本書紀の記述に従って推古元年、崇峻没年、崇峻元年……と順次過去に遡っていった。允恭在位年数が四二年と少し長いが、決してありえない長さの在位年数ではない。従って履中の元年までは、日本書紀の記述する通りに各天皇の在位年数を遡ることでさしたる問題もなく到達した。しかし仁徳在位年数の所で最初の壁につき当たった。仁徳在位年数は八七年とされている。あまりにも長すぎて真実とは思われない。これは錯誤か改変かのどちらかによる在位年数である。それでは真実の仁徳在位年数は何年なのか？　日本書紀には仁徳元年は癸酉と記述されている。元年が癸酉ならば在位八七年目の仁徳没年は己亥である。ところで己亥から直近の癸酉まではあしかけ二七年である。すると真実の仁徳在位年数は二七年ではないのか？　日本書紀の記述する在位年数には、干支一巡分が追加されたものがあるのではないのか？

真実の仁徳在位年数は干支一巡分を追加されたものではなかったが、こうして最初の突破口が開かれた。景行と成務の在位年数の六〇年は日本書紀の記述のみでは短縮できないことと播磨国風土記の説話から、成務が十二代であり景行は十三代の天皇でなければならないことにも気がついた。そして辿り着いた神武即位年の辛酉は西暦一年の辛酉か或いは前六〇年の辛酉のどちらかとなった。その上で日本書紀の記述を古事記の記述と対比した。それが本書である。

原稿執筆中はひたすら記紀の比較分析を進めるだけであった。しかし原稿がひとまずの完成をみた時、初めて危惧を抱いた。果たしてこれは上梓できるのだろうか？　記紀の干支紀年法の解読が主であるので内容が煩雑である。或いは私の論証は専門家の眼からすると単なる思いつきにすぎないのかもしれない。その上、全く無名の私の書を取り上げてくれるような出版社があるのだろうか？　本を上梓するということがいかに大変なことであるか、原稿を書き上げてから初めてわかった。しかし私は幸いであった。新泉社・石垣雅設氏に出会うことができた。無名の私の書の出版を快くお引き受けくださった石垣雅設氏、度重なる書き換えや追加に応じていただいた創栄図書印刷に心より御礼を申しあげたい。

二〇〇五年一月

砂川恵伸

著者略歴

砂川恵伸（すながわ　けいしん）

1947年　沖縄宮古島に生まれる。

1965年　琉球政府立宮古高校卒業。

1972年　広島大学医学部卒業。

1973年　厚生連尾道総合病院勤務を経て、1981年より沖縄県立宮古病院勤務（外科）。

2001年２月同院を副院長で退職。

2001年２月より社会福祉法人・介護老人保健施設栄寿園勤務。

日本人の起源、日本古代史を趣味とす。本書は第一作。

古代天皇実年の解明——三倍在位年数を証明する

2005年３月31日　第１版第１刷発行

著　者＝砂川恵伸

発行所＝株式会社　新泉社

東京都文京区本郷2-5-12

電話 03-3815-1662　FAX 03-3815-1422

振替・00170-4-160936番

印刷・創栄図書印刷　製本・榎本製本

ISBN4-7877-0509-1　C1021